中公新書 2666

今野 元著

ドイツ・ナショナリズム

「普遍」対「固有」の二千年史

中央公論新社刊

はじめに——欧州に冠たるドイツはいかに生まれたか

「我々は覇権国だ」——二〇一五年八月二一日、ドイツの代表的評論家の一人であるベルリン大学名誉教授（政治学）ヘルフリート・ミュンクラーは、高級紙『フランクフルター・アルゲマイネ・ツァイトゥング』の公式サイトで、こうドイツ国民に訴えた。ドイツは覚悟して欧州指導を引き受けるしかない、ドイツが失敗すれば欧州も失敗すると。

ミュンクラーが示唆する通り、いまやドイツ連邦共和国は紛れもない欧州指導国である。ドイツ連邦共和国といえば、「過去の克服」を徹底し、「西欧的価値」に無条件に帰依《きえ》する謙虚で控え目な国だというのが、これまでのドイツ研究者の通説であった。だがいま、ドイツのイメージは変わりつつある。政治も経済も文化も安定したドイツが、欧州連合（EU）の方向性を決め、世界でも発言権を強めているのである。移民増大に困惑したイギリスがEUを離脱し、フランスが経済や秩序の混乱に喘《あえ》ぐなか、欧州統合を牽引《けんいん》する余裕がある大国は、もはやドイツだけとなった。ドイツは英仏を押しのけて指導国になったわけではなく、疲弊した英仏に代わって欧州指導を担わざるを得なくなったのである。コロナ・ヴィールス対策でも、英仏はその蔓延《まんえん》にかなり苦しんだが、連邦宰相アンゲラ・メルケルらの指揮で厳格な対策を講じたドイツは、欧州諸国のなかでは比較的安定している。

冷戦終焉《しゅうえん》で盤石《ばんじゃく》のように見えたアメリカ合衆国の世界覇権には、二一世紀になると経済面・軍事面・理念面で陰《かげ》りが見え始め、ドイツは主体的に行動し始めた。冷戦時代、ドイツ連邦共和国の外交をめぐっては、対米関係重視か欧州統合重視かの対立があった。だが今日のドイツ外交は、欧州統合を最重要とし、アメリカには自立したパートナーとして振る舞うという路線に収斂《しゅうれん》しつつある。ドイツは、連邦軍をアフガニスタンには送りながら、イラクには送らないという対応を行い、人権論を唱えて死刑存置のアメリカを批判しながら、人権論を棚上げしつつ中華人民共和国やロシア連邦とも経済関係を構築して、アメリカを翻弄《ほんろう》している。「アメリカ第一」を掲げるドナルド・トランプ政権が生まれると、メルケルは二〇一九年五月三〇日に、ハーヴァード大学に乗り込んでアメリカの孤立を批判し、反トランプ派の喝采を浴びた。二〇二〇年夏には、トランプが議長としてG7サミット開催を目指したのに対し、メルケルはコロナ危機を理由にただ一人欠席を宣言した。ドイツは、「連合国」(UN：いわゆる「国際連合」)では第四位の、米中が及び腰な国際刑事裁判所では第一位の分担金醵出《きょしゅつ》国である。ドイツが混迷する欧州で主導権を握り、多極化する世界でも存在感を示しつつある。

擡頭《たいとう》するドイツ連邦共和国には反撥《はんぱつ》も強まっている。勃興《ぼっこう》する新興大国が周辺国の反感や嫉《しっ》妬《と》を買うのは世の常で、二〇世紀のドイツ帝国、アメリカ合衆国、大日本帝国もそうだったし、二一世紀の中華人民共和国もそうである。放漫財政を指弾し、「過去の克服」の必要を説き、難民引き受けを迫るなど、ドイツの指図に苛立《いらだ》ったギリシア、ポーランド、ハンガリーなど東欧諸国では、反ドイツ・反EUの動きが起こっている。最近はナミビアまで、ドイツ保護領南西アフリカ時代の叛乱《はんらん》鎮圧を、集団虐殺だったと主張して賠償を求めるようになった。また歴史人口学者を名乗るフランスの言論人エマニュエル・トッドは、国民国家理念の復権を訴え、欧州統合を先導するドイツ連邦共和国を「ドイツ帝国」などと呼んで警戒し、イギリスのEU離脱をドイツ支配からの脱却なのだと擁護している。けれどもドイツの欧州指導は過去に何度もあったことで、シュタウフェン家、ハプスブルク家、メッテルニヒ、ビスマルクなどがその例である。この二千年間、欧州の牽引役が常に英仏であったわけではない。

　腰の低いバックベンチャー（脇役）になったと褒《ほ》められてきたドイツが、どうして主体性に目覚め、欧州指導を引き受ける覚悟を固めたのか――その経緯を知るために、本書ではドイツ・ナショナリズムの変遷をたどることにする。本書は「ドイツ・ナショナリズム」を、「ドイツへの帰属意識を前提に、ドイツ的なものの維持・発展を望む思想」と定義するが、それは簡潔に言えばドイツの自尊心である。ここでいうドイツとは、国（Land）でもあり、国家（Staat）でもあり、国民・民族（Nation/Volk）でもある。

本書では、ドイツの軌跡を古代までたどっていく。現代を知るために、現代だけを見るのは横着である。現代とは、積み重ねられた歴史の最先端なのであって、しかも歴史はまだ終わっていない。現代を理解するためには、それが置かれた脈絡を見なければなるまい。歴史をたどって分かるのは、ドイツ・ナショナリズムが「普遍」を目指す潮流と「固有」を目指す潮流とのせめぎ合いのなかで生まれ、変遷してきたということである。

本書の鍵概念は西欧的＝「普遍」的価値である。これは私の造語で、歴史的に西欧（英仏米）で生まれた、その意味では西欧「固有」の政治理念でありながら、西欧の影響力の大きさゆえに、近現代世界で「普遍」的に妥当すると主張されている価値のことである。それぞれの時代や地域において、西欧的＝「普遍」的価値を推進しようとする勢力が進歩派（左派）であり、それを抑制しようとする勢力が保守派（右派）である。右派か左派かという軸と、ナショナリストか反ナショナリストかという軸とは、別物であるというのが本書の立場である。近代以降のドイツ・ナショナリズムの歴史は、この西欧的＝「普遍」的価値にどういう姿勢を取るかをめぐる、ドイツの模索の軌跡として説明することができる。

ちなみに私のいう西欧的＝「普遍」的価値は、日本国憲法では「人類普遍の原理」と呼ばれているが、ドイツ連邦共和国では「西欧的価値」（westliche Werte）と呼ばれている。日本で「西欧的価値」と呼ばないのは、異国「固有」のものが自国に押し付けられているという語感を出さないための工夫だろう。だが西欧中心主義的気風が強い現代ドイツでは、西欧のものが

「普遍」妥当性を持つのは当たり前だと考えられているので、わざわざ「普遍」的などと言う必要を感じないのである。この「西欧的価値」への西独（当時）の無条件の帰依を称揚し、移民・難民をも包含する多文化社会を歓迎して、西欧的＝「普遍」的価値のみに国家の基盤を置く「憲法愛国主義」を提唱したのが、哲学者ユルゲン・ハーバーマスである。現代ドイツで「西欧的価値」の旗を振る歴史家ハインリヒ・アウグスト・ヴィンクラーは、その著書『西欧は瓦解《がかい》するか？』（二〇一七年）で、観念的空間たる「西欧」（Westen）を、地理的空間たる「欧州」とは区別し、西方教会地域の権力分立の歴史的記憶から合理主義や啓蒙《けいもう》思想を育《はぐく》んだ英仏米、そしてその付随地域の意味で論じている。ヴィンクラーはその付随地域に、さらに今日の独伊などEU加盟国のみならず、「海外の西欧」たるカナダ、オーストラリア、ニュージーランドを数えている。本書でも、「西欧」は基本的にヴィンクラーの意味で用いている。

ドイツ・ナショナリズムの変遷は、私の見るところ四期に分けることができる。

（一）ドイツという主体の形成：欧州「普遍」を牽引しつつ、ドイツ「固有」への意識も育んでいた「ドイツ国民の神聖ローマ帝国」の展開

（二）ドイツという主体の凝集：西欧「普遍」の攻勢を受けてドイツ「固有」に固執するようになった近代ドイツの変遷

（三）ドイツという主体の萎縮《いしゅく》：二度の壊滅的敗戦でドイツ「固有」を自ら否定するに至った戦後ドイツの変容

（四）ドイツという主体の再生：再統一し西欧「普遍」を牽引しつつ、国内でドイツ「固有」への回帰をも見せ始めた現代ドイツの発展

本書ではドイツを、地理的に広い意味で考えている。一八六六年以後の小ドイツだけではなく、（広義の）エステルライヒ、リヒテンシュタインをはじめとするその周辺のドイツ語圏も、適宜視野に入れることとしたい。

なお本書は、日本のドイツ史叙述の用語改革をも目標としており、表記に関しては以下の原則を採る。

（一）ドイツ語圏の固有名詞はドイツ語の発音に近づけた。このため、「オーストリア」は**エステルライヒ**、「プロシア」は**プロイセン**、「スイス」は**シュヴァイツ**、「プラハ」は**プラーク**、「アルザス・ロレーヌ」は**エルザス・ロートリンゲン**、「ウェストファリア」は「**ヴェストファーレン**」とした。「ベートーベン」は「**ベートホーフェン**」とした。

（二）古代ローマ皇帝と峻別《しゅんべつ》するためか、日本語圏・英語圏では中世ドイツ君主を「神聖ローマ皇帝」と呼ぶ習慣があるが、これは同時代にも、ドイツ学界でも用いられない表現であり、本書では「**ローマ皇帝**」とした。

（三）Pragmatica Sanctio は「国事詔書」と訳されてきたが、Pragmatica は「国事」ではなく、そもそも国事に関係ない詔勅《しょうちょく》など存在しないので、原語に沿って「**特例詔書**」と訳した。

（四）非ドイツ語圏諸国の固有名詞を現地語発音に近づけることも考慮中だが（ポーランドを

ポルスカ、ロシアをロシヤとするなど)、今回は見送った。ただ「チェコ」は、「チェコスロヴァキア」の前半部を不自然に切り取ったものであるため、本書ではチェキアとした。
(五)基本的にNationは「国民」、Volkは「人民」「民衆」「民族」と訳した。Völkerschlachtは従来「諸国民戦争」と訳されてきたが、本書では「諸民族会戦」と訳した。
(六)従来の「ロマニステン」「ゲルマニステン」という表現は複数形であるため、「ロマニスト」「ゲルマニスト」と単数形表記にした。
(七)「ナチズム」は政治闘争用語であるため、本書ではドイツ学界で一般的な「国民社会主義」(Nationalsozialismus)という正式名称を用いた。同じ理由で「国民社会主義ドイツ労働者党」の略称として、「ナチス」ではなくNSDAPを用い、「ナチス政権」はNS政権とした。
(八)ラテン語の表記は古典的発音を採用した(イエスス会など)。
(九)United Nations(UN)は、反日独同盟たる「連合国」から発展した党派的組織で、日独政府が削除を求める「敵国条項」をいまなお残しているため、世界公共団体のような印象を与える「国際連合」の語を用いず、「連合国」と訳した。
(一〇)引用する原語は原則ドイツ語だが、他言語の際には注記する。
(一一)生歿《せいぼつ》年は、ドイツ人のみに付すこととした。
(一二)概説であるため、出典註は省略し、主要参考文献一覧を付した。
(一三)註記のない写真は、Wikipediaから引用した。

目次

第二章 抵抗（一七八九～一九四五年）——ドイツ「固有」の自己主張

地図作製／ケー・アイ・プランニング

ドイツ・ナショナリズム　「普遍」対「固有」の二千年史

第一章

発展

ローマ=ゲルマン世界の「普遍」支配

9-1789

1　ローマ世界とゲルマン世界との融合

初めにトイトブルク森の戦いありき

初代ローマ皇帝アウグストゥスの時代、ウァルスの率いるローマ軍はゲルマニア（のちのドイツの領域）に侵攻したが、西暦九年にトイトブルク森の戦いで、ケルスキー族長アルミニウスの率いるゲルマン部族連合軍に撃退された。ローマ帝国は当時すでにガリア（のちのフランスの領域）を占領し、のちにはブリタンニア（のちのイギリスの領域）の南半分を征服することになるが、ゲルマニアについては結局その周辺部しか征服できなかった。マインツ、トリーア、ケルンなど、ローマ帝国の版図に組み込まれた西部・南部ドイツでは、いまでもローマ人の劇場や浴場の遺跡を見ることができるが、ベルリンやハンブルクなど東部・北部ドイツにはそれがない。ローマ帝国のリーメス（国境線）は、今日のドイツの西部・南部を貫いていた。

このローマとゲルマン人との対決は、のち「普遍」対「固有」の戦いと解釈されるようになった。とりわけローマ人の後継を自負する英仏人は、野蛮人が文明を拒絶したのだと解釈してきた。アメリカ映画『グラディエイター』（二〇〇〇年）の冒頭で描かれた、輝ける文明の象徴ローマが不潔で残忍なゲルマン人を成敗するという図式には、英仏語圏の歴史認識が反映されている。

これに対し、ゲルマン人がローマの侵略から自分たちの自由を守ったという見方もあった。この解釈は、教皇庁のエネア・シルヴィオ・ピッコローミニ（のちの教皇ピウス二世）が、一四五七年頃《ごろ》ドイツの司教たちの抗議書に答え、この頃発見されたコルネリウス・タキトゥス『ゲルマニア』を引用して、かつて野蛮だったドイツの経済発展を褒めたのに対し、ドイツ側が同じくタキトゥスを援用して、物質面ではなくドイツ人の高貴な精神を誇ったのがきっかけだとされる。ゲオルク・W・F・ヘーゲル（一七七〇～一八三一年）も、未公刊のドイツ国制論で、このゲルマンの森という表現を踏襲している。近代ドイツの数多《あまた》のヘルマン（アルミニウスのドイツ風表記）顕彰、例えばデートモルト郊外の「ヘルマン記念碑」（一八七五年）も、同様の理解に立っている。ヘルマン像の持つ剣には、

図１　トリーアの古代ローマ浴場跡［2012年４月21日著者撮影］

図２　デートモルト郊外のヘルマン記念碑

図３　アリーズ・サント・レーヌのウェルキンゲトリクス像

「ドイツの統一」は我が強さ、我が強さはドイツの力」という刻印がある。反ローマ（西欧）感情の裏返しとしてのゲルマン人礼讃《らいさん》は、グスタフ・アドルフ顕彰のような北欧礼讃、『オシアン』流行のようなケルト人礼讃とも連関している。

実はフランスにも反ローマ的矜持《きょうじ》はあった。ユリウス・カエサルのローマ軍に抗したガリアのケルト人指導者ウェルキンゲトリクスを、英雄と仰ぐ愛国的習慣がそれである。モンテスキューも『法の精神』（一七四八年）で、ゲルマン人を蛮族としながら、同時に自分たちの先祖であるともし、イギリスの自由の精神がゲルマンの森に由来すると述べている。

ゲルマン人とドイツ人との間に、実際のところどの程度の連続性があったのかは判然としないが、古代の出来事が後年の歴史認識に影響を与えたことは確かである。

ローマ＝ゲルマン的世界の形成

この対立構図はやがて再編されていった。「普遍」的文明の体現者を自負するローマ人から蛮夷《ばんい》と蔑《さげす》まれたゲルマン人だったが、以前から両者の間には交流があった。例えばローマ軍を撃破したアルミニウスには、ローマ軍の兵士をしていた経歴がある。四世紀になるとゲルマン人は、アジアから来寇《らいこう》したフン族に恐れをなして、ローマ帝国領内に移住するようになり、ローマ人と融合していく（ゲルマン民族の大移動）。西ローマ帝国は四七六年に滅亡するが、文明と野蛮とは融合し、新しい「普遍」世界が生まれた。それを象徴するのが、フランク王（メロヴィング朝）クロートヴィヒ一世（仏語ではクロヴィス：四六六頃～五一一年）のカトリシズム改宗（五〇〇年頃）である。

西洋の新しい「普遍」を担うローマ＝ゲルマン世界の思想的基盤をなしたのが、キリスト教（カトリシズム）である。キリスト教信仰は、古代末から近代までの西洋人にとっては、高度な文化の象徴、道徳の源泉であって、それを受け入れない者は信頼できないような「普遍」的価値であった。なお「カトリック教会」とは「公教会」、つまり「普遍」教会の意味である。「普遍」（ローマ）および「固有」（ゲルマン）は融合して新しい「普遍」（フランク王国が体現するローマ＝ゲルマン世界）となった。それはイベリアのイスラム教徒や東欧の多神教徒の「固有」な文化を排して、自分たちの「普遍」的キリスト教文化を広めようとした。ゲルマン人の頭領たるフランク王カール（カール大帝、仏語ではシャルルマーニュ：七四七頃～八一四年）が、庇護《ひご》を求めてきた教皇レオ三世により、八〇〇年にサン・ピエトロ大聖堂でローマ皇帝位を授与された事件は、新しい「普遍」の確立を象徴していた。ただこの戴冠《たいかん》の背景には、ビザンツ帝国に君臨していた女帝の否認、そしてビザンツ帝国で起こっていた聖像破壊運動への反撥があった。つまり古代以来途切れずに続き、大きな影響を有していたビザンツ的＝「普遍」的権威から自立して、ローマ＝ゲルマン的「固有」を確立するという意味もあったのである。

神聖ローマ帝国の成立

カール大帝の遺産を継承し、中世欧州の「普遍」的指導国となったのが、「神聖ローマ帝国」である。フランク王国では、大帝の孫たちが相続争いを起こし、九世紀に西フランク王国、ロタール王国、東フランク王国に分かれた。東フランク王国は、やがてドイツ王国と呼ばれるようになる。ザクセン朝のオットー一世（九一二～九七三年）以降、ドイツ王がローマ皇帝を連続して兼ねたことで、ドイツ王国を中心とするその支配領域が、のちに神聖ローマ帝国と呼ばれるようになっていく。

ここでいうローマ皇帝とは、古代から近代初頭まで欧州に君臨した政治的最高権威、つまり「普遍」的支配者を意味する。それはイタリア半島中部の実効支配とは直接関係ない。ドイツのローマ皇帝は、西方キリスト教世界の政治的代表者であり、東方キリスト教世界の政治的・宗教的代表者であるギリシアのローマ皇帝（いわゆるビザンツ皇帝）と、事実上並び立った。

ドイツもギリシアも、もともとのローマ帝国の中心地であるイタリアからは遠いが、神聖ローマ帝国、ビザンツ帝国は、イタリア外で皇帝権を引き継いだ中世・近世ローマ帝国だと考えられていた。

なお、ドイツがアルミニウスからルターを経て近代まで、ローマ的・西欧的・文明的なものへの抗議で一貫していたという俗説は誤っている。こういった歴史観は、二〇世紀前半に西欧に対する「ドイツ特有の道」を誇示する意味で、二〇世紀後半にそれを批判する意味でよく語られた。だがそれは、ドイツが「普遍」を担った中世・近世の歴史を忘れているのである。

2 キリスト教的世界を担うドイツ

教皇と皇帝

中世ドイツは、西方キリスト教世界の政治的「普遍」を体現したが、文化的「普遍」はなおイタリアに負う部分が大きかった。ローマ教皇はイタリア半島中部を実効支配する宗教指導者であり、大学やアカデミーなどの文化施設もイタリア流が英仏独に移植されていった。

一一世紀になると、ローマ教皇とローマ皇帝とが衝突するようになる。中世初期、まだ不安定だったカトリック教会は、世俗権力の庇護下に入ることで組織を守ろうとした。けれども中世中期、クリュニー改革で主体性に目覚めた教会は、世俗権力の干渉を排除しようとし、叙任権闘争を始めた。

イタリア出身でドイツ滞在経験も豊富な教皇グレゴリウス七世は、一〇七七年にザリエル朝の皇帝ハインリヒ四世（一〇五〇〜一一〇六年）を破門して謝罪に追い込んだが（カノッサの屈辱）、逆に一〇八一年にはハインリヒ四世の軍勢に襲われてローマを逃れ、のち客死した。この紛争を解決するべく締結されたヴォルムス政教条約（一一二二年）では、皇帝ハインリヒ五世（一〇八六頃〜一一二五年）が教皇の司教・修道院長の叙任権を認め、教皇カリクストゥス二世が「ドイツ王国の」（ラテン語でTeutonici regni）司教・修道院長に関する皇帝の叙任権を認めた。なおイタリアの教皇とドイツの皇帝との争いにおいて、ドイツ諸侯はあるときは教皇に荷担して皇帝の弱体化を図り、あるときは教皇のドイツへの干渉に反撥して皇帝に荷担した。

ドイツを超えたシュタウフェン朝

ザリエル朝のあとに擡頭したのがシュタウフェン朝である。当時は十字軍の時代であった。ドイツ王コンラート三世（一〇九三〜一一五二年）は、教皇エウゲニウス三世の呼びかけに応じて、第二回十字軍に加わった。その甥《おい》の皇帝フリードリヒ一世（バルバロッサ：一一二二頃〜一一九〇年）は、第三回十字軍の総司令官として、イングランド王リチャード一世、フランス王フィリップ二世らとともに聖地を目指したが、行軍の途上で溺死《できし》した。皇帝フリードリヒ二世（一一九四～一二五〇年）は第六回十字軍を率い、分裂していたイスラム勢力と交渉して、イェルサレムを無血で奪還した。

シュタウフェン朝はそのイタリア政策で知られる。これはローマ皇帝＝ドイツ王が、古代ローマ帝国の故地であるイタリアの支配を実質化しようとした営みである。フリードリヒ一世は北イタリアに進出し、現地では教皇派・皇帝派の対立が始まった。教皇インノケンティウス三世の後見で、イスラム文化、ビザンツ文化、ラテン文化が栄えるシチリアで育った皇帝フリードリヒ二世は、イタリア政策をさらに進めて、対立した教皇から破門された。その息子たちのうち、皇帝コンラート四世（一二二八～一二五四年）は早世し、シチリア王マンフレート（一二三二頃～一二六六年：イタリア語ではマンフレーディ）は、教皇クレメンス四世の支持を得たアンジュー伯シャルル（フランス王ルイ九世の弟）とシチリア王位を争って戦死し、サルデーニャ王ハインツ（一二二二頃～一二七二年：イタリア語ではエンツォ）は対立していた都市ボローニャに囚《とら》われ、そこで幽閉されたまま死去した。コンラート四世の息子であるシチリア王コンラーディン（一二五二～一二六八年：イタリア語では

図4　ハインツが幽閉されたボローニャのエンツォ宮殿［2012年5月16日著者撮影］

コッラディーノ）も、シチリア王カルロ一世（アンジュー伯シャルル）に敗れて捕縛され、斬首《ざんしゅ》となった。

ドイツのイタリアへの影響は続いた。北イタリアの一部は「帝国領イタリア」あるいは「イタリア王国」と呼ばれ、フランス革命までローマ皇帝の封建的臣下であり続けた。ハプスブルク家のイタリア支配は、部分的には二〇世紀初頭にまで及んだ。ただシュタウフェン朝の皇帝たちが本拠地ドイツを留守にしたので、ヴェルフェン家のハインリヒ獅子《しし》公など、皇帝と競合するドイツ諸侯の自立を招いた。

東欧でキリスト教的「普遍」を担うドイツ

ドイツ人たちはカトリック世界の政治指導者として、ドイツよりも周縁（田舎）とみなされた東欧に政治的・文化的影響を及ぼそうとした。オットー一世が宮廷を置いたマクデブルクは、スラヴ人との交流の場、東方進出の拠点となった。ドイツ人はドイツ的＝「普遍」的文化の担い手として東欧各地に移住していったが、その形態にはドイツ騎士団の東征のような軍事的に進めたものもあり、またドイツ人の商人・職人・農民の流入、ドイツ人宣教師の布教のような非軍事的なものもあった。のち宗教改革が起きると、ドイツ人少数派は東欧にプロテスタンティズムをもたらす役割を担った。こうしたドイツ人流入民から文化的影響を受けつつも、その政治勢力に対抗して、ポーランド、ハンガリー、ベーメンでは「固有」性への意識が高まり、国家形成が進んだ。

ハンガリーやポーランドの君主たちは、ドイツのローマ皇帝という「普遍」的権威に圧倒されないように、イタリアのローマ教皇というもう一つの「普遍」的権威と結びつこうとした。傾いた十字架を戴《いただ》くハンガリーの聖イシュトヴァーン王冠は、教皇から授与されたものだという。ピアスト朝のポーランド公ミエシュコ一世も、教皇と直接交渉してキリスト教に改宗し、ポズナン司教区を教皇直属とした。ポーランドの君主たちはプルシ人（独プロイセン人）をキリスト教化するためにドイツ騎士団を招いたが、騎士団はバルト海沿岸に勢力を広げ、ダンツィヒ（ポーランド語ではグダンスク）郊外に壮大なマリーエンブルク城を築いた。だがドイツ騎士団は、一四一〇年のタンネンベルク＝グルンヴァルトの戦いでポーランド＝リトアニア連合軍に敗れ、ポーランド王への臣従を余儀なくされた。この合戦では、一部のポーランド系諸身分もドイツ騎士団側に荷担していたが、近代にポーランド・ナショナリズムが昂揚《こうよう》すると、ポーランド人がドイツ人を打倒した快挙だと称揚されるようになった。

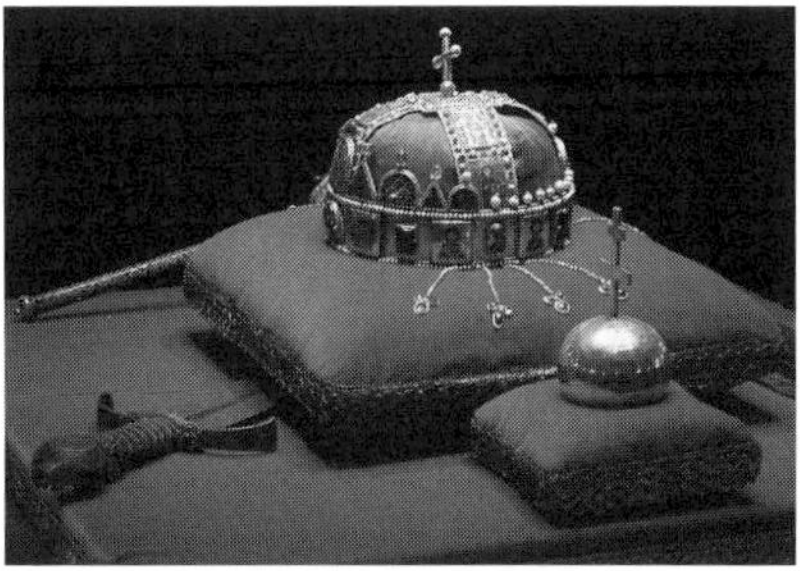
図5　聖イシュトヴァーン王冠

ベーメン・メーレン（チェキア語ではチェヒ・モラヴァ、英語ではボヘミア・モラヴィア）・シュレジエン（ポーランド語ではシロンスク、英語ではシレジア）は、スラヴ系の色彩を残しつつ、ドイツの一地方ともなった。ベーメンで最初に王となったのは西スラヴ系プシェミスル家のヴァーツラフ一世だったが、ドイツ人入植が続き、やがてドイツ系のルクセンブルク家がベーメン王位を獲得し、ヤゲウォ家などを挟んで、ハプスブルク家がこれを継承した。ルクセンブルク朝のローマ皇帝・ベーメン王カール四世（一三一六〜一三七八年）は、ドイツ語圏最初の大学であるプラーク大学を創設した。のちハプスブルク家も、ローマ皇帝・ベーメン王ルドルフ二世（一五五二〜一六一二年）が、宮廷をヴィーンからプラークに移している。とはいえベーメン王は、選帝侯の一人ではあったが、ドイツ系でないとしてドイツ王選挙から除外された時期もある。メーレン辺境伯領、シュレジエン諸公国などは、歴史の過程でベーメン王国と一体化して、「ベーメン王冠領」となった。

ベーメン・メーレン・シュレジエンは、ドイツ史に欠かせない地方となっていく。ベーメンの中心都市プラークは、一九四五年までドイツ語圏の重要都市の一つであり続けた（ドイツの歴史的首都の一つだったというべきかもしれない）。リヒテンシュタイン家、シュヴァルツェンベルク家といったハプスブルク宮廷の重臣たちは、このベーメン・メーレン・シュレジエンに広大な領地を有した。リヒテンシュタイン家の居城は、フェルツベルク（チェキア語でヴァルティツェ）やアイスグループ（チェキア語でレドニツェ）に、シュヴァルツェンベルク家の居城は、プラークやクルマウ（チェキア語ではチェスキー・クルムロフ）に、いまも残っている。カールシュタイン（チェキア語ではカルルシュテイン）は皇帝戴冠式に用いる「帝国宝器」の保管地として、カールスバート（チェキア語ではカルロヴィ・ヴァリ）、マリーエンバート（チェキア語ではマリアーンスケー・ラーズニェ）は保養地として、ピルゼン（チェキア語ではプルゼニュ）はビール生産地として、ライヒェンベルク（チェキア語ではリベレツ）は繊維業地帯として、ブレスラウ（ポーランド語ではヴロツワフ）は司教座・大学都市として、ドイツ史に名を刻んでいる。

図6　シュヴァルツェンベルク家のクルマウ城［2019年3月27日著者撮影］

図7　カールシュタイン城［2019年3月29日著者撮影］

ハプスブルク「普遍君主制」

シュタウフェン朝の断絶後、神聖ローマ帝国は「大空位時代」（ラテン語でInterregnum）に突入する。一般にInterregnumとは、新旧君主交代時の空位期間を指す。この「大空位時代」にローマ皇帝は出なかったが、ドイツ王はいた。ただシュタウフェン朝の対立国王として選出されたり（ヴィルヘルム・フォン・ホラント）、遠国の者が並び立ったり（カスティーリャ王アルフォンソ一〇世、イングランド王ヘンリー三世の弟リチャード・オヴ・コーンウォル伯爵《はくしゃく》）と、混乱をきたしていた。大空位時代のあと、ハプスブルク家、ナッサウ家、ルクセンブルク家、ヴィッテルスバッハ家などが相次いでドイツ王に選出される時代が続いた。

やがてほぼ連続してドイツ王、ローマ皇帝を出すようになったのが、ハプスブルク家である。同家はエルザス、シュヴァイツの小領主だったが、ルドルフ一世（一二一八～一二九一年）がドイツ王になると、エステルライヒに基盤を置き、さらに政略結婚によってブルグント公、スペイン王、ポルトガル王などを兼ねた。フリードリヒ三世（一四一五～一四九三年）の標語といわれるAEIOUは、一説にはAustriae est imperare orbi universo（ラテン語で「全世界の支配はエステルライヒに帰する」）だという。

ハプスブルク家の世界支配の表現として、「普遍君主制」（ラテン語でmonarchia universalis）という概念が生まれた。日本にスペイン人がやってきたとき、スペイン王カルロス一世はハプスブルク家のローマ皇帝・ドイツ王カール五世（一五〇〇～一五五八年）でもあった。日本にオランダ人がやってきたとき、まだドイツ低地地方だったオランダは、世襲総督（オラニエ＝ナッサウ家）のもとで、ハプスブルク家から自立したばかりだった。ハプスブルク家の宮廷が長く置かれたヴィーンは、世界に通じるドイツ語圏の中心都市となった。いまも残る「スペイン宮廷乗馬学校」などの名称が、ハプスブルク「普遍君主制」の残滓《ざんし》を留《とど》めている。

オスマン帝国との対決

ハプスブルク家は、イスラム教勢力からキリスト教的欧州を守るという意味でも、「普遍」的使命を帯びていた。ギリシアのローマ皇帝の宮廷都市コンスタンティノポリス（今日のイスタンブール）を征服したオスマン帝国（欧州側の表現ではトルコ）が、ドイツのローマ皇帝の宮廷都市ヴィーンを、一六八三年に二回目に包囲した際には、ポーランドを始めとするキリスト教諸国が救援に駆け付けた。帝国議会でも、皇帝の求める「トルコ人対策支援税」が、いつも重要な議題となった。皇帝の陣営には、「トルコ人の敵ルイ」ことバーデン＝バーデン辺境伯ルートヴィヒ・ヴィルヘルム（一六五五～一七〇七年）、フランス宮廷からきたオイゲン・フォン・ザヴォイエン公子（一六六三～一七三六年：いわゆる「オイゲン公」）などが馳《は》せ参じた。

オスマン帝国のスルタン＝カリフ（皇帝）は、ハプスブルク家の君主をヴィーンの王として見下していた。ビザンツ皇帝の継承を自負したスルタン＝カリフは、オスマン的＝「普遍」的支配が欧州に拡大するのを当然と考え、欧州諸国がイスタンブールに使節を常駐させても、自

図8　ヴィーン陸軍史博物館の「トルコ軍からの鹵獲品」［2012年7月1日著者撮影］

分からは欧州諸国に常駐使節を送らなかった。だがオスマン帝国は、その勢力が減退していくと、ヴィーン王をエステルライヒ皇帝として扱うようになり、やがて欧州国際関係のなかに取り込まれていった。

ハプスブルク家とオスマン帝国との対決は新たな文化を生んだ。ヴィーンの陸軍史博物館やカールスルーエの大公宮殿には、いまも「トルコ軍からの鹵獲《ろかく》品」が誇らしげに展示されている。またこの対決から、コーヒーの飲用、「トルコ行進曲」の作成など一連のトルコ趣味が広まった。近代には、コーヒーも行進曲もドイツの日常生活に不可欠の要素になっていた。オスマン帝国をバルカン半島から駆逐したハプスブルク家は、多様な人々が居住するその旧領を支配下に収め、のちの多民族帝国の基礎を築いた。

「ドイツ」の語源

ちなみに「ドイツ」（Deutschland）という固有名詞は、ラテン語ではない「民衆語を話す」（地域、人々）という意味の形容詞に由来する。中世のドイツ人は、カトリック信仰を共有し、ローマ皇帝の政治的権威を保持するようになっても、イタリア人などから田舎者扱いされることがあった。だからこそ中世ドイツの君主は、自ら「ドイツ王」を名乗るのではなく、「ローマ王」「ローマ皇帝」という「普遍」的称号を好んだ。「ローマ王」とは、ドイツ王がローマ皇帝の戴冠式を行うまでの間に、皇帝候補であることを内外に強調した自称で、「皇嗣」のような意味でも用いられた。逆にイタリア側はその擡頭を嫌い、それを田舎大名扱いする意味で「ドイツ王」「ドイツ皇帝」などと呼んだ。例えば教皇レオ一〇世がルターに破門警告をした大勅書「エクススルゲ・ドミネ」（一五二〇年・ラテン語）も、ローマ教会が皇帝権をギリシア人から「ドイツ人」（Germani）に移したとし、「ドイツ皇帝」という表現を用いている。他称としての「ドイツ」が先行し、自称としての「ドイツ」は中世を通じて緩やかに定着していったとみられている。

ドイツは各言語で多様な呼ばれ方をしている。ラテン語では古代ローマ以来のゲルマニアが「ドイツ」に当たるとされ、イタリア語のゲルマニア、ロシア語のゲルマニヤ、英語のジャーマニーなどもこの系譜に属する。仏語ではアルマーニュというが、これは独仏国境地帯に居住していたゲルマン系のアレマン族（シュヴァーベン族）に由来する。フィンランド語ではサクサ、エストニア語ではサクサマーというが、これはゲルマン系のザクセン族に由来する。ポーランド語ではニェムツィ、チェキア語ではニェメツコというが、もともとこれは発話障害者という意味で、東中欧の人々のドイツ人への嫌悪感、差別意識を反映した表現であるが、今日でも日常的に使用されている。

3　宗教改革・宗教戦争・宗派共存

宗教改革とドイツ国民意識

一六世紀の宗教改革は、イタリアからのドイツの自立心と結びついて火を噴いた。サン・ピエトロ大聖堂の改築を目指したローマ教皇は、ドイツなどで贖宥《しょくゆう》状を発行して費用を工面しようとした。これを疑問視した神学者マルティン・ルター（一四八三〜一五四六年）は、ドイツ諸侯の「ドイツ国民」（deutsche Nation）意識に訴え、教皇派に対する共闘を呼びかけた。ルターが破門警告を受けると、ドイツでは各地で反ローマ、反教皇を叫ぶ人々がいきり立った。ルターは、ラテン語訳（ウルガタ）が標準だった旧新約聖書を、ヘブライ語・ギリシア語原典から直接ドイツ語に翻訳し直し、ドイツ語の讃美歌を作り、自分たち独自の信仰形態を作り上げていった。ドイツ語聖書は標準ドイツ語の形成にも一役買った。

原典に立ち戻って通説を疑うという人文主義の精神はイタリアで開花したが、それを学んだドイツの人々は、古代ゲルマニアに立ち返って、イタリアへの対抗意識を育むようになる（国民的人文主義）。ルターの「九五箇条の論題」（一五一七年）は、彼がヴィッテンベルク大学教授として聖書講義をするなかで生み出された。人文主義者の騎士ウルリヒ・フォン・フッテン

（一四八八～一五二三年）は、タキトゥス『年代記』を基に、反ローマの英雄を祖国救済者と称《たた》えるラテン語対話篇『アルミニウス』を執筆し、宗教改革に呼応して教皇の悪行を論《あげつら》ったのだった。

ドイツのローマ教皇への反抗には前史がある。ヴィッテルスバッハ家の皇帝ルートヴィヒ四世（一二八一頃～一三四七年：バイエルン人帝ルートヴィヒとも呼ばれる）が教皇ベネディクトゥス一二世と対立したとき、一三三八年に選帝侯が集まってドイツ王選挙への教皇の承認権を否認した（レンゼ選帝侯同盟）。続くルクセンブルク家出身の皇帝カール四世の「金印勅書」（一三五六年）が、ドイツ王（＝ローマ皇帝）の選挙資格者（選帝侯）を確定したのは、教皇の干渉を排除する措置である。教皇ニコラウス五世とハプスブルク家の皇帝フリードリヒ三世（一四一五～一四九三年）との間で結ばれたヴィーン政教条約（一四四八年）を契機に、一四五六年に聖界選帝侯らは教皇庁に対して「ドイツ国民の抗議書」（ラテン語でGravamina nationis germanicae）を発表し、教皇による聖職禄授与や高位聖職者任命への干渉、財政的要求、裁治権濫用《らんよう》などを批判した。宗教改革はドイツ・ナショナリズムの出発点ではなく、

図9　ヴィッテンベルク城教会［2017年9月2日著者撮影］

その歴史の一里塚にすぎない。

宗教改革のあと、ドイツは新旧二つの「普遍」を体現するようになった。ドイツには依然として神聖ローマ帝国があり、ローマ皇帝は西方キリスト教世界の「普遍」的支配者としての建前を維持し続けた。「皇帝」を名乗る者は、一八〇四年まで西方キリスト教世界には一人しかいなかった。これが古い「普遍」の系譜である。同時にドイツはプロテスタンティズム発祥の地となり、近代的政治理念の揺籃《ようらん》となった。つまりドイツのプロテスタンティズムは、一方で北欧やイギリスでカトリック教会の財産没収による王権強化を助け、他方でイギリス清教徒革命・名誉革命、アメリカ独立戦争の淵源《えんげん》ともなった。これが新しい「普遍」の系譜である。

ドイツ的多文化共生への道

新旧両派はまず相手の打倒を考えた。カトリック側の反撃はバイエルンから行われた。一五一八年にルターが教皇使節の尋問を受けたのは、アウクスブルクでのことだった。同市ではプロテスタント勢力が拡大したが、大商人フッガー家はハプスブルク家と結びついた。ライプツィヒ討論でルターと対決したヨハン・エック（一四八六～一五四三年）は、インゴルシュタット大学教授であった。イエスス会はバイエルンに進出し、インゴルシュタット大学教授となったイエスス会士ペトルス・カニシウス（一五二一～一五九七年）らは、反プロテスタント煽動《せんどう》を展開した。三十年戦争では、バイエルン公マクシミリアン一世（一五七三～一六五一年）か

図10　イエスス会の聖ミヒャエル教会（ミュンヒェン）［2017年 8 月27日著者撮影］

図11　ミュンヒェン将軍堂のティリー像［2017年 8 月29日著者撮影］

ら命じられたヨハン・ティリー帝国伯爵（一五五九〜一六三二年）が、カトリック連盟・皇帝軍司令官としてプロテスタント殲滅《せんめつ》に邁《まい》進《しん》し、いまではマリア崇敬の巡礼地アルトエッティングに埋葬されている。ドイツのプロテスタント勢力を支援するために侵攻したグスタフ二世アドルフのスウェーデン軍は、バイエルンにまで進軍してこれを荒廃させた。

　近世ドイツはヴェストファーレンの講和によって、和解なき共存の流儀を編み出した。それは無理に合意を形成せず、それぞれの自己主張を放任したままでの共存である。ローマ教皇はドイツの宗派共存体制を認めなかったが、その異議は聞き流された。帝国国制上はカトリック側が依然として有利で、選帝侯はカトリック系（マインツ大司教、ケルン大司教、トリーア大司教、ベーメン王、ライン宮中伯〔プファルツ〕)、バイエルン公) がプロテスタント系 (ザクセン公、ブランデンブルク辺境伯、ブラウンシュヴァイク=リューネブルク公) を上回り、歴代ローマ皇帝の選挙協約ではローマ教皇の守護が謳《うた》われていたので、皇帝にカトリックがなることはほぼ既定路線だった。だが選挙協約で皇帝の権限は限定されており、またカトリック諸侯は内紛を抱えていた。プロテスタント諸侯は比較的団結し、ヴィッテルスバッハ家 (プファルツ・バイエルン) を皇帝候補に推して、カトリック系がハプスブルク家で一本化するのを妨害した。とはいえ帝国都市は、プロテスタント系でも皇帝を庇護者に仰いで、周辺勢力に対する自立性を維持しようとした。

各地域・各機関の内部でも宗派共存が模索された。オスナブリュックではカトリック系、プロテスタント系の領主が交互に君臨し、帝国都市ヴェッツラルでは大聖堂を各宗派が交代で使用し、同市に置かれた帝国大審院は両宗派から裁判官を採用した。常設帝国議会のあるレーゲンスブルクには、カトリック教会の司教がいたが、都市はプロテスタント系で、市内には両宗派の領地が入り乱れ、またユダヤ人が帝国議会を支える集団として存在していた。ローマ皇帝のヴィーン宮廷では、帝国の裁判官をも兼ねた帝国宮廷顧問官に両宗派の人材が登用されていた。

英仏の宗派対立

両宗派が持続的に共存するしくみを構築した近世ドイツとは異なり、近世英仏では一方が優位を確立し、他方を排除したことで、宗派共存には失敗している。

イギリスはプロテスタント国となった。イングランド王ヘンリー八世は、ルターを批判して教皇レオ一〇世から「信仰の擁護者」（ラテン語でFidei defensor）の称号を得たが、離婚問題では教皇クレメンス七世と対立し、自分を首長とするプロテスタンティズムのイングランド国教会を樹立した。多数の修道院が王に接収され、カンタベリー大聖堂にあった聖トーマス・ベケットの霊廟《れいびょう》も、このとき破壊された。エドワード六世はプロテスタンティズム導入を継続したが、彼の継承者であるレディ・ジェイン・グレイは処刑された。メアリー一世はスペイン王フェリペ二世と結婚してカトリシズム復帰を目指したが、異母妹のエリザベス一世はイングランド国教会を安定させた。王政復古後のステュアート朝が再びカトリシズム復帰を目指し、名誉革命で排除されたジェイムズ二世の支持派「ジャコバイト」がフランス王権の支援でアイルランドを基盤としたことから、フランス嫌い、アイルランド蔑視《べっし》と結びついたカトリック差別が、近現代までイギリスの社会問題として残った。

フランスはカトリック国となった。血みどろの宗教戦争を経て、プロテスタントの首領だったブルボン家のナバラ王エンリケ三世が、カトリシズムに改宗してフランス王アンリ四世となり、ナント勅令でプロテスタンティズムを認めたが、狂信的カトリックに暗殺された。ナント勅令はルイ一四世がフォンテーヌブロー勅令で撤回したため、カルヴァンの影響を受けたユグノーがドイツなどに亡命した。ヴォルテール『寛容論』（一七六三年）は、カトリック国フランスでのプロテスタントへの否定的先入観が生んだ冤罪《えんざい》事件を題材にしている。

ドイツ的多文化共生はいまも実践されている。ドイツ連邦共和国はヴァイマール共和国からその政教協力体制を継承し、新旧両キリスト教会を「公法上の社団」として扱っている。つまり税務署は教会税を徴収して教会に引き渡し、公立学校は宗教の授業を設け、連邦軍は従軍司祭・従軍牧師を同行させ、州立大学は神学部を設けて聖職者を養成している。州によってはこの「公法上の社団」に、ユダヤ教、イスラム教、さらには無神論者の団体が加わることもある。

これに対しフランスでは、革命で宗教を否定する「理性の信仰」が起こり、二〇世紀初頭に宗教を公共の場から排除する「世俗主義」体制が確立した。フランス「世俗主義」は、君主制と結びついたカトリック教会を攻撃する運動でもあり、ソヴィエト連邦など社会主義圏での宗教弾圧の前奏曲となった。政教協力のドイツよりも政教分離のフランスのほうが進歩的だというのがかつての評価だったが、いまフランスは政教分離という発想のないイスラム教徒の移民・難民との共存で、より大きな問題を抱えている。

4 「ドイツの自由」と二つの帝国愛国主義

普遍帝国のドイツ化

神聖ローマ帝国を担った人々は、その「普遍」的使命感を失わないまま、ドイツの「固有」

性をも意識するようになる。ローマ皇帝は近世になると選挙協約で「選出されたローマ皇帝」(Erwählter Römischer Kaiser)、「ドイツ王」(König zu Germanien) とはっきり自称するようになった。イタリアに遠征して行ってきたローマ皇帝戴冠式は一五三〇年が最後となり、以後はドイツ王選挙と同じくドイツで戴冠するようになった。「ドイツ国民の神聖ローマ帝国」という表現も現れ、遂《つい》には「ドイツ帝国」という表現も普及した。帝国領イタリア（ミラノ、ジェノヴァ、トスカナ、サルデーニャなど）は残っていたが、半ばスラヴ系の「ベーメン王冠領」とともに帝国管区から除外された（サルデーニャの一部のみオーバーライン管区に所属）。

ドイツ国民意識と自由

近世の人々にとって、ドイツ「固有」の要素とは何だったのか。それについての共通諒解《りょうかい》はないが、プロテスタントの帝国国法学者であるフリードリヒ・カール・フォン・モーザー帝国男爵（一七二三～一七九八年）の『ドイツ国民精神について』(Von dem Deutschen Nationalgeist：一七六六年) は、近世ドイツ国民意識を表現した文献としてよく引用される。「我々は一つの民族＝民衆である (Wir sind ein Volk)。それは一つの名前および言語を持つ。そして一人の共通の元首の下にいる。そして一つの、我々の憲法の下に、権利や義務を決める法律の下にいる。そして我々は、自由という共通の大きな利益と結びついている。そして我々は百年以上続く国民議会に、この重要な目的のために集結している。[我が国は] 内なる力と強《きょう》靭《じん》さとにおいて欧州第一の国である。その王冠は、ドイツ人の族長たちの頭上に輝いてきた」。

つまりモーザーがドイツ「固有」の要素と考えたのは、ドイツ語であり、また皇帝を戴き諸身分の権利義務を守ってきたドイツの自由な国制であった。神聖ローマ帝国では、代々の皇帝がドイツ王選挙の際に更新し署名する選挙協約が、いわば成文憲法の役割を果たしていた。このような皇帝と帝国諸身分との共同統治体制のことを、当時は「ドイツの自由」といった。この意味でドイツ国民は、F・マイネッケの概念に従えば、「文化国民」であるばかりでなく、「国家国民」でもあった。

「ドイツの自由」という表現は、帝国諸身分側の見方を反映している。ハプスブルク「普遍君主制」、とりわけ世界支配を展開するスペイン王カルロス一世、つまりローマ皇帝カール五世が、宗教戦争で多くのスペイン軍を動員していたのに対し、スペイン的＝「普遍」的な脅威からドイツ「固有」の流儀を守るという意味で生まれたと見られている。

ちなみに、近世「ドイツ国民」意識は貴族に限定されていたという「貴族国民」(Adelsnation)説には根拠がない。国民は近代の産物であり、人は自由平等や政治参加を認められなければ国家に奉仕しないと考えるのは、近代主義者の誤った先入観である。渋沢栄一《しぶさわえいいち》ら武州の農民が攘夷《じょうい》を決行しようとした際、一体彼らに何の政治的権利があったというのだろうか。「ドイツ国民」を特定身分に限定するなどという規定はなく、常設帝国議会には平民も都市代表として出席していた。少年期にフランクフルト市民だったヨハン・ヴォルフガング・フォン・ゲーテ

（一七四九～一八三二年）は、皇帝戴冠式（ローマ王ヨーゼフ二世のもの）を目にしたときの感激を『詩と真実』で表現し、「ドイツ人として、フランクフルト人として」うれしく思ったと語った。ゲーテもシラーもＦ・Ｃ・ｖ・モーザーも平民出身で、後年になって帝国貴族に登用されたのである。Volk という言葉には「民族」の意味も「民衆」の意味もある。モーザーはドイツ Volk をドイツ Nation と互換的に用いている。逆に貴族だからといって、当然のように「ドイツ国民」意識に燃えていたとも限らない。

言語や習慣を重視するモーザーの「ドイツ国民精神」論は、同時代のヨハン・ゴットフリート・ヘルダー（一七四四～一八〇三年）の民族論と共鳴するものがある。東プロイセン出身のヘルダーは、ケーニヒスベルク大学でインマヌエル・カント（一七二四～一八〇四年）に学んだ。のち彼は、リガ、パリ、ヴァイマールなどでの経験を経て、言語や歴史などの「固有」性に基盤を置く「民族＝民衆」を重視する歴史哲学を構築し、経験論の系譜を引くとはいえ人間を抽象的に理解するカントのドイツ観念論哲学と対決した。ヘルダーは、フランス革命後の歴史主義の先駆となっていくのである。

なお宗派共存体制が確立した一八世紀ドイツのカトリック教会では、プロテスタント教会と連携して「ドイツ国民教会」（deutsche Nationalkirche）を形成し、ローマ教皇の支配を脱しようというフェブロニウス主義が擡頭した。この思想は、フランス王権と結びつき教皇から距離を置いていたフランスのカトリック教会の体制（ガリカニスム）を模範とし、啓蒙思想の影響を受けて教皇専制体制に批判的だった。ルターの宗教改革もそうだったが、保守頑迷な教皇に対抗してドイツのキリスト教徒が団結するという進歩的発想が、ドイツ国民意識の一つの起源となっていた。ただドイツの高位聖職者がみなフェブロニウス主義者だったわけではない。

血統にこだわる・こだわらない「ドイツ人」

さてドイツ「固有」というと、血統という観念も思い浮かぶ。血統が意識されることは当時もあった。ナポレオンの叔父ジョゼフ・フェッシュ枢機卿《すうききょう》を一八〇六年にマインツ協働司教(次期大司教)に選ぼうとした際、大司教ダールベルクら推進派は、家系図をたどってフェッシュがドイツ人の血筋であることを証明しようと躍起になった。マインツ大司教はドイツ首座司教であり、そこに外部勢力が都合のいい候補を押し込んでくるのを警戒する向きもあったのである。

とはいえ近世ドイツで、ドイツ人の血統を継いでいることが非常に重視されたというわけではない。貴族の世界では国際結婚が多く、フランス王ルイ一六世とエステルライヒ大公妃マリア・アントニア(王妃マリー・アントワネット:一七五五~一七九三年)との結婚などは普通のことだった。近世ドイツの諸宮廷では、トルコ人や黒人の従僕を雇うことも流行した。フランスから追放されたユグノーは、ブランデンブルク「大選帝侯」フリードリヒ・ヴィルヘルム(一六二〇~一六八八年)から商工業者などとして歓迎された。

神聖ローマ帝国の帝国貴族には多様な人々が登用された。北米生まれのイギリス人物理学者ベンジャミン・トンプソン（一七五三～一八一四年）は、皇帝空位期間の「帝国代理」だったプファルツ＝バイエルン選帝侯カール・テオドル（一七二四～一七九九年）からルムフォルト（ラムフォード）帝国伯爵に叙された。ウィンストン・チャーチルの祖先であるイングランド軍司令官のモールバラ公爵ジョン・チャーチル（一六五〇～一七二二年）に至っては、スペイン継承戦争での功績で皇帝レオポルト一世（一六四〇～一七〇五年）から帝国侯爵（メンデルハイム侯爵）に取り立てられたばかりか、皇帝ヨーゼフ一世（一六七八～一七一一年）から常設帝国議会に議席および個別票（Virilstimme：集合票〔Kuriatstimme〕と対置される）まで与えられている（一七〇六年）。リトアニア貴族のラジヴィウ家も、ハンガリー貴族のエステルハージ家も、帝国侯爵に取り立てられた。オルシーニ＝ローゼンベルク侯爵家、コロレード侯爵家、ピッコローミニ侯爵家、トゥルン・ウント・タクシス侯爵家などのように、イタリア発祥と称するドイツ貴族もいた。

なお余談だが、ドイツ人が外国君主になった例もある。ロシア皇帝エカテリーナ二世（一七二九～一七九六年）は、生まれも育ちも帝国内のアンハルト＝ツェルプスト公国だった。この縁で、エカテリーナ二世の時代、神聖ローマ帝国北部のフリースラントにはロシア皇帝の領地イェーファーがあった。実は彼女の夫で廃位されたロシア皇帝ピョートル三世（一七二八～一七六二年）も、もともとはホルシュタイン＝ゴットルフ公カール・ペーター・ウルリヒ（ロシア皇帝エリザベータの甥）だったのであり、夫婦揃《そろ》ってドイツ人だったとも言える。近世の身分制時代にも国民意識は存在したが、境界は緩く、越境や多重所属が頻繁に行われていた。

近世帝国国制

近世ドイツ国制は皇帝と帝国諸身分との共同統治を定め、宗派を共存させる秩序を実現した。帝国内では、諸身分間の私闘を禁じる永久国土平和令（一四九五年）が発布され、紛争が生じた際には、その処理に帝国裁判所（ヴェツラルの帝国大審院およびヴィーンの帝国宮廷顧問院）が動き、紛争の結果生じた境界変更は、帝国議会での承認を要した。帝国が侵略を受けたときには、帝国戦争を宣言し、帝国管区ごとに分担兵力を集め、帝国軍を結成した。帝国政治についてはレーゲンスブルクの常設帝国議会で審議され、そこでの決議が上奏されてローマ皇帝の裁可を仰いだ。帝国大宰相（ドイツ大宰相）として帝国政治の総括を行ったのが、マインツ大司教である。選帝侯部会・諸侯部会・都市部会の三部会制である常設帝国議会は、フランス全国身分制議会（いわゆる全国三部会）のように君主によって解散されたことがなかった。帝国元首であるローマ皇帝・ドイツ王は選帝侯により選挙され、当選者（ほぼ毎回ハプスブルク家当主）はまず選挙協約に署名してからドイツ王（ローマ王）になり、次いでローマ皇帝として戴冠した。エステルライヒやプロイセンなどが領国経営を進めたのは事実だが、侵略戦争までできる帝国諸身分はごく一部で、それ以外は皇帝や帝国の庇護に依拠して存続していた。

二つの帝国愛国主義

この神聖ローマ帝国を維持・強化しようとする思想を帝国愛国主義と呼ぶ。神聖ローマ帝国がドイツ帝国とも呼ばれた当時、帝国愛国主義とは近世ドイツ・ナショナリズムともほぼ重複する。この思想は主に二つの勢力によって唱道された。

帝国愛国主義を唱える第一の勢力は、皇帝支持派である。「帝室」（Erzhaus）と呼ばれ、帝国諸侯のなかで別格扱いだったハプスブルク家は、神聖ローマ帝国を皇帝主導でまとめようとしたが、それはライバルのプロイセン（プロテスタント）やバイエルン（カトリック）を抑えるというエステルライヒの領邦的利害を反映していた。ハプスブルク宮廷はローマ皇帝の立場で、帝国都市や帝国騎士のような小帝国諸身分と連携し、同じ宗派の聖界諸侯（帝国君侯であるカトリック聖職者）とも団結しようとした。またハプスブルク宮廷は、ケルン大司教やドイツ騎士団総長兼ドイツ管区長といった重要な地位に、ハプスブルク家の男子が選ばれるよう運動している。だがプロイセンはカトリック教会人事にも独自の候補を立てて介入してきたので、いつもハプスブルク家の思い通りにはならなかった。なお前述のＦ・Ｃ・ｖ・モーザーは、皇帝派の論客として活躍した。

帝国愛国主義を唱える第二の勢力は、「第三のドイツ」と呼ばれたエステルライヒ、プロイセン以外の帝国諸身分、とりわけ中規模勢力のマインツ大司教、バーデン辺境伯、ザクセン公、

図12　マインツ大司教の離宮ヨハンニスブルク城（アシャッフェンブルク）［2012年9月25日著者撮影］

ザクセン＝ヴァイマール・アイゼナハ公などである。彼らは弱小領邦を保全することこそ帝国の使命だと主張し、自分たちの領邦を守るために帝国愛国主義を唱えていた。フランス王国はこの「第三のドイツ」を支援することで神聖ローマ帝国に介入しようとし、またプロイセンも「第三のドイツ」と同盟してローマ皇帝（エステルライヒ）によるドイツ指導を妨げようとした。ローマ皇帝は、帝国指導の基盤強化のためにも世襲領エステルライヒの強化を図ろうとしたが、「第三のドイツ」やプロイセンから、帝国の公益より自領邦の私益に走っていると非難された。

プロイセンは、この頃ローマ皇帝（エステルライヒ）を脅かす勢力にまでなっていた。ザクセン公（選帝侯）がポーランド王位獲得のためカトリシズムに改宗すると、帝国のプロテスタント勢力の頂点にはブランデンブルク＝プロイセンが就くようになり、一七〇一年にプロイセン王国を樹立した。三代目のプロイセン王フリードリヒ二世（フリードリヒ大王：一七一二〜一七八六年）は、皇帝カール六世（一六八五〜一七四〇年）が嫡出男子を持たず、男子のみに相続を認めるサリー法典の例外として、娘マリア・テレジア（一七一七〜一七八〇年）にハプスブルク世襲領を継承させる「特例詔書」（ラテン語でPragmatica Sanctio）を発したのに付け込んで、その承認の見返りにシュレジエンの割譲を求めた。ロートリンゲン公（改めトスカナ大公）フランツ・シュテファン（一七〇八～一七六五年）と結婚していたマリア・テレジアは、エステルライヒ大公・ベーメン王・ハンガリー王となり、プロイセンとエステルライヒ継承戦争を戦ったが、皇帝位は短期間バイエルンに移り、シュレジエンも奪われた。マリア・テレジアは数百年来の宿敵フランスと結んでシュレジエン奪還を図り、七年戦争でフリードリヒを追い詰めたが、最終的には失敗した。ただ皇帝位はハプスブルク家に戻り、マリア・テレジアの夫が皇帝フランツ一世となり、長男ヨーゼフ二世（一七四一～一七九〇年）へと引き継がれた。

ローマ皇帝ヨーゼフ二世の時代、エステルライヒとプロイセンとの対立が再燃した。ヨーゼフ二世の相次ぐ急進的改革に不満なマインツ大司教フリードリヒ・カール・ヨーゼフ・フォン・エルタール（一七一九～一八〇二年）らを誘って、プロイセン王フリードリヒ二世が帝国愛国主義を唱道する「諸侯同盟」を結成したのである。この同盟はフリードリヒ二世の反エステルライヒ戦略の産物で、ヨーゼフ二世が帝国をないがしろにし、自領邦エステルライヒの利益ばかりを追求しているというネガティヴ・キャンペインを展開した。実際のところフリードリヒ二世は、プロイセンの拡大に際しては帝国など尊重していなかったが、帝国国制を破壊しようとしたわけではなく、自ら皇帝になろうともしなかった。

エステルライヒとプロイセンとは、マインツ大司教エルタールの後継者となるマインツ協働司教の選挙で争った。結局、両陣営につながりがあるカール・テオドル・フォン・ダールベルク帝国男爵（一七四四～一八一七年）が当選したが、ダールベルクはカトリック聖職者でありながら無類のプロイセン贔屓《びいき》で、当選後に諸侯同盟に加入する。このときダールベルクは、皇帝ヨーゼフ二世と帝国愛国主義について往復書簡で議論した。ダールベルクは、常日頃からヨーゼフ二世の独断専行を批判していた。「ルドルフ・フォン・ハプスブルクのように、ドイツ国民の愛と信頼とを勝ち得ているエストライヒ《ママ》皇帝は、世界で第一の、最強の君主です。しかし軍隊を誇り、国制を誹謗《ひぼう》し、所有権や法律の形式を踏み潰《つぶ》す皇帝は、人々を考え込ませ、多くの小諸身分を団結させます」。

ダールベルクの提言書への応答でヨーゼフ二世は、ダールベルクと自分とは「我々ドイツのよき愛国者仲間」だとし、仏語でこう書いた。「私は、ドイツを喜んで我々共通の祖国と呼ぼうと思います。というのも私はドイツを愛しており、ドイツ人であることを名誉だと思っているからです」。

愛国主義の多層構造

帝国愛国主義は近世ドイツで唯一の愛国主義だったわけではなく、それと並行して多様な愛国主義が表明されていた。初期の保守主義者、歴史主義者といわれるユストゥス・メーザー（一七二〇～一七九四年）は、自分の故郷の歴史を『オスナブリュック史』にまとめた。その際メーザーは、常に「ドイツ帝国」全体の発展を見据え、オスナブリュックにもドイツにも祖国愛を表明していた。またウルム出身でプロイセンにやってきた啓蒙主義者トーマス・アプト（一七三八～一七六六年）は、七年戦争中に『祖国のための死について』を著して、自ら選んだ祖国プロイセンへの愛国心を表現した。ヨーゼフ二世やダールベルクの帝国愛国主義の背景にも、それぞれの出身領邦であるエステルライヒやマインツの利害が見え隠れする。

図13　マインツ大司教のエルフルト叛乱平定（エルフルト市役所の壁画）［Erfurt-web.de］

当時の人々にとって帝国、領邦のどちらが帰属先として優先だったかは、一概には言えない。そもそも当時の秩序は、帝国か領邦かの二極構造でもなかった。領邦とは、君主が戦争や相続でかき集めた無数の領地の集積（同君連合）にすぎず、それぞれの領地にも愛国主義があった。例えばマインツ大司教領の「エルフルト国」は、首都マインツから遠く離れた飛び地で、プロテスタントの住民が多く、その地元指導者は皇帝など上位権力と結んで、マインツから独立しようとして、失敗した。プロイセンは国家形成が進んだ領邦だとされるが、「プロイセン諸国一般領邦法」が制定されたのはようやく一七九四年のことで、「プロイセン諸国」の部分はdie Preußischen Staatenと複数形だった。マインツもプロイセンも複合君主制だったのである。

「普遍」と「固有」とが共存し、理論に基づいて意図的に「多様化」したのではなく、歴史の積み重ねで結果的に多様になった秩序――それが「ドイツ国民の神聖ローマ帝国」だった。その帝国が一八〇六年に終焉を迎えたのは、もともと形骸《けいがい》化していたものが自然消滅したわけではなく、外部勢力の軍事的侵略で倒されたのである。フランス革命こそ、ドイツ史の大きな転換点であった。

第二章

抵抗

ドイツ「固有」の自己主張

1789-1945

1　フランス革命と新しい「普遍」の登場

革命とは何か

フランス革命の評価は分かれている。教科書は、贅沢《ぜいたく》な宮廷生活、長引く戦争、抑圧的な身分制度に対するフランス民衆の義憤が革命を勃発させ、「普遍」的価値を標榜《ひょうぼう》する「人権宣言」を生んだのだと説く。これはもちろん、民主主義への共感を醸成するために整理された歴史像である。宮廷生活を営み、戦争を行い、身分制度を維持することは、近世欧州の法観念に照らして違法ではないが、監獄や官庁など公共機関の襲撃、国家元首一家の軟禁・脅迫・処刑、「革命の敵」とされた人々への私的虐待・虐殺・掠奪《りゃくだつ》は、前近代の法観念に照らしても、近現代の法観念に照らしても違法である。

革命を称する実力での体制転覆は、法秩序に反する行為だが、事実の規範力が作用して、成功した場合のみ事後的に合法化される。フランス王国の臣民が挙《こぞ》って革命理念に共鳴したなどということはあり得ない。エマニュエル＝ジョゼフ・シエイエスは、「第三身分」こそ国民だ、憲法制定権力だと述べて革命の口火を切ったが、それは革命派の自己宣伝でしかない。「人権宣言」を出したところで、革命派に不都合な人々には「人権」は認められなかった。反革命派は、「エミグレ」と呼ばれる亡命者になるか、国内で転向を強要されるか、投獄され殺害されたりするかしたのである。

外国でもフランス革命には批判的な見方があった。アメリカ独立運動を支援し、イギリス議会政治を擁護したホイッグ党議員エドマンド・バークは、フランス革命には反対の姿勢を明示した。一世紀後、御雇《おやとい》外国人ロエスレルことヘルマン・レースラー（一八三四〜一八九四年）は、一八八三年に東京の「獨逸《ドイツ》學協會《がくきょうかい》」で講演し、革命の騒擾《そうじょう》を引き起こしたモンテスキューやルソーの教説に警鐘を鳴らし、「深遠確實」で秩序を重んじる「獨逸學」の利点を説いた。大日本帝国憲法制定（一八八九年）を主導した伊藤《いとう》博文《ひろぶみ》、井上《いのうえ》毅《こわし》らも、政情不安のフランスは日本のモデルにならないと考えた。

図14　パリのサン・ジャック塔（革命派に破壊された教会堂跡）［2012年11月15日著者撮影］

図15　兄ヨーゼフ二世（左）と弟レオポルト二世（右）の肖像（ヴィーン美術史美術館）

革命政権との対決

ドイツ国民の神聖ローマ帝国でも、フランス革命への見方が分かれていた。帝国内ではフランスを模倣した暴動が各地で起き、恐怖を感じたリュティヒ司教は、自領を逃れて帝国に窮状を訴えた。帝国諸身分は、自分たちがエルザス（仏語ではアルザス）で残していた諸権利が、フランス国民議会で一方的に廃止されたことに憤っていた。エルザスは近世フランスの「再統合政策」により蚕食されていたが、帝国側ではそこに帝国諸身分の諸権利が残っていると考えており、それが新奇な革命勢力によって一掃されたことに驚いたのである。啓蒙思想に共鳴する貴族や市民の間には、民衆暴動への恐怖と、フランス国政改革への期待とが混在していた。啓蒙主義者として知られたローマ皇帝レオポルト二世（一七四七～一七九二年）は、当初フランスへの介入を考えず、むしろフランス王国の立憲君主国への変容に期待していた。

フランスに隣接する帝国西部の聖界諸侯（帝国諸侯としてのカトリック聖職者）は、皇帝に毅《き》然《ぜん》たる対仏姿勢を求めた。エミグレが西部ドイツに押し寄せると、聖界諸侯は政治難民と化したエミグレの窮状に同情し、フランス内政の流動化を危惧《きぐ》した。だがエミグレの一部が反転攻勢のためにドイツでの募兵まで始めると、彼らはエミグレの存在を厄介《やっかい》だと思い始めるようになる。

やがて神聖ローマ帝国はフランス革命勢力との対決を決意する。皇帝レオポルト二世も、実妹の仏王妃マリー・アントワネットの身を案じるようになった。ルイ一六世一家は、密《ひそ》かにパリを脱出し、ハプスブルク家の領地だったベルギーへの亡命を図るが、国境前で発見されて引き戻され、国内での立場を一層悪くした。事態を重くみたレオポルト二世は、プロイセン王、ザクセン公、仏王弟アルトワ伯爵と会談してピルニッツ宣言を出し、欧州諸君主にフランス革命への共同介入を訴えた。フランスでは革命派がいきり立ち、急死したレオポルト二世の後継者（息子）フランツ二世（一七六八～一八三五年）に宣戦布告した。

エステルライヒ・プロイセン連合軍は帝国軍としてフランスに進軍し、仏王一家の暴徒からの解放を目指した。プロイセン軍元帥だったブラウンシュヴァイク公カール・ヴィルヘルム・フェルディナント（一七三五頃～一八〇六年）は、コブレンツで声明を発表し、暴徒が仏王一家に危害を加えたら、パリを破壊すると警告した。

フランス国歌の起源

この帝国軍を迎え撃つフランス軍が、戦意昂揚のために作って歌ったのが、今日のフランス国歌「ラ・マルセイエーズ」である。その内容はドイツの君主、ドイツの民衆、エミグレへの敵意を煽《あお》るものになっている。「進め、祖国の子らよ、栄光の日は来た」「暴君たちが、我々に

図16　ヴィーン宝物館にある帝国宝器［2018年８月20日著者撮影］

血みどろの軍旗を向けてきた」「不浄の血が我らの畝《うね》を潤すまで進め」「何を企んでいるのか、この奴隷、裏切り者、陰謀をめぐらす王どもの群れは？」

帝国軍はヴァルミーの戦いで敗れ、逆にフランス軍が帝国領内になだれ込んだ。帝国軍の救援が届かなかった国王一家は蜂起《ほうき》した民衆に捕らえられ、シュヴァイツ近衛兵は虐殺された。国王夫妻は初めに結論ありきの革命裁判を経て処刑され、王太子のルイ一七世は虐待された末に死んだ。形勢不利と見たプロイセンはいち早く帝国戦争から離脱し、フランスとバーゼルの講和を結んだ。ローマ皇帝（エステルライヒ）はフランスと戦い続けたが、ライン川を守ることができず、さらに北イタリアから帝都ヴィーンも脅かされた。皇帝戴冠に用いられる帝国宝器は、当時はアーヘンおよびニュルンベルクで保管されるのが習わしだったが、フランス軍の掠奪を避けるために、ヴィーンで保管されることになった。

フランス軍のドイツでの革命宣伝

近世欧州有数の軍事国家だったフランスは、数世紀にわたり神聖ローマ帝国の西部領土を蚕《さん》食《しょく》していたが、革命によってさらに理論武装をした。フランスの革命派は自分たちの理念を、全人類に通用する「普遍」的価値だと説き、その普及が人類のためになると主張した。

ドイツの啓蒙主義者の一部にもフランス革命の支持者が現れ、彼らの急進派はフランス占領下のマインツで傀儡《かいらい》国家である「ライン共和国」を建国した。占領地では君主や教会の記念碑が倒され、住民には旧体制の不当性を説く宣伝活動が行われ、フランス革命の「自由の木」が植えられた。やがてフランス占領地域には、フランス民法典が施行された。こうしたフランスのイデオロギー攻勢は、二〇世紀の米ソのそれを想起させるものがある。

ドイツ国歌の起源

身分制国家である神聖ローマ帝国は、「自由・平等・博愛」を唱えるフランス共和国との愛国主義の競争を迫られた。そもそも神聖ローマ帝国は、「ドイツの自由」という、自由を尊ぶ国制を有していたはずだった。だがその自由というのは、ライバルだったフランス王国やオスマン帝国と比較した場合の話である。フランス共和国と自由で競争するのが難しい神聖ローマ帝国は、フランスにはない自国の特徴を模索することになる。

そこで神聖ローマ帝国は、皇帝を称える愛国歌を作成して国威発揚を図った。国歌というと、一八世紀イギリスで定着した「神よ、我らが慈悲深き国王を護《まも》り給え！」（英語でGod save our gracious King/Queen!）が有名である。また「ラ・マルセイエーズ」がフランス軍の戦意を昂揚させていることも当時知られていた。このため敗戦が続く帝国側でも、イギリスの先例に倣って君主の讃歌が作られることになり、エステルハージ侯爵家の宮廷作曲家だったヨーゼフ・ハイドン（一七三二～一八〇九年）が作曲を担った。この曲は、一七九七年二月一二日のローマ皇帝フランツ二世の誕生日に、ヴィーンのブルク劇場で披露《ひろう》された。「神よ！　皇帝フランツを護り給え、我らのよき皇帝フランツを！／皇帝フランツ万歳、幸福の輝ける栄光のうちに！／月桂樹の若枝は皇帝に向かって咲き誇り、彼が行くところ栄誉の冠となる！／神よ！　皇帝フランツを護り給え、我らのよき皇帝フランツを！」

この皇帝讃歌は、のちにエステルハイヒの国歌になり、やがてドイツ国歌の原曲ともなっていく。なお同じく君主を称える国歌が、一九世紀のロシアや日本でも生まれている。

ドイツをまねた「フランス帝国」

この間フランス共和国は、軍事指導者として擡頭したナポレオン・ボナパルトのもとで再編されていた。ナポレオンは田舎貴族の次男で、フランス王国軍では花形の騎兵ではなく砲兵に配属され、旧体制に一定の不満を懐《いだ》く革命派将校だった。彼はクーデターにより第一統領、次いで終身統領となり、遂に一八〇四年「フランス人の皇帝」を名乗った。

このフランス第一帝制のモデルの一つとなったのが、ドイツ国民の神聖ローマ帝国だった。従来はフランス王を名乗り、建前上はドイツ王＝ローマ皇帝より格下だったフランスの君主に、ナポレオンは「皇帝」というドイツと対等の称号をもたらした。またナポレオンは、「帝国大宰相」「選定侯」「ローマ王」など、神聖ローマ帝国の流儀に酷似した官職・称号をフランスに導入し、「フランス共和国」を「フランス帝国」に改めた。

神聖ローマ帝国解体

欧州覇権を確立した「フランス人の皇帝」ナポレオン一世は、神聖ローマ帝国の併存を許さなかった。ナポレオンはイタリアに侵攻し、「ロンバルディア鉄冠」を戴いてイタリア王を兼ねた。これはランゴバルド王国を征服したフランク王カール（カール大帝）の系譜に連なることであり、ドイツとイタリアとの中世以来のつながりを断ち切ることであった。ローマ皇帝フランツ二世はイギリス、ロシアの対仏同盟に参加し、ロシア皇帝アレクサンドル一世とともに、一八〇五年一二月二日にアウステルリッツで「フランス人の皇帝」ナポレオン一世と対決したが（三帝会戦）、敗北した。一八〇六年七月、ナポレオンは西部ドイツ諸侯に、神聖ローマ帝国から脱退して、自分を庇護者とする「ライン同盟」に加入するよう強要し、ヴィーンのローマ皇帝フランツ二世に退位するよう要求した。すでに一八〇四年から「エステルライヒ皇帝フランツ一世」を、帝国法の根拠なく名乗り始めていたフランツ二世は、一八〇六年八月六日にローマ皇帝としての退位、神聖ローマ帝国の解体を宣言した。

この一八〇四年から一八〇六年までの間に、欧州では「皇帝」の意味内容が変化した。古代からその時期まで、「皇帝」は（実態として特定地域にしか君臨していなかったとしても）古代ローマ皇帝の継承者であり、西方キリスト教世界の諸君主を超越した「普遍」的支配者だというのが建前だった。だが「フランス人の皇帝」や「エステルライヒ皇帝」など、歴史的系譜を無視した皇帝号が好き勝手に唱えられた結果、そうした建前はなくなった。皇帝は依然として光栄な地位だとしても、国際法上は国王や大公などと変わらない、単なる一国の国家元首となったのである。これこそまさに主権国家体制の完成だった。

ナポレオン「普遍君主制」

だがナポレオンは、ひとたび単なる国家元首の称号となった「皇帝」号に、新たに「普遍」的内実を与えようとした。ナポレオンはライン川左岸をフランスに併合したのみならず、英露を除く欧州全域を影響下に置き、自分の親族や部下を各地の「王」にして、フランス的＝「普遍」的価値たるフランス革命理念を移植しようとした。例えばナポレオンの兄ジョゼフはナポリ王ジュゼッペ一世、スペイン王ホセ一世に、弟ルイはオランダ王ローデウェイク一世に、弟ジェロームはヴェストファーレン王ヒエロニュムス一世になっている。

こうしたナポレオンの欧州支配を、ドイツの啓蒙主義者も疑い始める。ドイツ観念論哲学の旗手たるヨハン・ゴットリープ・フィヒテ（一七六二～一八一四年）は、それを「普遍君主制」(Universalmonarchie) と呼んで警戒した。フィヒテは、元来フランス革命のよき理解者だったが、ナポレオンが欧州覇権を握ると、これを専制とみなして警戒するようになった。ルートヴィヒ・ファン・ベートホーフェン（一七七〇～一八二七年）が、熱愛するナポレオンに交響曲「英雄」を献呈しようとしたが、彼が皇帝になると聞いて断念したという逸話もある。ナポレオン支配は、欧州の政治的近代化の契機でもあり、フランスの国益伸張、ボナパルト家の私益拡張でもあった。オブリ編『ナポレオン言行録』には次の言葉がある（大塚幸男《おおつかゆきお》訳を一部改変）。「私は確信しているのですが、我々は近いうちに「西欧帝国」の再生を見ることでしょう。なぜなら疲弊した諸民族は、最もよく統治されている国民の軛《くびき》のもとに馳せ参じて来るでしょうから」。

ライン同盟

ライン同盟は、ドイツにおけるフランス支配の受け皿となった。フランスは傘下のドイツ諸侯に「ライン」同盟を作らせ、兵力分担をさせる際にも軍団名に「ドイツ」という地名を使わせなかった。その加盟国は、実際にはライン川沿岸に限らず、エステルライヒ、プロイセン以外の旧帝国領邦に広がった。最後の帝国大宰相・マインツ大司教からライン同盟の首座司教侯に転身したダールベルクは、ライン同盟を旧帝国のよき継承団体と考え、庇護者ナポレオンのもとで同盟諸国が守られることを願い、また同盟のドイツ連邦国家への発展を画策した。ダールベルクは後世、フランスの暴君に屈して祖国ドイツを裏切ったと罵《ののし》られたが、彼は主観的にはドイツを立て直したいという愛国心から行動したのであり、彼の人生もまたドイツ・ナショナリズムの多彩な歴史の一齣《ひとこま》なのである。だが同盟諸国からの兵力・資金の調達にしか興味がないナポレオンは、ダールベルクが求める同盟国制の充実には消極的だった。同盟諸国内ではフランス法制の導入、革命理念の定着が目指されたが、その実施状況はまちまちだった。

仏支配に馴染んだドイツ人

ライン同盟の指導的な人々は、フランス支配に順応していった。彼らは、「ドイツ国民」理念を鼓吹していた帝国諸身分や知識人（フリーメイソン、イルミナティ〔ドイツで結成された啓蒙派の秘密結社〕の団員など）だったが、革命前から啓蒙主義の影響を受けており、フランス支配に馴染《なじ》みやすい素質があった。

旧帝国においてエステルライヒ・プロイセンの角逐に振り回されてきた中小の帝国諸身分には、強大なナポレオンの庇護によって自分たちの安定が得られると考える人々もいた。その代表者だったダールベルクは、古い「普遍」を体現したハプスブルク家の息女を、新しい「普遍」を体現する既婚者のナポレオンと再婚させることで、新旧「普遍」の橋渡しをした。ダールベルクの甥エメリヒは領地がフランス支配下に入り、フランス帝国の公爵となった。

ダールベルクの知識人仲間もフランスに傾倒した。その一人であるゲーテは、学生時代に仏領ストラスブール（独語ではシュトラスブルク）で大聖堂のゴシック様式を見たときには、これをあえて「ドイツ様式」と呼んで粋《いき》がっていた。だがゲーテは、ナポレオンに拝謁すると、彼が『若きヴェルテルの悩み』を愛読していることに有頂天になった。ゲーテはナポレオンへの讃辞を晩年まで口にし、エッカーマン『ゲーテとの対話』でフランス支配についてこう述べている（山下肇《やましたはじめ》訳を一部改変）。「文化と野蛮の問題だけを重視している私が、地上で最も文明化した国の一つであり、私自身の教養のかくも大きな部分がそのお蔭《かげ》を蒙《こうむ》っている国民を、どうして憎めただろう」。

またフリードリヒ・フォン・シラー（一七五九～一八〇五年）も、その未完成の詩「ドイツの偉大さ」（一八〇一年）で、「ドイツ帝国とドイツ国民とは別物だ」と述べている。シラーによると、「ドイツの偉大さ」は諸侯の政治にではなく、国民（ここでは政治指導者ではない知識人の意味）の文化にあるのだという。

仏支配に反抗したドイツ人

ライン同盟に属さないエステルライヒおよびプロイセンは、ナポレオンの「普遍君主制」への抵抗を試みた。

一八〇六年、プロイセンは対仏戦争に踏み切った。だがプロイセンは、イエナ＝アウエルシュテットの戦いで敗れ、領土割譲や賠償金支払を余儀なくされた。帝国騎士出身の首相カール・フォム・ウント・ツーム・シュタイン帝国男爵（一七五七～一八三一年）は、プロイセン改革に乗り出したが、ナポレオンに処刑宣告をされてロシアに亡命した。

図17　ヴィーン英雄広場のカール大公像［2018年８月16日著者撮影］

図18　インスブルック郊外のアンドレアス・ホーファー像［2012年８月12日著者撮影］

一八〇八年、スペインで反仏騒擾が起きると、外相ヨハン・フィリップ・フォン・シュタディオン伯爵（一七六三～一八二四年）の率いるエステルライヒが挙兵した。総司令官の皇弟カール大公（一七七一～一八四七年）が、一八〇九年四月九日に宣言「ドイツ国民に」を発し、「ドイツの国制、法、習俗、伝統を破壊」したナポレオンに抗して、蹶起《けっき》するようドイツ人に訴えた。いまもヴィーン宮城前にあるカール大公の騎馬像には、「ドイツの名誉のための頑強な闘士に」「エステルライヒ軍の勇猛な総帥に」との献辞がある。

だがドイツ総蹶起は実現しなかった。ライン同盟諸国はフランス側に付き、プロイセンはフェルディナント・フォン・シル（一七七六～一八〇九年）ら一部軍人が参加したのみだった。バイエルン領になっていたティロルでは、旧領主エステルライヒの訴えに呼応したアンドレアス・ホーファー（一七六七〜一八一〇年）ら農民が蜂起したが、鎮圧された。エステルライヒは、アスペルンでナポレオンを初めて破ったが、ヴァグラムでの決戦で敗れ、シェーンブルンの講和を結ばざるを得なかった。

フランス支配下のドイツには、新しい「普遍」の強要に反撥し、貴族や啓蒙派知識人に多い親仏派に距離を置く人々も現れた。一八〇六年八月二七日、ニュルンベルクの書店主ヨハン・フィリップ・パルム（一七六六〜一八〇六年）が、反仏文書『深い屈辱を受けたドイツ』を頒《はん》布《ぷ》し、著者名を明かさなかった咎《とが》で、ブラウナウ・アム・インで処刑された。仏占領下にあった一八〇七年のベルリンでは、フィヒテが連続講演「ドイツ国民への演説」を行い、ドイツ人の奮起を促した。フィヒテは、ドイツ人はほかのゲルマン諸民族と異なって故郷に留まった純血の「原民族」だとし、ドイツ人が「固有」の言語を発展させ、「固有」の精神を守ってきたと説いた。フィヒテはローマ化されたものを高尚と感じる一部ドイツ人を戒め、そこからの脱却の試みとしてルターの宗教改革を称揚した。フィヒテは観念論哲学で育んだ人格陶《とう》冶《や》の理想をドイツ国民教育に投影したが、言語を基盤とするドイツ人の文化的主体性を重視したため、ゲーテら親仏派とは一線を画した。一八一〇年にベルリン大学が開学すると、フィヒテはやがてその学長となった。

図19　ライプツィヒ郊外の諸民族会戦記念碑［2012年５月11日著者撮影］

解放戦争

ナポレオンがロシア遠征の失敗で面目を失うと、ドイツでは「解放戦争」が始まった。一八一三年一〇月中旬の「諸民族会戦」は、ライプツィヒ郊外でエステルライヒ・プロイセン・ロシア・バイエルン軍がナポレオン麾下《きか》のフランス・ザクセン軍に勝利した戦いで、解放戦争における転換点となった。戦勝軍はさらにパリを目指して進軍した。

だが解放戦争後にドイツをどう再編するかの道筋はなかなか見えなかった。すでに一八一三年三月二五日のカリッシュ宣言で、ロシア皇帝・プロイセン王は帝国再興を掲げていたが、これはロシアで皇帝顧問になっていたシュタインの意向を反映している。また対仏同盟軍に加わったイギリスも、一八〇六年の帝国解体を無効とし、恢復《かいふく》を求めていた。シュタインを議長とする中央行政評議会は、対仏同盟軍の占領地を管理して帝国復活を準備した。ただプロイセンは、帝国が復活する場合、エステルライヒが「皇帝」になるとしても、自国にも「帝国軍司令官」などの地位が与えられるべきだとし、双頭の（あるいは自国が実権を握る）国制を望んでいた。バイエルンやヴュルテンベルクは、旧帝国解体に際して獲得していた自国の主権や領土を守ろうとした。イギリス、ロシア、敗戦国フランスは、強大なドイツ国民国家の成立を歓迎しなかった。

いずれにせよフランス革命勃発から二五年の大変革で欧州は様変わりした。ドイツ人が古代ローマ皇帝権を継承し、欧州の「普遍」的指導を担うという理念はほぼ消滅していた。だがそれでも、新欧州秩序を決める国際会議が開かれたのは、旧ローマ皇帝がいるドイツの中心都市ヴィーンであった。

2　欧州勢力均衡とドイツ連邦

メッテルニヒの勢力均衡

ヴィーン会議を主宰したのが、エステルライヒ外相（一八二一年から「国家宰相」の称号を帯びる）クレメンス・フォン・メッテルニヒ侯爵（一七七三〜一八五九年）である。メッテルニヒはモーゼル川流域の帝国貴族で、父とともにローマ皇帝のヴィーン宮廷に出仕し、帝国解体後もエステルライヒ皇帝に仕えた。パリ駐箚《ちゅうさつ》使節を務めたメッテルニヒはナポレオンの好意を得ており、解放戦争には当初距離を置いたが、欧州覇権に固執するナポレオンを見限って、エステルライヒの対仏同盟参加を決めた。

メッテルニヒは中庸の政治家である。彼は「復古」（Restauration）、つまり革命や戦争で損なわれた「正統」（legitim）な秩序の恢復を目指した政治家とされているが、復古を強行したわけではない。メッテルニヒは、覇権国から敗戦国へと転落したフランスをなおも五大国の一つとして遇し、かつてフランスに併合されたドイツ語圏のエルザスやロートリンゲンを奪還しようとはしなかった。ブルボン朝復活のような正統主義原則による旧王朝復活は、ドイツではハノーファー、ヘッセン＝カッセル、ブラウンシュヴァイクなどに限定し、聖界諸侯領も帝国も再建しなかった。ナポレオンに追従した首座司教侯ダールベルクにも名誉ある余生を保障し、俘虜《ふりょ》となったザクセン王にも領土半減の上で留位を許した。バランスを取ることで平和を構築するというのが、メッテルニヒの目指した勢力均衡の発想だった。

連邦国家的国家連合

外国支配下で制度設計も困難だったライン同盟とは異なり、ドイツ連邦は独自の統治機構を備え、半世紀にわたりドイツ諸国を束ねた。それは、「ドイツ」という固有名詞を正式に冠した「永遠の同盟」である。ドイツ連邦は、「主権を有する諸侯」や「自由都市」の同盟という意味では国家連合である。だが連邦諸国と並んで、連邦そのものも国際法上の主体であり、英露仏が連邦に公使を駐在させていた。またドイツ連邦は、神聖ローマ帝国の「帝国執行」を継承し、義務に反した加盟国に軍事的制裁を加える「連邦執行」（一八六六年プロイセン制裁〔ドイツ戦争〕など）、内政が危機に陥った加盟国に連邦が軍事介入する「連邦介入」（一八五〇年へッセン＝カッセルなど）といった秩序恢復制度を備え、外敵には「連邦戦争」を宣言し（一八四八〜五〇年・対デンマーク）、「連邦要塞《ようさい》」をも保持していた。この意味で、ドイツ連邦は欧州連合（EU）などよりも、連邦国家的性格を帯びていた。

ドイツ連邦の制度設計は、時流を意識して慎重になされた。エステルライヒ帝国は「議長」だが連邦元首ではなく、プロイセン王国はライン地方などに領土を広げたものの、エステルライヒとの制度的対等性は断念した。加盟国使節が集まるフランクフルト・アム・マインの「連邦集会」は、「ヴィーン会議議定書」（一八一五年・仏語）では「連邦議会」（Diète fédérative）とされ、「ドイツ連邦規約」（一八一五年・独語）では「連邦集会」（Bundesversammlung）とされたが、徐々に神聖ローマ帝国の「常設帝国議会」に倣って「連邦議会」（Bundestag）とも呼ばれるようになる。連邦集会には幹事会と総会とがあったが、通常の審議が行われる幹事会では小国が集合票を一票、それ以外が個別票を一票有しており、また特別な場合に評決のみ行われる総会では、エステルライヒ帝国、プロイセン王国など大国が四票を得たのに対し、人口五千人程度のリヒテンシュタイン侯国ですら一票を有し、加盟国間の格差は緩やかにしてあった。

ドイツ連邦は領邦君主制と国民国家原理との融合の試みであった。ドイツ連邦ではデンマーク王がホルシュタイン・ラウエンブルク公として、イギリス王がハノーファー王として、オランダ王がルクセンブルク大公として（のちにはリンブルク公としても）参加した点でドイツ的でないといえそうだが、スウェーデン領や帝国領イタリアがなくなったため、神聖ローマ帝国と比較すれば非ドイツ的部分がかなり縮小されていた。また彼ら外国君主は、ドイツ連邦諸侯としては連邦への服従を求められた。ただ旧帝国がスウェーデンやロシアを保証国（帝国国制を維持させる外部監視国）としていたように、ドイツ連邦もヴィーン会議で国際的に取り決めた秩序だった。なお黒赤金横三色旗を初めてドイツ国旗に採用したのは、一八四八年のドイツ連邦である。

ドイツの愛国的知識人には、中庸の産物たるドイツ連邦に満足できない人々もいた。自由で統一したドイツ国民国家を夢見て「ブルシェンシャフト」と呼ばれる学生組合に集った学生たちは、宗教改革三百周年の一八一七年、諸民族会戦四周年の一〇月一八日にヴァルトブルク城址《じょうし》に集まり、フランス支配やヴィーン体制を象徴する文物を燃やした（ヴァルトブルク祭）。一八一九年三月二三日、ロシア帝国総領事を務め、ヴァルトブルク祭でも著書を燃やされていた作家アウグスト・フォン・コッツェブー（一七六一～一八一九年）を、学生カール・ザント（一七九五～一八二〇年）が刺殺するという事件が起きた。また同年八月には、人々がユダヤ人を襲うヘップ・ヘップ騒擾がヴュルツブルクから始まり、中欧一帯へと広がった。

メッテルニヒはナショナリズムの急進化を抑制しようとした。彼は一八一九年八月六日からカールスバートにドイツ主要国代表を集めて、大学法・出版法・捜査法案を作成し、フランクフルトの連邦集会でこれを成立させた（カールスバート決議）。

ドイツ「固有」の模索

「普遍」的価値で武装したフランスに対して自分たちの主体性を守るために、ドイツ「固有」のものを析出《せきしゅつ》しようとする運動が各階層に広まっていった。

一八一四年、ベルリン大学教授フリードリヒ・C・フォン・サヴィニー（一七七九〜一八六一年）は、法律は民族＝民衆精神から編み出されるべきとする「歴史法学」を打ち出し、国民的統一のために「ナポレオン法典」など自然法（理性法）に基づくドイツ統一法典を直ちに整備すべきとするハイデルベルク大学教授アントン・F・J・ティボー（一七七二〜一八四〇年）に反論した。サヴィニーは、神聖ローマ帝国を重んじる立場から、ナポレオン時代のフランス支配に敵対的姿勢を採り、「ナポレオン法典」を拒絶したのである。サヴィニーもティボーもユグノーの子孫だったが、フランスへの態度は正反対だった。サヴィニーは神聖ローマ帝国で通用していたローマ法・ゲルマン法・教会法を重視したが、「歴史法学」はやがてローマ法学と、ドイツ的法原理を析出する「ドイツ法学」とに分岐していき、一九世紀後半に後者からオットー・フォン・ギールケ（一八四一〜一九二一年）などが輩出した。ドイツ法学者（ゲルマニスト）はローマ法学者（ロマニスト）と比較して自由主義者が多く、ドイツ連邦体制を果敢に批判した。一八四六年にフランクフルトで、一八四七年にリューベックで開かれた「ドイツ学者大会」は、法学・歴史学・言語学・文学を包含する「ドイツ学」（Germanistik）の学会でありながら、同時にドイツ統一への期待を表明する政治集会となり、一八四八年のフランクフルト国民議会を事実上準備した。

「歴史法学」は言語や文芸への関心と結びついていた。サヴィニーの義兄弟であるクレメンス・ブレンターノ（一七七八～一八四二年：妹クニグンデがサヴィニーと結婚）およびアッヒム・フォン・アルニム（一七八一～一八三一年：ブレンターノの妹ベッティーナと結婚）は、ハイデルベルクでドイツ語民衆歌謡集『少年の魔法の角笛《つのぶえ》』（一八〇五～一八〇八年）を刊行した。またサヴィニーのマールブルク大学教授時代の愛弟子で、ゲルマン系諸語の研究に転じたのが、ハーナウ出身のグリム兄弟、つまりヤーコプ・グリム（一七八五～一八六三年）およびヴィルヘルム・グリム（一七八六～一八五九年）である。二人はゲッティンゲン大学で教職を得て、「ドイツ学」の創始者となった。一八三七年、兄弟は領主であるハノーファー王エルンスト・アウグスト（アーネスト・オーガスタス、一七七一～一八五一年）の憲法廃止に抗議して職を追われ（ゲッティンゲンの七教授事件）、ベルリン大学に移ってドイツ語辞典編纂《へんさん》を始めたが、これは百年以上続く大事業となった。グリム兄弟はまたドイツ語圏各地の逸話を集め、いわゆるグリム童話を刊行した。このように「ドイツ学」はドイツ語学・文学を出発点とする

図20　ハーナウ市庁舎前のグリム兄弟像［2012年９月13日著者撮影］

が、これは日本の「國學」の原点が国語国文学であることと似ている。民族語やそれを用いた文芸作品を尊ぶ近代の知的潮流をロマン主義といい、グリム兄弟、ブレンターノ、アルニムはそのドイツにおける代表的担い手となった。なおドイツのロマン主義者には、外国系の人々も参画していた。ブレンターノは、ハプスブルク家領ミラノ公国の家系出身である。エミグレとしてドイツに来たアーデルベルト・フォン・シャミッソー（一七八一～一八三八年）も、ドイツでロマン主義者として名を挙げた。

神聖ローマ帝国再興に失敗した元プロイセン首相シュタインは、歴史編纂事業を通じてドイツへの愛国心を表明した。シュタインは一八一九年、史料集『モヌメンタ・ゲルマニアエ・ヒストリカ』（「ドイツの歴史的文書」の意味）の編修を始め、歴史研究を通じたドイツ国民意識の涵養《かんよう》を目指した（とはいえ表題はラテン語だったが）。

バイエルン王ルートヴィヒ一世（一七八六～一八六八年）は、フランス贔屓だった父王マクシミリアン一世とは一線を画し、ドイツの英雄たちを祀《まつ》る「ヴァルハラ」（北欧神話の戦死者慰霊堂に因《ちな》む神殿）、対仏戦勝を記念する「解放記念堂」などを、古代のリーメスを意識してレーゲンスブルク近郊に建立した（とはいえ建物様式はギリシア風だったが）。ルートヴィヒ一世はまた、レーゲンスブルク大聖堂のバロック的装飾を除去し、ドイツ的とされたゴシック様式に「純化」した。

ゴシック様式といえば、当時プロイセン領のケルン大聖堂も注目の的になっていた。フラン

図21　バイエルン王ルートヴィヒ一世騎馬像（ミュンヒェン）［2018年８月12日著者撮影］

図23　解放記念堂［2007年８月12日著者撮影］

図22　ヴァルハラ［2003年７月27日著者撮影］

スを意識して一三世紀に着工されたケルン大聖堂は、工事の中断で何世紀も中途半端な姿を晒《さら》していたが、ヨーゼフ・フォン・ゲレス（一七七六～一八四八年）らがこれを完成させ、（フランスに対抗する）ドイツの国民的記念碑としようとする運動を起こした。コブレンツ生まれのゲレスは、当初フランス革命の熱狂的支持者だったが、フランスのライン左岸支配に幻滅して、カトリック保守主義の論客になった人物である。市民の建築組合が資金を集め、一八四二年にプロイセン王フリードリヒ・ヴィルヘルム四世（一七九五～一八六一年）の臨席を仰いで、「建築祭」が行われた。一八四八年には、バイエルン王ルートヴィヒ一世も大聖堂にステンドグラスを奉納した。工事は一八八〇年に完成して、大聖堂はいまの姿となった。

自由・統一を求める運動

一八三二年五月末、バイエルン領プファルツのハンバッハ城址で、自由と統一とを求める学生たちが「ハンバッハ祭」を催した。フランス七月革命（一八三〇年）に刺戟《しげき》され、ロシア領ポーランドの蜂起に共感した若者たちは、出版規制に反対して気勢を上げた。もっとも彼らはまだ、ドイツ諸国もロシアと共同でポーランドを占拠し、ポーランド人とドイツ人とが利害対立を抱えているという事実を、十分意識していなかった。その祝祭では、ドイツ愛国主義の象徴として、黒赤金（解放戦争でのリュッツォー義勇軍の制服の色に由来する）の三色旗・三色円章が用いられ、「ドイツの再生」が掲げられた。この祝祭のあと、一部参加者が翌年に自由都市フランクフルト・アム・マインの衛兵司令部を襲撃し、ドイツ連邦が連邦介入を宣言して、エステルライヒ・プロイセン軍が同市に駐留する事態となった。

「ラインの守り」

一八四〇年、プロイセン領となっていたライン左岸を、フランスがまた併合しようとして、ドイツ世論を沸騰《ふっとう》させた。この「ライン危機」に触発され、詩人マックス・シュネッケンブルガー（一八一九～一八四九年）は次の詩を書いた。「一つの呼び声が響いた、雷鳴の響きのように、剣ががちゃつくように、大波が唸《うな》るように／ラインへ、ラインへ、ドイツのラインへ、この川の守り手になろうとするのは誰か／愛する祖国よ、平安なれ／断固として忠実に立つ守り、ラインの守り」（以上は第一節）。

この詩は、一八五四年にカール・ヴィルヘルム（一八一五～一八七三年）の作曲で「ラインの守り」（Die Wacht am Rhein）という愛国歌となり、愛唱されるようになっていく。なおアメリカの戦意発揚映画『カサブランカ』（一九四二年）には、ペタン親独政権が統治する仏領カサブランカの社交場で、ドイツの軍人たちが我が物顔に歌う「ラインの守り」を、西欧の民間人が歌う「ラ・マルセイエーズ」が圧倒するという場面がある。そこで「ラインの守り」はドイツ人の反仏的軍歌として登場するが、実は「ラ・マルセイエーズ」もフランス人の反独的軍歌であった。

「ドイツ人の歌」

一八四一年、英領ヘリゴランド（一八九〇年以降は独領ヘルゴラント）で、A・H・ホフマン・フォン・ファラースレーベン（一七九八〜一八七四年）が、ハイドンの皇帝讃歌の替え歌として、「ドイツ人の歌」の詩を書いた。

Deutschland, Deutschland über alles,
über alles in der Welt,
wenn es stets zu Schutz und Trutze
brüderlich zusammenhält,
von der Maas bis an die Memel,
von der Etsch bis an den Belt -
Deutschland, Deutschland über alles,
über alles in der Welt.

ドイツ、何よりもドイツ
世界のどんなものよりもドイツだ
いつでも兄弟のように団結し
護りにつくときには
マース川からメーメル川まで
エッチュ川からベルト海峡まで
ドイツ、何よりもドイツ
世界のどんなものよりもドイツだ

Deutsche Frauen, deutsche Treue,
deutscher Wein und deutscher Sang

ドイツの女たち、ドイツの誠実さ
ドイツのワイン、そしてドイツの歌

sollen in der Welt behalten
ihren alten schönen Klang,
uns zu edler Tat begeistern
unser ganzes Leben lang.
Deutsche Frauen, deutsche Treue,
deutscher Wein und deutscher Sang. :

それらは、その古く美しき姿を
この世で守るべきだ
それは我々を気高い行いをする気にさせる
我らが全生涯にわたって
ドイツの女たち、ドイツの誠実さ
ドイツのワイン、そしてドイツの歌

Einigkeit und Recht und Freiheit
für das deutsche Vaterland!
Danach laßt uns alle streben
brüderlich mit Herz und Hand!
Einigkeit und Recht und Freiheit
sind des Glückes Unterpfand.
Blüh' im Glanze dieses Glückes,
blühe, deutsches Vaterland

統一、権利（あるいは法、正義）、そして自由を
祖国ドイツのために
みなそれを目指して頑張ろう
兄弟のように心を通わせ手をとって
統一、権利、そして自由は
幸福の証《あかし》だ
栄えよ、この幸福の輝きにおいて
栄えよ、祖国ドイツ

自由化・民主化要求と手を携え、王侯の一部の心をも捉《とら》えて、欧州各国で擡頭するナショナ

リズムを、メッテルニヒは抑えようとした。一八一五年以来、教皇、オスマン帝国、イギリスを除く全欧州諸国（イギリスと同君連合のハノーファーを含む）は、ロシア、エステルライヒ、プロイセンの先導で宗派を越えて「神聖同盟」を結んでいた（フランスは遅れて参加し、のち脱退）。「神聖にして不可分の三位」の名のもとに締結されたこの同盟は、欧州諸国を「神、我らが神的救済者」を唯一の主とする「一つの同じキリスト教国民の分枝」とみなし、意思疎通を保って平和を守ろうとするものだった。

だがギリシアのオスマン帝国に対する独立運動が、欧州諸民族の自立心に火をつけた。独立したギリシアの王となったのは、バイエルン王ルートヴィヒ一世の息子オットー王子（一八一五〜一八六七年）であった（オソーン一世）。オルレアン市民王制を生んだフランス七月革命は、オランダ王国でベルギー王国の分離独立を招き、前述のようにドイツでは「ハンバッハ祭」を引き起こした。シュヴァイツ誓約同盟（スイス連邦）では、自由主義派が支配する同盟政府が、保守派の支配するカトリック系諸州を軍事制圧するという「分離同盟戦争」（一八四七年）が起きたが、前者を支援するイギリスの反対で、後者を支援するエステルライヒやフランスが介入できなかった。

ドイツ三月革命

ヴィーン体制が限界を迎えたのが一八四八年である。一月の両シチリア王国での暴動、二月のフランスでの第二共和制成立は、やがてドイツ連邦諸国に飛び火した。フランスに隣接するバーデン大公国では、二月から集会や示威運動が始まった。エステルライヒ帝国の首都ヴィーンでは、三月に暴動が起き、皇帝フェルディナント一世（一七九三～一八七五年）の宮廷では、国家宰相メッテルニヒに責めを負わせてロンドンに亡命させた。だがエステルライヒは、ベルギーを参考に欽定《きんてい》憲法を起草しても事態を収拾できず、五月に宮廷ごとインスブルックに逃避した。一〇月にはヴィーンで、陸軍大臣テオドル・バイエ・フォン・ラトゥール伯爵（一七八〇～一八四八年）が群衆に虐殺され、街燈《がいとう》に吊《つ》るされる事件が起きた。プロイセン王国の首都ベルリンではプロイセン王フリードリヒ・ヴィルヘルム四世が議会召集や検閲緩和などを約束したが、暴動を防ぐことができず、銀行家ルドルフ・カンプハウゼン（一八〇三～一八九〇年）を首相とする市民層出身の内閣が任命された。

ドイツ連邦が麻痺《まひ》状態になった一八四八年五月一八日、フランクフルト・アム・マインのパウル教会で憲法制定ドイツ国民議会が始まり、民衆代表の議論によるドイツ国民国家建設が試みられた。議員は成人男子による選挙で、エステルライヒ、プロイセンからリヒテンシュタインまでドイツ連邦諸国から選出されていた。臨時国家元首の「帝国代理」には、郵便局長の娘と結婚して庶民的だと評判だったハプスブルク家のヨハン大公（一七八二～一八五九年）が推戴され、自由主義者のハインリヒ・フォン・ガーゲルン男爵（一七九九～一八八〇年）が議長を務めた。

だが議員たちは自ら政治的責任を担って初めて、ドイツ諸国間の確執や、同じく国民国家を目指す近隣民族との境界画定など、議論では解きがたい問題があることに気付かされた。また国民議会に自前の軍事力がないのも問題だった。さらに大ドイツ主義的統一（エステルライヒのドイツ人居住地域を含む統一）という決議はエステルライヒ政府に拒否され、やむを得ずプロイセン王をドイツ皇帝と仰ぐ小ドイツ主義的統一・世襲立憲君主制に変更して、一八四九年三月二八日に「ドイツ帝国憲法」（フランクフルト憲法）を成立させたが、プロイセン王は民衆の推挙による帝位を断って、新国家は絵に描いた餅《もち》となった。

ちなみにフランクフルト憲法第四条が、ドイツ諸国の外国との新たな同君連合締結を禁止したのは看過できない。それまで貴族は、身分相応の配偶者を外国に求め、相続・戦争の結果として外国にも領地を持つのが普通だった。だが民衆の擡頭に伴い、そうした貴族の国際的結合は愛国的でない、ドイツ人なら純ドイツ的であるべきだという「下から」の批判が強まっていく。これを「青の国際派」批判と呼ぶことにしよう（貴族には青い血が流れているといわれる）。

大エステルライヒ主義

フランクフルト国民議会が迷走するなか、ヴィーンでは宮廷が実権を恢復した。アルフレート・ツー・ヴィンディシュ＝グレーツ帝国侯爵（一七八七〜一八六二年）の率いるエステルライヒ軍は、ヴィーン、ベーメン、ハンガリーの叛乱を鎮圧し、これに荷担したドイツ国民議会議員ロベルト・ブルーム（一八〇七～一八四八年）を処刑した。ハンガリー平定は、ロシアとの共同作戦だった。

新たにエステルライヒ首相に任命されたのは、ヴィンディシュ＝グレーツの義弟であるフェリクス・ツー・シュヴァルツェンベルク侯爵（一八〇〇～一八五二年）だった。シュヴァルツェンベルクは、フランクフルト国民議会が求めるエステルライヒ分割を却下し、ドイツ連邦に全ハプスブルク家領が加わる「七千万人帝国」案（大エステルライヒ主義）を掲げた。シュヴァルツェンベルクはクレムジール帝国議会で立憲政体樹立を掲げたものの、一八四八年一二月二日に一八歳の新帝フランツ・ヨーゼフ一世（一八三〇～一九一六年）が即位し、「新絶対主義」体制を構築した。

プロイセン憲法

プロイセンでも宮廷が実権を恢復した。フランクフルトと並行して、ベルリンでも男子・普通・間接選挙によるプロイセン国民議会が開催された。だがベルリン市外への移転を求める勅令に議会側が反抗すると、フリードリヒ・フォン・ヴランゲル男爵（一七八四～一八七七年）の率いるプロイセン軍がベルリンを制圧した。

首相フリードリヒ・ヴィルヘルム・フォン・ブランデンブルク伯爵（一七九二～一八五〇年）のもと、一八四八年一二月五日に「プロイセン国家憲法典」が制定された（一八五〇年一月三一日に改訂）。この憲法は、議会の決議によるもの（いわば民定憲法）ではないため、二〇世紀ドイツでは欽定憲法だ、外見的憲法だと批判された。また日本でも、大日本帝国憲法起草時の参考例だったとして否定的印象で見られている。だがこの憲法を生んだ政治的文脈を度外視してはいけない。そもそも憲法制定自体が民衆暴動に対応したものであって、欽定憲法といえども国王が好んで出したわけではなかった。エステルライヒが新絶対主義を採ったのに対し、プロイセンが立憲君主国になったことは、後者が左派と連携する契機となった。

この憲法でプロイセンは二院制常設議会を有したが、その第二院（のち代議院）の選挙法が「三級選挙法」（男子・普通・等級・間接・公開選挙法）である。これは男子・等級・間接・公開という意味で制約があったが、「普通」（allgemein：全員を有権者とするという意味）というのはきわめて進歩的だった。当時イギリスの選挙権にはまだ財産制限があったが、プロイセンにはそれがもうなかったのである（ただし納税額による等級あり）。プロイセン第一院はのち「貴族院」へと再編されるが、そのモデルはイギリス貴族院であった。もっともイギリスの慣行だった議院内閣制（内閣の存立が議会の信任に依拠する制度）はなく、プロイセンの閣僚は国王が任命し国王に責任を負った。とはいえ議会が法律や予算を決めるのに、議会を意に介さない行政ができるはずもない。また議院内閣制は三権分立の原則とは相容《あいい》れないので、現代のアメリカなどにも存在しないのである。

プロイセンの主導権奪取

プロイセン王国はドイツ統一に向けて歩みだした。プロイセンは外相ヨーゼフ・フォン・ラドヴィッツ(一七九七~一八五三年)のもと、ハノーファー、ザクセン両王国と「三王同盟」を組み、これにドイツ諸国が加わって「ドイツ連合」(エルフルト連合)が生まれた。だがシュヴァルツェンベルクは、エステルライヒがドイツ指導国であることを強調し、ロシアと結んでプロイセンの動きを抑えようとした。一八五〇年一一月二九日、メーレンのオルミュッツ(チェキア語ではオロモウツ)で会談したエステルライヒ・プロイセン・ロシアの首脳は、「ドイツ連合」を廃してドイツ連邦を復活することを確認した。だがその運営は、プロイセンの擡頭のため三月革命前より困難となった。経済発展が進むプロイセンはドイツ関税同盟の指導国として、エステルライヒの関税同盟への新規加入を妨害した。

プロイセンは王弟ヴィルヘルムが摂政王子となって自由化政策に転じ、プロイセンによるドイツの「道徳的征服」(moralische Eroberungen)、いわばソフト・パワー(ジョゼフ・ナイ)による主導権確立を標榜した。プロイセンはドイツ諸国を代表して、東アジアにオイレンブルク遠征団を派遣し、一八六一・六二年にドイツ諸国と日本、清《しん》国、シャム(いまのタイ)との国交樹立を実現した(日本はプロイセンとのみ国交樹立)。これに対しドイツ連邦の議長国エステルライヒでは、シュヴァルツェンベルクが自由化・民主化運動を抑えて産業振興に努めたが、一八五二年四月に急死し、経験の浅い新帝フランツ・ヨーゼフ一世が指導せざるを得なくなった。

エステルライヒの軍艦ノヴァラ号は、一八五八年に世界一周の過程で香港《ホンコン》に立ち寄りながら、日本など東アジア諸国との国交交渉は行わず帰国し、失望を買っていた。

サルデーニャ王国が進めるイタリア統一戦争は、エステルライヒ領北イタリアに及んだが、プロイセンを始めとするほかのドイツ連邦諸国はこれを援助しなかった。イタリア統一はまた、ドイツ統一にモデルを提供し、ハインリヒ・フォン・トライチュケ（一八三四〜一八九六年）、ヘルマン・バウムガルテン（一八二五〜一八九三年）、ユリウス・ヨリー（一八二三〜一八九一年）のように、プロイセン中心の小ドイツ主義的統一を高唱する論客も現れ、そのための「国民協会」が結成された。この頃、欧州の秩序維持も困難になっていた。フランスでナポレオン三世が第二帝制を打ち立て、膨脹《ぼうちょう》政策に転じてきた。クリミア戦争では英仏が露土《ろと》戦争に介入し、欧州国際政治は勢力均衡から列強角逐へと転換した。イタリア統一戦争を後押ししたフランスは、サルデーニャからサヴォイアを獲得した。ハプスブルク家を中心に維持されてきた欧州およびドイツの政治秩序が、終わりを迎えつつあった。

小ドイツ主義的統一を牽引したのが、オットー・フォン・ビスマルク（一八一五〜一八九八年）である。ブランデンブルクの田舎貴族の次男坊だったビスマルクは、破天荒な青年期を経て連合領邦議会の議員となり、エステルライヒと連携して革命理念に対抗しようとするプロイセン保守派に属した。だがフランクフルトのドイツ連邦集会でプロイセン使節となった頃から、エステルライヒの優位を打破してプロイセンの勢力拡大を目指すようになり、ドイツ国民国家樹立を目指すプロイセン内外の左派勢力と連携して、のち「白色革命家」と呼ばれた。

一八六四年、デンマーク支配下のドイツ語圏シュレスヴィヒ・ホルシュタインの扱いをめぐって独丁戦争（いわゆるシュレスヴィヒ・ホルシュタイン戦争）が起きると、エステルライヒ・プロイセンは共同出兵してこの地をデンマークから奪取した。だがその管理をめぐり、両国の対立が深まった。

一八六六年のドイツ戦争（いわゆる普墺《ふおう》戦争）は、ドイツ連邦のプロイセンへの連邦執行として始まり、ドイツ連邦の崩壊に終わった。主要な連邦諸国は議長国エステルライヒとともに、黒赤金の腕章をして戦ったが、高い軍事技術を有し、ドイツ国民運動をも味方につけ、イタリアとも連携した新興国プロイセンを抑えることができなかった。ケーニヒグレーツの決戦で敗れたエステルライヒは、欧州およびドイツ指導国の地位を失った。

大陸指導国フランスの打倒

だが小ドイツ主義的統一もなお道半ばだった。一八六七年にプロイセン王国が国家連合的連邦国家である北ドイツ連邦を作ったとき、これにはドイツ戦争でプロイセンと戦ったエステルライヒ志向のバイエルン王国、ヴュルテンベルク王国、バーデン大公国、ヘッセン大公国（南部）は加わらなかった。ビスマルクの当初の目標はプロイセンの北ドイツ覇権であり、一九世紀のドイツ統一は彼も困難と見ていた。

対峙《たいじ》する南ドイツ諸国とプロイセンとを接近させたのは、外国の脅威だった。フランス帝国は、プロイセンの北ドイツ覇権を認める見返りに、旧ドイツ連邦加盟国のルクセンブルクを併合しようとし、ドイツ世論を沸騰させた。フランスはまた、プロイセン王家のカトリック系親類がスペイン王になるという噂《うわさ》に動転し、保養地バート・エムスを散歩中のプロイセン王ヴィルヘルム一世（一七九七～一八八八年）に、フランス大使が構想断念を書面で迫って、憤慨《ふんがい》した王に拒否されるという事件が起き、それに関する首相ビスマルクの簡略化された発表が、独仏世論をいたく刺戟した（エムス電報事件）。

一八七〇年七月一九日にフランス帝国が独仏戦争（いわゆる普仏戦争）を始めると、南ドイツ諸国はプロイセンと速やかに軍事協定を結んで参戦した。大陸指導国を自負してプロイセン膺懲《ようちょう》を図ったフランスは、九月二日にスダンで皇帝ナポレオン三世が俘虜になるという大敗北を喫し、永遠に欧州大陸の主導権を失った。この瞬間、独仏の立場は逆転する。かつてフランスは何度もドイツを征服した挙句、ナポレオンがブランデンブルク門から勝利の女神像を掠奪し、ハプスブルク宮廷に子供を産める皇女を要求したが、いまやドイツ諸国軍がヴェルサイユ宮殿に殺到し、ドイツ皇帝即位宣言の式典（初代プロイセン王即位記念日の一八七一年一月一八日）を行ったのだった。

プロイセン主導のドイツ統一が進むと、それに共感する歴史家たちは、学説によって時流を正当化していった。ミュンヒェンで『ヒストーリシェ・ツァイトシュリフト』（史学雑誌）を創刊し、プロイセンのボン大学教授になったハインリヒ・フォン・ジーベル（一八一七〜一八九五年）は、中世の皇帝たちがイタリア政策にかまけてドイツ国民国家形成を妨げたと批判し、エステルライヒのインスブルック大学教授ユリウス・（のちフォン・）フィッカー（一八二六〜一九〇二年）と論争になった。

ジーベルはドイツ帝国誕生に感激し、盟友バウムガルテン（カールスルーエ工科大学教授）に手紙でこう述べている。「二十年にわたってあらゆる願望や努力の内容だったものが、いまやこうしてこの上なく素晴らしい形で実現しました。私の生涯で、これからの生活のためのさらに新しい内容を、どこから持ってくるべきだというのでしょうか？」ドイツ統一後、ジーベルはプロイセン文書館長に登用された。

ザクセン貴族出身の小ドイツ主義者トライチュケもベルリン大学教授となったが、その代表作『一九世紀ドイツ史』があまりにプロイセン中心の叙述だとして、プロイセン支持者だったバウムガルテンからも苦言を呈されるという出来事も起きた。

3 ドイツ帝国の勃興と孤立

独仏戦争での勝利で、ドイツは国際社会における主体性を確立した。やがてドイツ帝国は政治的にも経済的にも文化的にも先進国の一つとなり、その発展は世界から注目された。とはいえこのドイツ帝国も、統一前からの経緯を引きずっていた。

ドイツ帝国は中央機構が脆弱《ぜいじゃく》だった。新興国プロイセンがドイツ連邦を破壊して形成したこの国家は、歴史的正統性に難があり、主権を失った南ドイツ諸国には不満がくすぶっていた。このため帝国は、北ドイツ連邦の遠慮がちな中央機構を引き継いだ。帝国には正式の帝国政府がなく、帝国大臣は「帝国宰相」（Reichskanzler）一人のみで、それ以外の閣僚は「大臣」（Minister）ではなく、格下の「長官」（Staatssekretär）を名乗り、各中央官庁は「省」（Ministerium）ではなく、格下の「庁」（Amt）を名乗った。例えば「外務庁」（Auswärtiges Amt）という名称は、北ドイツ連邦で初登場した。いまのドイツ連邦共和国でも、「連邦内務省」「連邦国防省」などはあるが、「連邦外務省」はいまだなく、「外務庁」のままである。

帝国には連邦評議会（Bundesrat）が置かれた。これはドイツ連邦の連邦集会（連邦議会）、神聖ローマ帝国の常設帝国議会の系譜を引いた「連邦諸国」（Bundesstaaten）の使節会議である（ドイツ議会の「上院」ではない）。連邦評議会（総計五八票）ではプロイセンは一七票、バイエルンは六票を有し、ハンブルクは一票だけだったが、プロイセンの圧倒的な領土的・人口的・経済的・軍事的優位を考えれば、弱小国にかなり配慮した配分だった。連邦評議会の議長を務める帝国宰相は、円滑な統治のためにプロイセン首相を兼ねることがほとんどだった。とはい

図24　ミュンヒェン王宮にあるバイエルン王国宝器［2012年8月19日著者撮影］

えこの兼職は制度上のものではなく、兼職しないこともあった。

君主制の連邦諸国には、主権を失いつつも君主、宮廷、政府、議会がそのまま残り、特にバイエルン、バーデン、ザクセンなどでは領邦愛国主義が残ることになる。ドイツ国民国家とされるドイツ帝国ができたからといって、前近代以来の多層的な愛国主義がドイツ愛国主義に一本化されたというわけではない。エステルライヒを除外した小ドイツ国家で、指導国プロイセンに対峙したのが第二の大国バイエルンで、独自の軍編成や在外公館を保持した。プロイセン軍とバイエルン軍とでは閲兵式に使用する行進曲も異なっており、この地域差がいまのドイツ連邦軍にまで残っている。

「ドイツ皇帝」（Deutscher Kaiser）は「連邦総裁」の帯びる称号で、それが帝国元首だという規定はなく、ましてドイツ帝国の主権者だという規定もなかった。制度上常にドイツ皇帝を名乗るプロイセン王も、バーデン大公、ブレーメン市長といった連邦諸国元首の第一人者にすぎなかった。ヴィルヘルム一世、フリードリヒ三世（一八三一～一八八八年）というのは、プロイセン王としての勘定である。ドイツ皇帝が国際法的に帝国を代表し、宣戦や講和を行い、条約を締結し、連邦評議会や帝国議会を召集し、帝国宰相や帝国官吏を任命し、軍の最高指揮権を握り、戒厳令を布告し、ドイツ諸軍の忠誠宣誓を受けるという憲法規定に、他の西洋君主と比較して突出したものはない。しかもそうした権限は、帝国宰相の輔弼《ほひつ》、連署を踏まえて行使された。ちなみにイギリスでは、いまでも国王エリザベス二世が閣僚を任命し、国会を召集して施政方針を述べ、軍の最高司令官を務め、国教会の首長ですらある。

ドイツ帝国は法律上の国歌を持たなかった。その代わりそれに準じるものとして、イギリス国歌の替え歌である「勝利の栄冠に輝ける汝《なんじ》に幸《さち》あれ」を用いていた。国旗には、プロイセンの黒白とハンザ同盟の赤白とを組み合わせたという黒白赤横三色旗が、北ドイツ連邦から引き継がれて用いられた。

ドイツ帝国は宗教色の比較的薄い国だった。イギリスでもロシアでも盛大に行っていた宗教的即位儀礼を、ドイツ帝国では一度も行わなかった。ドイツ帝国の国章に描かれた壮麗な帝冠も、実在しない想像の産物である。宗派共存のドイツ帝国は、宗教儀礼を司《つかさど》る帝国教会を設けることができなかった。帝国議会開会に際しては、議員たちはベルリン大聖堂、聖ヘトヴィヒ教会で新旧宗派別に礼拝を行ってから、プロイセン王宮白堊《はくあ》の間に参集した。君主権神授説への特別な傾倒もなく、詔書冒頭の「神の恩寵《おんちょう》によるドイツ皇帝・プロイセン王たる朕《ちん》ヴィルヘルム」という表現も、キリスト教圏君主国の一般的書式にすぎない。イギリスの現行ポンド硬貨にも、エリザベス二世の肖像の周囲にD・G・REG・F・D（ラテン語でDei Gratia

Regina, Fidei Defensor：神の恩寵による女王、信仰の擁護者）との刻印があるが、だからといって現代イギリスを「王権神授説の国」と呼ぶ者はいないだろう。

図25　一角鉄兜を被った帝国宰相・プロイセン首相ビスマルク

　ドイツ帝国は寄せ木細工の国で、多くの分断を抱えていた。国籍も分邦国籍が基本で、結果的に連邦国籍をも得る形式が取られた。つまり人々は、法的にはまずプロイセン人、バーデン人であり、その帰結としてドイツ人なのだった。社会の階層化も経済発展に伴って顕著になり、これが政党分布に反映した。当初は保守陣営（貴族など）と自由主義陣営（教養・財産市民など）とが対立していたが、やがて両者を新興の社会主義陣営（労働者など）が圧倒していった。ドイツ帝国には帝国海軍は設けられたが、ドイツの陸軍はプロイセン、バイエルン、ヴュルテンベルク、ザクセンの四軍体制だった。ただドイツ帝国が定着すると統一主義化も進行し、民法、結社法など帝国法が整備され、一九一三年の「帝国・領邦国籍法」では分邦国籍を介する帝国籍と並んで、それを介さない帝国直属籍が設けられ、また国籍の血統主義原則（ドイツ人の血統を引く者がドイツ人だという原則）が定められた。四軍の制服も統一化され、プロイセン軍の一角鉄兜《てつかぶと》や直立歩行（膝《ひざ》を曲げない行進様式）が普及し、官吏や将校の交流も進んだ。

民主的基盤による統一

ドイツ帝国の統一性を担保したのはその民主的基盤だった。帝国憲法は冒頭で、帝国を「ドイツ民族＝民衆の福祉を育むため」の「永遠の同盟」だと謳っている。帝国議会は全国一律の方法で選ばれる一院制の公選議会で、ドイツ世論の体現者だった。一八六七年に北ドイツ連邦の帝国議会が開設され、二五歳以上の男子・普通・平等・直接・秘密選挙（小選挙区制）が実施されていたが、これがドイツ帝国にも引き継がれた。この結果、ドイツ社会民主党（SPD）が一九一二年の帝国議会選挙で議席数第一党となるという事態も生じた。ただ連邦諸国の議会は、自由主義的な南ドイツ諸国から公選議会がないバルト海沿岸のメクレンブルクまで多様だった。なおエステルライヒは一九〇七年に男子・普通選挙法を導入している。イギリスの普通選挙法導入は第一次世界大戦期である。なお女子選挙権導入は、欧州各国とも第一次世界大戦を契機としている。

図26　戦勝記念塔から見た帝国議会議事堂（1894年竣工）

帝国政治の中心的舞台は帝国議会であった。ドイツ帝国にも議院内閣制は導入されず、憲法上は皇帝が政党とは無関係に誰でも閣僚（帝国宰相や帝国長官）に任命することができた。このため帝国議会議員がドイツ閣僚として政権を担うのが遅れ、ドイツ政党政治の未熟がいわれた。とはいえ帝国議会を無視した統治などできるはずもなく、歴代帝国宰相はいつも議会内での与党連合形成に奔走《ほんそう》した。これに対し議院内閣制に基づくイギリス首相が、国王を度外視して議会ばかりを見て統治していたというわけでもない。イギリス首相は議会多数派の代表ではあったが、イギリス王との関係にも煩《わずら》わされていた。ヴィクトリア女王はウィリアム・ラム（メルバーン子爵）、サー・ロバート・ピール准男爵、ベンジャミン・ディズレイリ（ビーコンズフィールド伯爵）を寵愛し、野党時代に反政府的だったウィリアム・グラッドストンを嫌悪して、統治のあり方に影響を及ぼした。日本国憲法で天皇の政治的役割が否定された日本でも、平成・令和の天皇が内閣を介さない単独行動によって、政治上も存在感を示すことがある。「君臨すれども統治せず」などという君主制は、本当はドイツにもイギリスにも日本にも存在しなかった。

フランスのような共和制国家を理想視し、日独英のような君主制国家の問題性を論うというのも早計である。フランスは革命以来、第一帝制、ブルボン復古王制、オルレアン市民王制、第二帝制と四回も君主制を経験し、第三共和制でも大統領マクマオン伯爵＝マジェンタ公爵を含む君主制支持者が多数派をなしたが、ブルボン派、オルレアン派、ボナパルト派とに分裂したために君主制復帰が実現しなかったのであって、フランスが一般に共和制志向だったわけではない。また民主化の進展で軍国主義が抑制されるのではなく、逆に急進化するというのも、フランス史ではお馴染みの現象である。バスティーユ牢獄《ろうごく》襲撃の記念日である七月一四日に毎年シャンゼリゼ大通で挙行される「フランス国民祭典」（いわゆる「パリ祭」「革命記念日」）の盛大な閲兵式は、革命精神と結びついた軍国主義の気風をいまに伝えるものである。第三共和制の弱い大統領制は混乱を繰り返したため、他国の模範となり得るようなものではなかった。

ドイツ皇帝をドイツ国民統合のリーダーに担ぎ上げる構想も提起された。キリスト教社会派、国民社会協会から左派自由主義陣営に転じた、フリードリヒ・ナウマン（一八六〇～一九一九年）の著書『民主政と帝制』（一九〇〇年）がそれである。擡頭する労働者層を社会民主党から引き離そうとしたナウマンは、労働者と市民とを統合する国民的象徴としてヴィルヘルム二世（一八五九～一九四一年）を担ごうとした。このドイツ版ボナパルティズムの構想は、カリスマ

図27　閲兵するミッテラン仏大統領とパリ軍総監（1989年）

図28　フリードリヒ・ナウマン

的指導者を熱望しながら、ヴィルヘルム二世の指導者気質については疑っていた盟友マックス・ヴェーバー（一八六四～一九二〇年）に危険視された。

ヴィルヘルム二世の評価は分かれている。この人物は、その行動が奇矯《ききょう》だと物議をかもすことがあった。一九〇八年の英『デイリー・テレグラフ』紙による皇帝インタヴューは、イギリス国民の反独感情を煽り、皇帝や帝国の体面をも損なうこととなった。ただ皇帝個人は独英和解を目指しており、インタヴュー内容を発表前に帝国宰相など関係者に送っていて、立憲君主として憲法に適《かな》った行動をしていた。イギリス世論のドイツへの嫉妬に満ちた過剰反応、関係者の輔弼上の不手際が、皇帝の権威を失墜させたのである。新ドイツの颯爽《さっそう》たる指導者として、あるいは対立する諸勢力の仲裁者として、ヴィルヘルム二世に期待する同時代の声も少なからずあった。

ビスマルク期の現状維持路線

こうした危うい構築物であったドイツ帝国を、二十年間牽引したのが帝国宰相ビスマルク侯爵である。ビスマルクは帝国建設まで破壊と創造の政治家だったが、帝国が生まれると一転して現状維持の政治家になった。

内政では、ビスマルクは国家秩序を脅かす恐れのある勢力を抑制しようとした。暴力革命を目指す社会主義勢力が擡頭し、非組織的な左派の皇帝暗殺未遂事件が二度起きて、二度目で皇帝が重傷を負うに至って、ビスマルクは社会主義者鎮圧法（一八七八年）を制定した。ビスマルクはプロイセン東部州のポーランド人が自立運動を強めるのを危惧して、ポーランド人の土地をプロイセン国家が買い取りドイツ人を入植させる植民法（一八八六年）を制定した。ビスマルクは、エステルライヒ除外でドイツ帝国内の少数派に転落したドイツ人カトリックが結集した中央党を警戒し、カトリック勢力を近代文明の敵と危険視する国民自由党と連携して、カトリック勢力を抑制する文化闘争に踏み切った。だが社会主義者も、ポーランド人も、カトリック勢力もかえって団結し、抑制が効かなくなっていく。ただ中央党は宰相与党に加わるようになり、ドイツ社会民主党（ＳＰＤ）は暴力革命から議会政治に主要目標を移すなど、軟化も見られた。なおビスマルクが、国家の政治経済的危機を克服するために、この三勢力を「帝国の敵」（Reichsfeinde）に仕立て上げ、体制派諸勢力の結集を図ったという社会構造史的な陰謀論（「負の統合」論）に、どの程度の信憑《しんぴょう》性があるのかは疑問が残る。

　外政では、ビスマルクは新しい戦争を避けようとした（一八七七年キッシンゲン口述）。ビスマルクはフランスの対独復讐《ふくしゅう》心を予想してこれを孤立させ、イギリスとの衝突を避け、エステルライヒ、ロシアとの連携を強めた。だがエステルライヒ、ロシアはバルカン半島で勢力争いを演じ、三国連携は容易に維持できなかった。一八七八年のベルリン会議で、露土戦争の「忠実な仲介業者」を買って出たビスマルクだったが、ロシアの南進を妨害するイギリスを支持してロシアとの間に亀裂が入ったため、独露再保障条約で関係修復を試みた。

ビスマルクは植民地獲得には当初消極的だった。スペイン、ポルトガルに続いて、イギリスが北アメリカ、インド、エジプト、南アフリカを征服し、フランスが北アフリカ、インドシナを征服し、ロシアがシベリア、アラスカ、中央アジアを征服し、オランダもベルギーもアジア、アフリカに進出するなか、ドイツは世界進出で出遅れていた。前述のオイレンブルク遠征団も、米仏など先行諸国の支援なしでは、徳川《とくがわ》幕府や清朝ととても交渉などできなかった。プロイセンが戊辰《ぼしん》戦争で会津《あいづ》藩・庄内《しょうない》藩から旧幕府勢力支援の見返りに蝦夷《えぞ》地を提供されたとき、薩《さっ》長《ちょう》を応援するイギリスとの対立を恐れた首相ビスマルクは、提案を断っていた。

だがビスマルクは後年になると、探検家や国内諸勢力の要求に応じ、ドイツの国際的地位を高め、国内の選挙対策に利用するため、欧州諸国の許容する範囲で海外に「保護領」を取得することにした。一八八四年、帝国宰相ビスマルクのもとでドイツは、遂に南西アフリカ（今日のナミビア）、西アフリカ（今日のトーゴ、カメルーン）、一八八五年にノイグイニア（今日のパプアニューギニアなど）、東アフリカ（今日のケニア）、ヴィトゥ（一八九〇年イギリスに移管、今日のケニア）を獲得した。

ヴィルヘルム期の積極拡大政策

一八九〇年、ビスマルクは新帝ヴィルヘルム二世との確執から退陣したが、その後のドイツ帝国後半期はヴィルヘルム期と呼ばれる。ただそれはヴィルヘルム二世が親政したという意味ではない。彼が君臨した時代に、ドイツが農業国から工業国へと変貌《へんぼう》し、世界のグローバル化や帝国の安定に伴い、現状維持より積極拡大が志向されるようになったのである。それはドイツが非西洋諸国およびその勢力圏を侵略したということではなく、むしろイギリス、フランス、ロシアなどの圧迫に喘ぐ非西洋諸国をドイツが支援するという形態が多かった。海外で活動したドイツ人は、自分たちの立場が英仏人などと比較してまだ弱いことを痛感し、国力増大に見合った、より積極的なドイツの「世界政策」を求めたのだった。

ドイツ帝国は清国に進出した。ドイツは、英仏に続いて一八九五年に天津《テンシン》や漢口《かんこう》に租界を獲得し、ドイツ人宣教師殺害事件を機に、以前から注目していた膠洲湾《こうしゅうわん》を一八九八年から九九年間の約束で租借した。帝国外務長官（のち帝国宰相・侯爵）ベルンハルト・フォン・ビューロー（一八四九～一九二九年）は、この膠洲湾を「日の当たる場所」と呼んだ。義和団《ぎわだん》の乱（一九〇〇年）では、ドイツ公使、日本公使館員が清国兵に殺害されたため、元プロイセン参謀総長アルフレート・フォン・ヴァルダーゼー伯爵（一八三二～一九〇四年）が八か国連合軍の総司令官となった。鎮圧軍出航に際し、ヴィルヘルム二世は「フン族演説」を行って、清国人への情け容赦ない報復を訴えた。

それでもドイツの微々たる現地勢力は圧迫感を与えにくく、ドイツは清国と連携しやすい立場にあった。ドイツは、清国分割を先導するイギリス、ロシア、フランス、日本とは距離を置いて、清国政府との連携を図っている。ドイツ人の軍事教官が清国軍を育成し、一八九六年には清国政界の実力者である李鴻章《りこうしょう》が世界旅行の一環で訪独した。一九〇一年には、義和団の乱の謝罪使として光緒帝《こうしょ》の弟である醇親王載灃《じゅんしんのうさいほう》（宣統帝《せんとう》の父）が訪独し、一九一一年にはドイツ皇太子ヴィルヘルムの訪清が予定されたが、疫病流行で実現しなかった。天津で清国人を相手に教師をしていた吉野作造《よしのさくぞう》は、日本官憲と連携したがらない日本人教師とは異なり、ドイツ人教師がドイツ官憲とよく協力して現地で活動の場を増やしていると分析していた。

ドイツ帝国はオスマン帝国の支援にも乗り出した。ロシアやイギリスに圧迫されたトルコの

図29　青島で清国人と交流するドイツ人

図30　イスタンブールの「ドイツの泉」［2010年３月13日著者撮影］

近代化はドイツが支援し、第一次世界大戦ではプロイセン軍将校オットー・リーマン・フォン・ザンデルス（一八五五〜一九二九年）がトルコ軍を率いた。いまもイスタンブールを訪れると、ハイダルパシャ駅にはバグダッド鉄道建設のドイツ語記念板があり、ブルー・モスクの前にはヴィルヘルム二世が寄贈した「ドイツの泉」が残っている。ドイツによるイスラム諸国の支援というと、一九〇五年に休暇中のヴィルヘルム二世が、フランスの脅威に晒されていたモロッコ王国のタンジェに突如上陸してモロッコの門戸開放を訴え、対仏抵抗を激励するという事件もあった。

とはいえイギリス「3C政策」（カイロ、カルカッタ、ケープタウン）に対抗して、ドイツ帝国が「3B政策」（ベルリン、ビザンティウム、バグダッド）を展開したなどというのは誇張である。ドイツのオリエント政策は、イギリスのエジプト・インド支配と比べれば初歩的であり、いまの外交史研究で「3B政策」なるものが語られることもない。脆弱だったドイツの海外植民地は平時のものにすぎず、第一次世界大戦が勃発するとたちまち補給が途絶え、ほぼ全て日英などに占領されて消滅した。

世界で西洋的「普遍」を担うドイツ

英仏との対立はあったが、大局的に見ればドイツ帝国は、英仏、スペイン、ポルトガル、オランダ、ベルギー、アメリカ、ロシアとともに、西洋的＝「普遍」的文化を担う側に立ってい

図31　王妃ネフェルティティの胸像

た。ヴェーバーはその晩年の著作『宗教社会学論集』（一九二〇年）の冒頭で、西洋のみが普遍妥当性のある文化を生み出したと事実認定し、その理由を歴史的に解明しようとした。ヴェーバーが身を置いていたドイツは、もちろんその西洋の一角と考えられている。ヴェーバーの時代、西洋の勢力は絶頂を迎え、その文明は破竹の勢いで世界へと広まった。日本のようにそれに素直に順応できた非西洋諸国は、いち早く強い権力を手にした。

西洋的「普遍」の拡大のなかで、イギリスがインドやエジプトで経験したような先住民との衝突を、ドイツ帝国も避けることができなかった。ドイツ保護領南西アフリカでは、一九〇四年に先住民のヘレロ族・ナマ族がドイツ人入植者を殺害する「ホッテントット蜂起」が起き、増派されたドイツ軍が数万の先住民を、砂漠への追放や強制労働などで死に至らしめる事件が起きた。インド大叛乱で先住民を大砲の先に縛り付けて吹き飛ばすなどの残虐行為に及んだイギリス軍の先例もあるが、両者には共通性がある。それは、野蛮人ふぜいが自分たち文明人に危害を加えるなど許さないという、西洋人の優越意識である。

ドイツは、大英博物館のロゼッタ石などの先例に倣って、中近東で発掘した考古学資料を本国へと持ち去った。王妃ネフェルティティの胸像などは、エジプトからの百年にも及ぶ返還請求を拒んで、いまもベルリン新博物館を彩っている。

アジア・アフリカのドイツ人社会は、アメリカのそれよりも、現地に同化せず民族性を保持しようとした。そのためにドイツ人学校が設けられたが、そこではドイツ本国よりも宗派共存が進められ、ドイツ人の男性比率が高いために現地人女性との間に生まれた児童も多く、非ドイツ系白人も入学したので、期せずして多文化共生の実験場となっていた。

民間ナショナリズムの急進化

ヴィルヘルム期ドイツでは、威勢のいい言論活動で愛国的世論を喚起し、帝国指導部に圧力を掛ける民間のナショナリストが登場した。新しいドイツの飛躍を鼓吹した人物の一人が、若きヴェーバーである。一八九五年の『国民国家と経済政策』（フライブルク大学国民経済学正教授就任講演）は、ビスマルクという長年の指導者を失った不安、新しい世代が強いドイツを作っていくという意気込み、英仏など西欧諸国への劣等感が入り混じったものである。ヴェーバーは、プロイセン東部州で「文化の低い」ポーランド人季節労働者が増大し、先住のドイツ人が流出するのを止めるのが必要だと訴え、ポーランド人を雇用するドイツ人地

図32　マックスおよびマリアンネ・ヴェーバー夫妻

図33　信奉者たちを前に自宅で演説するビスマルク

主貴族を「ユンカー」と呼び、彼らを「ドイツ国民」の敵として排撃した。自由主義市民層出身のヴェーバーは、市民層および労働者層がドイツ国民国家の力強い担い手になることを切望し、またドイツ艦隊が世界でその国旗をはためかせるさまを夢想した。

ヴェーバーのような民間のナショナリストは、その言論活動で一般民衆を興奮させ、政府を下から突き上げた。全ドイツ連盟、ドイツ・オストマルク協会、艦隊協会、学校協会といったナショナリズム団体が次々と結成され、各地に「ビスマルク記念塔」や各種戦勝記念碑などの国民的記念碑が立てられた。

王朝による多民族統合の限界

ドイツ帝国指導部は、ドイツの勢力拡大や国内反対派の抑制に、民間ナショナリズムをときに追い風としつつも、統制できない彼らの動きに翻弄されるようにもなる。貴族も平民から身分相応の敬意を期待することが難しくなり、逆に貴族の言動が「ドイツ国民」として相応《ふわさ》しいかを、マスメディアを通じて平民から審査されるという、「青の国際派」批判の時代になって

図34　ポーゼン離宮

いく。この「青の国際派」批判は、前述のフランクフルト憲法第四条にも表現されていたが、一八八八年には皇帝フリードリヒ三世の皇后ヴィクトリア（一八四〇〜一九〇一年：英女王ヴィクトリアの長女）へのバッシングという形でも噴出した。

王朝による多民族統合の限界は、ボグダン・フォン・フッテン＝チャプスキ伯爵（一八五一〜一九三七年）の人生によく現れている。ポーランド化したドイツ人の子孫を称するプロイセン貴族のフッテン＝チャプスキは、ドイツ皇帝や歴代帝国宰相・プロイセン首相の側近で、騎兵将校、貴族院議員である。彼は故郷ポーゼン州でのドイツ人・ポーランド人対立を緩和するために、プロイセン王国を多民族共生の王朝国家と、プロイセン王ヴィルヘルム二世を超民族君主と理想化する解釈を唱道した。ポーランド人所有地をドイツ人入植用に強制的に買い上げるという収用法（一九〇八年）がポーランド人を刺戟するのを恐れ、彼は貴族院で土地改革を恐れるドイツ人議員とともに反対したが、法案成立は阻止できなかった。彼はまたポーゼン離宮城代として、ポーランド人貴族をヴィルヘルム二世の晩餐《ばんさん》会に招待して仲を取り持とうとしたが、ヴィルヘルム二世はドイツ皇帝として挑発的な発言も辞さず、またポーランド民衆はポーランド貴族のプロイセン宮廷への伺候《しこう》を妨害した。フッテン゠チャプスキはその結合姓も災いして、ドイツ人・ポーランド人の双方から裏切り者ではないかと疑われた。

新興大国ドイツへの反撥

ドイツ帝国の興隆は周辺国には不都合な現実だった。ライバルの擡頭を喜ばない英仏は、ドイツに対するネガティヴ・キャンペインを繰り返した。その有様は、いま西洋諸国が中華人民共和国の「人権状況」を触れ回り、日本人が中国人の「爆買い」などを揶揄《やゆ》するのと似ている。大陸指導国の地位を失ったフランスにとって、イギリスとの植民地獲得競争でも劣勢のなか、ドイツ帝国が勃興していくことは受け入れ難い屈辱であった。独仏戦争に勝利したドイツ側が、近世にフランスに征服された旧帝国領の一部を奪還し、帝国領エルザス゠ロートリンゲンを編成すると、フランスはそれを侵略とみなして、その奪還を目指した。

世界覇権国イギリスはドイツを危険視した。イギリスは中世以来の仇敵《きゅうてき》フランスとの覇権争いで、ドイツ諸国と何度も連帯し、王家もフランスの支援するジャコバイトを排除するためにドイツから迎えていた。革命による秩序破壊ではなく、歴史に根差した立憲主義を育んだ点でも、近世英独は共通していた。ジョージ・スティーヴンソンがその製作した蒸気機関車に、プロイセン軍人に因んで「ブリュッヒャー号」と名付けたのも、ドイツへの親近感の表現である。だがドイツ帝国成立で、イギリスは新たな強敵の出現を意識した。愛国的作家サー・アーサー・コナン・ドイルの推理小説には、新興大国ドイツに怯《おび》えるイギリス社会の雰囲気が表現されている。「ボヘミアの醜聞」「ブルース・パーティントン設計書」「技師の親指」「最後の挨《あい》拶《さつ》」「緋色《ひいろ》の研究」といった作品には、ドイツ人やドイツ語が狡猾《こうかつ》さ、残忍さ、傲慢《ごうまん》さの象徴として登場する。

ビスマルク退陣後、フリードリヒ・フォン・ホルシュタイン（一八三七〜一九〇九年）の主導で独露再保障条約が不更新になると、解放戦争以来の露普同盟に亀裂が入った。それでもなおドイツ皇帝ヴィルヘルム二世は黄禍《こうか》論を説いて、ロシア皇帝ニコライ二世の日本との対決を後援したが、日露戦争で敗れたロシアはバルカン半島に目を転じ、ドイツの同盟国エステルライヒと衝突した。フランス資本導入で近代化したロシアは、ドイツを共通敵とする英仏と接近し、二〇世紀初頭にはドイツ包囲網、つまり三国協商を完成させた。

図35　1906年にドイツ軍演習で同席していた皇帝ヴィルヘルム二世（左）と植民省次官ウィンストン・チャーチル（右）

第一次世界大戦の勃発

一九一四年六月二八日のエステルライヒ皇位継承者夫妻のセルビア人による暗殺を契機に、欧州各国は協商国側と中欧列強側とに分かれて対決することになった。エステルライヒは同盟するドイツ帝国の「白紙委任」を得て、強い姿勢でセルビアと交渉したが、七月二八日に開戦に至った。セルビアの後ろ盾であるロシアが、露仏同盟を背景として七月三一日に総動員令を出すと、ドイツが八月一日にロシアに宣戦布告した。ロシアの同盟国フランスがドイツに宣戦布告すると、ドイツ軍はフランスを急襲しようと、中立国ベルギーの通過を図った。これを口実に部外者のイギリスが、八月四日にドイツの擡頭を恐れて参戦し、のち一一月に日本が日英同盟を理由にドイツ租借地の膠洲湾を占領した。ブルガリア、オスマン帝国が中欧列強（独墺）に加勢したが、中欧列強と三国同盟を結んでいたイタリアは、領土拡大を狙《ねら》って一九一五年にエステルライヒに宣戦布告した。一九一七年には、それまで中立だったアメリカ合衆国が中欧列強に対して宣戦布告した。こうして戦争は、ドイツを起源として始まったわけではないにもかかわらず、世界中の国々による新興大国ドイツの袋叩《ふくろだた》きと化した。

ドイツは以前から、プロイセン軍参謀総長アルフレート・フォン・シュリーフェン伯爵（一八三三〜一九一三年）のもと、露仏と同時に対決する二正面作戦を計画していた。フッテン＝チャプスキのロシア偵察報告が影響したのか、シュリーフェンはロシア軍の動員が遅いものと高をくくっていた。このため「シュリーフェン計画」では、開戦後にまず全力でフランスを粉砕し、続いてロシアに向かうとしていた。

だが実際には、「シュリーフェン計画」は機能しなかった。フランス軍は頑強で粉砕できず、ロシア軍は急速にドイツ東部に侵攻した。もっともロシア軍は、パウル・フォン・ヒンデンブルク（一八四七～一九三四年）、エーリヒ・ルーデンドルフ（一八六五～一九三七年）が率いるドイツ軍にタンネンベルクの戦いで撃退された。ドイツ軍は東西国境を越えて進軍し、技術力を駆使して戦い続けたが、戦争の終わりは見えなくなった。

「城内平和」

未曾有《みぞう》の危機に直面したドイツ帝国では、ひとまず国内団結を求める「城内平和」論が強くなった。開戦時にヴィルヘルム二世は「私はもはやいかなる党派も知らない、私が知っているのはドイツ人のみ」と述べて団結を訴え、八月四日の帝国議会開会式では全党派が皇帝に忠誠を誓った。七月まで反戦運動をしていたSPDも、速やかに第一次戦時公債発行に同意した。

ユダヤ人商人の息子で、SPDの帝国議会議員だったルートヴィヒ・フランク（一八七四～一九一四年）は、直ちに志願して前線に赴き、早くも九月三日に一兵士として「名誉の戦場に斃《たお》れた」。プロテスタンティズムに改宗した元ユダヤ教徒で、ベルリン大学教授・皇帝ヴィルヘルム協会物理化学・電気化学研究所長に抜擢《ばってき》されていたフリッツ・ハーバー（一八六八～一九三四年）は、空中窒素《ちっそ》固定法（一九一八年ノーベル化学賞受賞）によって爆薬をドイツ軍に潤沢

図36　フリッツ・ハーバー

に供給したほか、研究所を挙げて軍事技術を開発した。婦人運動家マリアンネ・ヴェーバー（一八七〇〜一九五四年）は、雑誌『婦人』（一九一五年二月）の巻頭に「魂の体験」を掲げ、開戦についてこう記した。「それは我々の魂が体験することを許された、荘厳なときであった。それは個々人の存在が全体へと没入していくときだった。我々の自我の垣根は打ち破られ、我々の血は他の人々の血のなかに滔々《とうとう》と流れ込んだ。我々は一つの肉体になったと感じ、神秘的な一体感を味わった」。

国内動員のための立法も行われた。一九一六年一二月、ドイツは「愛国的補助奉仕法」を制定し、兵役についていない一七歳から六〇歳までの男性に、軍需産業などでの一般労働奉仕義務を課し、また従業員五〇人以上の事業所に、使用者・被用者同数の委員会設置を義務付けるなどした。

だが開戦に際してドイツ人がみな同じ信条だったわけではない。党派、階級、地域で区別するのは図式的すぎるが、個人差は確認できる。ハーバーの親友でユダヤ人のアルベルト・アインシュタイン（一八七九〜一九五五年）は、開戦後も平和主義者であり続け、夫と同じく自らも化学者である妻クララ・ハーバー（一八七〇〜一九一五年）は、夫フリッツが毒ガスの実戦使用を指揮したのに抗議して自殺した。マリアンネ・ヴェーバーの夫マックスは開戦に感激しつつも、ドイツ包囲網を危惧してイギリスとの休戦、アメリカの参戦回避を訴えていた。

開戦当初、平和主義が開戦の熱狂に圧倒されたのは、ドイツでも協商国でも同じだった。フランスでは、反戦を唱えていた社会主義者ジャン・ジョレスが、開戦直前の七月三一日に暗殺された。フランスの総動員体制、とりわけ社会主義陣営や労働運動の戦争協力は、「神聖同盟」と呼ばれ称揚された。イギリスは、自国が攻撃される見込みもないまま参戦したが、反戦集会をしていた労働党も、開戦後はほとんどの議員が戦争に同意した。暴力など過激な手段で参政権を求めてきた婦人運動家も、戦争には支持を表明した。イギリスには開戦当時まだ徴兵制がなかったが、「ブリテン人よ、君が欲しい」とこちらを指差す陸軍大臣ホレイショ・ハーバート・キッチナー元帥の広告が話題を呼び、募兵も順調に進んだ（のち徴兵制に移行）。

図37　キッチナー英陸相の募兵広告

戦争が長期化すると、ドイツの「城内平和」にはほころびが見えてくる。社会主義・自由主義勢力は、国内団結を強化するためと称して、民主化（プロイセン三級選挙法改革など）を求め、ヴィルヘルム二世も復活祭勅書で同調したが、保守勢力は交戦中に国内改革を求めるのは火事場泥棒だと反撥した。やがて社会主義勢力からは戦時公債増発に反対する者が出始め、ＳＰＤは戦争支持の多数派ＳＰＤと戦争反対の独立ＳＰＤとに分裂した。

「ドイツ対西欧」

世界覇権国として英語マスメディアを動員でき

図38　反ドイツ・プロパガンダ（米軍の募兵広告）

るイギリスは、ドイツ軍の残虐性や国際法違反を吹聴《ふいちょう》するプロパガンダを開始し、アメリカなど中立国にも働きかけた。協商国が喧伝《けんでん》したドイツの犯罪とは、毒ガス使用、潜水艦作戦、非軍事施設や文民への攻撃などである。『タイムズ』紙や大学教授らは、トライチュケやフリードリヒ大王を挙げてドイツ軍国主義の伝統を描き、効率志向や権威主義を指摘してドイツ社会での個人の弱さを揶揄した。ハイデルベルクに留学したジェイムズ・ブライスも、国際社会で「ドイツの残虐行為」を喧伝する国内言論を指導した。ロシア帝国が崩壊し、アメリカが参戦すると、協商国側はドイツに対する戦争を民主主義のための闘いだと説くようになる。

ドイツと交戦中のイギリスでは、ドイツと結んできた縁が隠蔽《いんぺい》されるようになる。「サクス・コバーグ・ゴーサ家」（ザクセン＝コーブルク・ゴータ家）だったイギリス王家は、イングランドの地名を採って「ウィンザー家」と改称し、その親類の「バッテンバーグ家」（バッテンベルク家）も「マウントバッテン」と家名を英訳し、また「ミルフォード・ヘイヴン侯爵」なる英語の新爵位をも帯びて、そのドイツ的起源を隠した。もっともヒューストン・ステュアート・チェンバレン（一八五五〜一九二七年）は、作曲家リヒャルト・ヴァーグナー（一八一三

〜一八八三年）の女婿となり、ドイツで汎ゲルマン主義、反ユダヤ主義の文筆家となっていたが、独英が開戦するとドイツに帰化してイギリス批判に加わった。

イギリスのドイツ批判は、ドイツの西欧派ナショナリストたちを落胆させた。一九一四年九月七日、多数のドイツ人学者がイギリスの大学などから授与された称号などを返還すると言い出した。同年一〇月三日、「ドイツの学問・芸術の代表者」を自負する知識人たちが、共同声明「文化世界への呼びかけ」を発表し、ドイツに開戦責任を押し付け、ドイツの残虐行為を強調する協商側の「虚偽と誹謗」に抗議した。署名者には、経済学者ルヨ・ブレンターノ（一八四四〜一九三一年）、グスタフ・フォン・シュモラー（一八三八〜一九一七年）、ヨハンネス・コンラート（一八三九〜一九一五年）、神学者アドルフ・フォン・ハルナック（一八五一〜一九三〇年）、法学者パウル・ラーバント（一八三八〜一九一八年）、古典学者ウルリヒ・フォン・ヴィラモーヴィッツ＝メレンドルフ（一八四八〜一九三一年）、画家マックス・クリンガー（一八五七〜一九二〇年）、マックス・リーバーマン（一八四七〜一九三五年）、牧師ナウマンなど、ドイツ帝国を代表する文化人（ユダヤ系を含む）が名を連ねていた。

ドイツの知識人は、自分たちには西欧人とは違う「固有」の精神構造があると説くようになる。ヴェルナー・ゾンバルト（一八六三〜一九四一年）の『商人と英雄』（一九一五年）は、個人主義的、功利主義的なイギリス人の商人根性と、思慮深く自己犠牲を厭《いと》わないドイツ人の英雄精神とを対置し、この戦争で人間のあるべき姿が問われているとした。またトーマス・マン

（一八七五〜一九五五年）の『非政治的人間の考察』（一九一八年）は、ローマ的・西欧的な「文明」（Zivilisation）がドイツの「非政治的」な「文化」（Kultur）を圧迫することに抗議した。

こうしたドイツ精神論を、ドイツ教養市民の反西欧的、保守的、「非政治的」性格の証左と見るのは皮相的である。彼らは、西欧に対する知的主体性・対等性を求め、世界大戦を善玉対悪玉の闘いと道義的に解釈することを侮辱《ぶじょく》と考えたのだが、それは西欧への憧憬《しょうけい》の裏返しであった。また戦争に共鳴してドイツ文化の「固有」性を説いた彼らが、非政治的であるはずもない。彼らはドイツ革命後になると、「心情の君主主義者」でありながら「理性の共和主義者」ともなっていくのである。

対ロシア戦とその論理

ドイツは、西欧のドイツ攻撃の論法を、自分たちのロシア攻撃に転用した。「アジア的野蛮」たるロシア帝国から自衛するのは正しい戦争だという論理は、反戦を主張していたSPDをも戦争支持へと転換させた。ヴェーバーも曰《いわ》く「ロシアの規律なき群れがその時々の進撃の際、部分的には同じ種族も居住している地域で犯した獣《けもの》のような残虐行為は、中世の蒙古《もうこ》時代を想起させるものである」。ロシア人の悪行の噂は、ドイツ人の道義的優位を世界に示すのに好都合だった。

中欧列強は、ロシア帝国西部の諸民族の自立心を喚起してロシアから離反させようと、ポーランド国家、ウクライナ国家などの建設を標榜した。一九一六年一一月、中欧列強は占領したロシア領西部にポーランド立憲王国を樹立すると宣言し、一九一八年三月にはソヴィエト＝ロシアとのブレスト＝リトフスク条約で親独的な東欧諸国を建設した。だが中欧列強軍と連携していたポーランド人勢力とウクライナ人勢力とが権益争いを始め、また中欧列強軍への兵員提供をも拒むようになる。一九一八年一月、アメリカ大統領トーマス・ウッドロウ・ウィルソンが、その「十四箇条」でポーランド国家再建を謳うと、ポーランド人と中欧列強との連帯意識も薄れていった。またロシア領でのポーランド国家構想は、中欧列強国内のポーランド人の自立心をも喚起した。結局ドイツは、東部戦線からの撤兵を余儀なくされた。

勝利から敗北へ

ブレスト＝リトフスク条約で有利な講和を結んだ中欧列強は、一九一八年春に西部大攻勢を敢行した。中欧列強軍は奮闘したが、アメリカ参戦で増強した協商国側を前に、力尽きて後退を始めた。

帝国指導部は「十四箇条」で無併合・無賠償を呼びかけていたウィルソン米大統領に、協商国側との講和仲介を依頼した。だがウィルソンは、ドイツの「軍部支配者および独裁的君主」を拒否し、「ドイツ民衆の真の代表者」とでなければ、講和交渉はしないとした。アメリカが講和交渉の前提として国政改革を求めるなか、ユダヤ人のドイツ財界指導者だったヴァルター・ラーテナウ（一八六七～一九二二年）は屈服を拒んで「民衆蜂起」を提唱し、多数派SPDも暴力革命を恐れて君主制維持を志向した。やがて余力のないドイツ帝国はアメリカの圧力に屈して、講和交渉を有利にするために、帝国宰相マクシミリアン・フォン・バーデン大公子（一八六七～一九二九年）のもとで「一〇月改革」を行い、議院内閣制を導入して議員の閣僚就任を促進するなどした。

ドイツ革命

だが「一〇月改革」も、一一月一一日の休戦前にドイツ革命が勃発するのを防げなかった。軍港での水兵叛乱を契機にドイツ各地で暴動が起き、ロシア革命の労兵評議会（ソヴィエト）に影響されて労兵評議会（レーテ）が結成され、プロイセンの首都ベルリンで多数派・独立SPDが実権を掌握して、革命政権である「人民委員評議会」を結成した。

ドイツ語圏の君主制廃止は、国民の自己決定によるものではなかった。暴動下のベルリンでは、一一月九日に帝国宰相バーデンが事態沈静化のために、独断でヴィルヘルム二世のドイツ皇帝・プロイセン王としての退位を発表したが、バーデン大公子から（皇帝を介さずに）帝国宰相職を引き継ごうとした多数派SPD党首のフリードリヒ・エーベルト（一八七一～一九二五年）の意志に反して、同党の無任所帝国長官フィリップ・シャイデマン（一八六五～一九三九年）が「ドイツ共和国」樹立を宣言し、その直後に急進社会主義者団体でドイツ共産党（KP

D）の前身であるスパルタクス団のカール・リープクネヒト（一八七一～一九一九年）が「自由なドイツ社会主義共和国」樹立を宣言した。スパの大本営に逃避していたヴィルヘルム二世は、この事態を見てオランダ王国に亡命し、君主制廃止が固まった。暴動がなかったバーデン大公国では、国民投票をして君主制支持が優位を占めるのを恐れ、革命派が一方的に廃止を宣言した。ドイツ革命のあおりで、エステルライヒでも皇帝カール一世が退位せざるを得ず、後述のように中立国のルクセンブルク大公国でも君主制が危機に陥った。一九四六年のイタリア王国で行われたような、君主制の是非を問う国民投票というのは、いかなるドイツ語圏諸国でも行われることがなかった。

図39　フリードリヒ・エーベルト

図40　カール・リープクネヒト

列強角逐から覇権安定へ

第一次世界大戦で国際秩序は質的に変化した。西洋諸国が互いに主権を認めつつ、協力したり対立したりを繰り返す多極的併存・競争状態から、自由・人権・民主主義など西欧的＝「普遍」的価値を基準とする諸国家の一極的序列化が始まったのである。フランス革命に端を発するこの変容は、ヴィーン会議によって抑制されていたが、巨大国家アメリカの後見を得た英仏の勝利によって、遂に国際原則となったのである。

新しい国際関係は階層的な秩序だった。西欧的＝「普遍」的価値を体現しているとされた国は、別格の発言権や軍事力を持つことが許され、領土拡大も、植民地支配も、人種差別も、身分制が残っていても、国際社会で比較的問題にされにくい。西欧的＝「普遍」的価値に照らして劣るとされた国は、内政でも外政でも常に否定的先入観で論じられ、政治的にも文化的にも分相応の劣位に留まるよう求められる。そうしたグローバルな上下関係に従順であるという意味で「平和愛好的」な態度が、ドイツ人に求められる時代が来たのである。

4　ドイツ国民国家の共和制的再編

ドイツ封じ込め

戦勝国は、旧中欧列強領内の諸民族には自決を許したが、敗者のドイツ人には自決を許さなかった。ハプスブルク家の支配領域は四分五裂し、ドイツ人が主に居住する地域の一部が「ドイツ系エステルライヒ」として自立することになった。ドイツ系エステルライヒとドイツとは合邦によるより包括的なドイツ国民国家の形成を望んだが、ヴェルサイユ条約、サンジェルマ

図41　ヴェルサイユ条約でのドイツの領土喪失

ン条約でそれを禁じられた。ドイツも、ドイツ人が多く居住するプロイセン領西プロイセン・ポーゼン州の大半を失い、本土と東プロイセンとをポーランド領やダンツィヒ自由市によって隔てられた。ドイツの本土と東プロイセンとを隔てるこの地域は「ポーランド回廊」と呼ばれ、ポーランドにバルト海への出口を保証するために置かれた。オーバーシュレジエンでは住民投票でドイツ残留派が勝利したが、ポーランド人勢力が武装蜂起し、結局分割によりドイツ残留派優位だった工業地帯までポーランドが奪取した。フランスは、独仏双方からの自立を目指した「エルザス＝ロートリンゲン共和国」を住民投票なしに併合し、さらにザール地方を狙った。

パリ講和会議で、戦勝国、特に英仏米は

自国優位の権力構造を、「平和」の名のもとに固定化しようとした。ドイツは巨額の賠償金を課されて経済復興を妨げられ、戦勝国に五年間、一方的に最恵国待遇を与えざるを得なくなった。ドイツ軍は、徴兵制・新兵器開発・ラインラント配備を禁止されて、自力での国防を不可能にされた。フランスはドイツ語系少数派を国内に抱えるポーランド、ルーマニア、ユーゴスラヴィアなどの中欧諸国を「小協商」にまとめ、ドイツを東側からも圧迫した。英仏日はドイツの海外領土を占領し、英仏は戦時中に約束したインド、ヴェトナム、パレスティナの自決を許さず、かえって旧オスマン帝国領に手を伸ばした。イギリスは戦前に議決されていたアイルランド自治の実施を渋り、英米仏は新興大国の日本が要求した人種平等の決議を拒否した。一八一四・一五年のヴィーン会議では敗戦国フランスにも大国の地位が保証され、現状維持の平和が目指されたが、一九一九年のパリ会議では主要戦勝国が敗戦国の再起を妨げ、自国の権益を確保することを優先したのである。

ドイツ封じ込めは政治の世界だけではなかった。大戦まで国際学界はドイツ語圏を中心に組織されていたが、潜水艦作戦が横暴だとして、ドイツやエステルライヒを排除した戦勝国主導の国際学界再編が行われ、一九一九年にブリュッセルで英仏語圏を中心にした「万国学術研究会議」が誕生した。このとき日本も代表を送り、対応する国内機関として同年に「学術研究会議」を設けた(一九四九年に「日本学術会議」へと改組)。国際学界から排除されたドイツ学界は、化学者ハーバーらを中心に「ドイツ学術危機管理協会」を設け、資金調達や若手支援に努めた。

ドイツ語圏の文化は戦争中から嫌がらせを受けたが、例えばアメリカの禁酒法制定は、ビール醸造業を担うドイツ系移民の排斥《はいせき》運動とも結びついていた。「平和の祭典」のはずのオリンピック競技会からも、ドイツは排除された。ヴェーバーは、ドイツ人が敗北して「賤民《せんみん》」になってしまったと嘆いた。

ドイツを近代化の模範と仰いできた日本でも、ドイツ離れが急速に進んだ。東京帝国大学政治史教授の吉野作造は、民主主義を体現する英仏米が専制的軍事国家ドイツを成敗したという勧善懲悪《かんぜんちょうあく》論で、この大戦を解説した。吉野は先輩同僚（憲法）の美濃部達吉《みのべたつきち》らと、東大に米銀行家の寄付で「米国講座」を開設し、帝国憲法制定史を研究して、近代日本がドイツから影響を受けたことを批判した。吉野の後輩同僚（民法）である末弘厳太郎《すえひろいずたろう》は、留学先をドイツからアメリカに変え、従来のドイツ系法学を「概念法学」だと揶揄し始めた。一九二一年に裕仁《ひろひと》親王（のちの昭和天皇）は皇太子として初めて欧州諸国を訪問し、イギリス君主制に自らの模範を見るようになるが、もはやドイツ語圏の敗戦国に立ち寄ることはなかった。

ドイツ戦争責任論

パリ講和会議は、第一次世界大戦の開戦責任はドイツにあるという前提に立っていた。この前提を、たいていのドイツ人は受け入れなかった。ヴェーバーもその一人で、彼はドイツの「戦争責任」を問う声が、ドイツ国内の一部からも上がるのに憤慨した。「私が繰り返し目にするような、この罪悪感の焚《た》きつけは病気です。宗教の領域における鞭打苦行《むちうち》、性的な領域における自虐趣味とまさしく同様にです。［……］我々の戦争前の政策は愚かでした。しかし倫理的に見て非難に値するというわけではありません」。

ヴェーバーはドイツの自己批判を一律に拒否したわけではない。彼はドイツを対等に見ない世界の差別的潮流に、国内からもバイエルン首相クルト・アイスナー（一八六七～一九一九年）が便乗し、国内政争に利用したのに反撥したのである。敗戦国ドイツを道徳的劣等国として扱うというヴェルサイユ体制に、多くのドイツ人が憤慨した。「戦争責任」論は、戦勝国優位の階層秩序を道徳的に正当化し、定着させるための道具になりがちである。その場合、敗戦国の不公平な扱いを説明するために、それはどうしても悪玉として認識されなければならないのだった。

共和制樹立の意図

ドイツは一九一九年二月から、殺伐《さつばつ》としたベルリンを避け、ゲーテ、シラーゆかりのヴァイマールで、憲法制定国民議会を開いた。プロレタリア独裁を目指したスパルタクス団の蜂起は、前月に鎮圧されていた。

この議会でヴァイマール憲法が制定されると、独立ＳＰＤ議員エドゥアルト・ダーフィト（一八六三～一九三〇年）は、「これでドイツ共和国は、世界で最も民主的な民主主義国になった」と誇った。この自負には、「戦争責任」論によるドイツの劣等国扱いへの反抗心が垣間見《かいま》える。新しいドイツは、共和制を採用し、国民主権・議院内閣制を明記し、国会でも分邦議会でも男女・普通・平等・直接・秘密選挙（比例代表制）を導入し、国民発案や国民投票を採用した。大統領は（二代目以降は）直接公選とされ、初代大統領にも初代宰相にも多数派ＳＰＤ党員が就き、ドイツ民主党（ＤＤＰ：左派自由主義）のフーゴー・プロイス（一八六〇〜一九二五年）が、内務長官（のち内務大臣）として憲法制定を担った。大統領は平時から統治を担ったが、さらに憲法第四八条二項で、公共の安寧秩序を回復させるために、必要な場合には武力を用いて、必要な措置をとることができるとされた（大統領緊急権）。その緊急令に沿って、外相ラーテナウの暗殺を契機に制定された「共和国防衛法」（一九二二年七月）では、国旗への侮辱や要人の暗殺など、共和国に対する（右派の）敵対行為に重罰が科せられた。こうしてドイツは西欧的＝「普遍」的価値を国是とし、君主制の日英などよりも民主化に関して一歩先を進んだのだった。

Volksstaat という当時の流行語が示すように、ヴァイマール共和国は民衆国家のみならず民族国家でもある。多数派ＳＰＤからドイツ人民党（ＤＶＰ）、ドイツ国民的人民党（ＤＮＶＰ）まで、ドイツを不公平に取り扱うヴェルサイユ体制を不当と憤る点では異論がなく、その破棄は多くの国民の悲願だった。講和条約案に接したシャイデマン内閣は、首相やＤＤＰ閣僚が調印を拒否して退陣し、続くバウアー内閣も渋々調印したのである。共和国支持派の諸政党が、

図42　パウル・フォン・ヒンデンブルク（左）とエーリヒ・ルーデンドルフ（右）

「過去の克服」の観点から、講和条約を進んで受け入れたというわけではない。海外をも含む旧領土恢復、独墺合邦、再軍備は、共和国の課題として残った。

ナショナリズムを右派思想（保守主義）とイコールと見るのは誤りである。SPDもナショナリズムの担い手だったことは、大統領エーベルト、宰相シャイデマン、国法学者ヘルマン・ヘラー（一八九一～一九三三年）の例を見れば明らかだろう。SPDから分岐したKPDにも、ソヴィエトとの連携により、ドイツの（特に対西欧の）国益恢復を図ろうという「ナショナル・ボルシェヴィズム」の発想が生まれた。ソヴィエトを中心とするコミンテルンのドイツ専門家カール・ラーデク（一八八五～一九三九年頃）は、フランスのルール占領軍に殺害されたNSDAP党員アルベルト・L・シュラーゲター（一八九四～一九二三年）を、ドイツ・ナショナリズムの殉教者、誠実な男として称讃している。また女性の政治参加は、ドイツ国民国家の基盤を拡充した。女性がみな平和主義者だったわけではなく、愛国心に燃えた女性もまたいたのである。

ヴァイマール共和国は再編されたドイツ国民国家だった。君主制廃止で分邦再編の可能性が見え始め、ようやく正式な帝国政府（Reichsregierung）、帝国大臣（Reichsminister）が置かれ、帝国鉄道や国防軍も創設されるなど、ドイツは共和制樹立で統一性を増したのである。これに対し、国号を「ドイツ共和国」とせず、「ドイツ帝国」（Das Deutsche Reich）のままとし、国旗に一八四八年の三月革命で用いた黒赤金三色旗を採用しつつも、商船旗にドイツ帝国時代の黒白赤三色旗（上部左端に黒赤金を付加）を残し、二代目大統領に世界大戦時の陸軍参謀総長ヒンデンブルク元帥を選んだのは、敗戦までの歴史を一概に否定したくないという心情の表れである。誕生したばかりの共和国の頂点に君主制論者の老元帥が立つのは、前述のマクマオン仏大統領の先例があるが、国民的合意のないまま君主制を失った共和国をまとめていくには、これが現実的な人選だったかもしれない。国歌には、エーベルト大統領の宣言（一九二二年八月一一日）で、「ドイツ人の歌」全三節を用いるようになった。この歌は、一九一四年一一月一〇日に、若い志願兵たちが西部戦線のランゲマルクで口ずさみながら突撃して斃れたとされ、愛国歌として認知されていた。

憲法案起草者の一人であるヴェーバー（DDPに入党）は、共和国制でのドイツの反転攻勢に期待した。彼は、君主制時代に目についた市民階級の貴族趣味を、市民の矜持を忘れた振舞だと批判していたので、共和制への転換でそれが一掃され、優れた指導者に率いられた活潑《かっぱつ》な国民国家になることを期待していた。

敗戦国ドイツの孤立

だが戦勝国が民主化したドイツをすぐ温かく迎えたわけではない。もともと第一次世界大戦は民主主義のための戦いではなかった。ドイツは孤立を脱するため、同じく孤立していた唯一の社会主義国家ソヴィエト＝ロシアと、イデオロギー的対立を越えて連携した（一九二二年ラパロ条約）。ドイツはソヴィエト軍将校の育成を手伝うと同時に、ソヴィエト領内で秘密の軍事演習を行った。翌年にはドイツの賠償不履行を理由に、フランスがイギリスの仲介を振り切って、ドイツのルール工業地帯をベルギーとともに軍事占領し、ドイツ経済を破綻《はたん》させた。ドイツ宰相、外相として事態収拾に乗り出したグスタフ・シュトレーゼマン（一八七八～一九二九年）は、米英の介入も得て、賠償義務削減および独仏和解を実現した（一九二四年ドーズ案、一九二五年ロカルノ条約）。ドイツは国際連盟に加入し、その常任理事国となり、英米覇権下の国際社会に迎えられたかに見えた。ノーベル平和賞（一九二六年）を受賞したシュトレーゼマンは、領土恢復・ドイツ系少数保護の焦点を東方に絞った。けれども一九二九年の世界大恐慌で、欧州からアメリカ資本が引き上げると、ドイツは再び苦境に陥っていく。

反体制政党の急増

一九三〇年国会選挙では、国民社会主義ドイツ労働者党（NSDAP）が議席を約九倍にして第二党になり、プロレタリア独裁を目指すKPDも躍進した。もはや国会に十分な与党を有さない宰相ハインリヒ・ブリューニング（一八八五〜一九七〇年：中央党）の内閣は、国会審議に依存せず、大統領緊急令によって立法を行う「大統領内閣」となり、続く宰相フランツ・フォン・パーペン（一八七九〜一九六九年：中央党を離脱、元陸軍中佐）、クルト・フォン・シュライヒャー（一八八三〜一九三四年：陸軍大将）の内閣もこれに倣った。この大統領内閣は、NSDAPやKPDのような反体制政党が擡頭した国会を迂回《うかい》して統治するためのものであった。一九三一年一〇月、NSDAPや保守派（ドイツ国民的人民党、鉄兜団、プロイセン王子たちなど）はバート・ハルツブルクで結集し、ブリューニング内閣に対する「国民的反対派」（ハルツブルク戦線）を組織した。

一九三二年の二回の国会選挙でNSDAPは第一党になった。ヒンデンブルク大統領は、党首アドルフ・ヒトラー（一八八九〜一九四五年）の宰相任命要求を拒み続け、NSDAPの「突撃隊」（SA）や「親衛隊」（SS）を禁止する大統領緊急令を出した。ただ大統領や彼の宰相たちは君主制論者で、窮迫した状況とはいえ国会を介さない統治を行い、宰相パーペンはNSDAP・KPDの脅威への予防措置と称して、プロイセン自由国（SPD首班の暫定政権）の直轄化に踏み切った。宰相シュライヒャーもグレゴール・シュトラッサー（一八九二〜一九三四年）らNSDAP左派との連携を図ったが、パーペンがヒトラーとヒンデンブルクとを仲介して、工業界からの要請もあって、ヒトラー内閣を実現させた。このため議会主義民主制を信奉する戦後ドイツの論者は、大統領こそNSDAP独裁を準備したのだと主張し、連邦大統領の権能を縮小することになる。

国家存亡の危機では議会主義民主制など通用しない――こういう発想がこの頃、擡頭しつつあった。法学者のなかにも、憲法を国家権力の枷《かせ》とするのではなく、政治的現実に合わなくなった憲法を、国家維持のために棚上げすべきだと考える者が現れた。

イエナ大学教授オットー・ケルロイター（一八八三〜一九七二年）は、旧来の市民的法治国家原理は国家の安定を前提としていたが、大戦以後の国際的激動でその前提が失われ、いまや国法学が政治理念の変容から取り残されつつあるとした。イギリスのマルクス主義者ハロルド・ラスキをも援用しつつ、ケルロイターは「国民的法治国家」原理を提唱し、ヴィーン大学教授ハンス・ケルゼン（一八八一〜一九七三年）の「純粋法学」と対峙した。

ベルリン商科大学教授カール・シュミット（一八八八〜一九八五年）は、自由主義（議会政治）と民主主義とを連続的に考えることを戒め、民主主義を統治者と被治者との一致だと定義して、民衆の支持を得た独裁政治を民主主義の一種だと考えた。「主権者とは例外状態を決める者をいう」と説くシュミットは、危機的状態でいまの憲法秩序を護るために、一時的・例外的に憲法の一部を停止する「委任的独裁」を、憲法秩序そのものを転覆させる「主権的独裁」と区別し、直接公選の大統領が前者を行うよう求めた。

5　大ドイツ帝国の興亡

ヒトラーの登場

NSDAPを政権に導いたのがヒトラーである。ヒトラーはエステルライヒ税関官吏の息子として、墺独国境の町ブラウナウ・アム・インで生まれ、ドイツ人が多数を占めるリンツで育った。画家を夢見たヒトラーは、それに反対だった父の死後、ヴィーンの美術学校を受験するが失敗し、故郷の母も早世して、定職のない生活を送った。

多文化共生都市ヴィーンで、ヒトラーは異民族への違和感に目覚めた。ヒトラーは、ゲオルク・リッター・フォン・シェーネラー（一八四二～一九二一年）の全ドイツ運動、彼やカール・ルエーガー（一八四四～一九一〇年）の反ユダヤ主義から刺戟を受けた。「全ドイツ運動」（Alldeutsche Bewegung）は、各国に分散したドイツ人の団結を訴えるドイツ・ナショナリズムの一形態で、イギリス人、北欧人といったゲルマン諸民族の包含を目指す「汎ゲルマン主義」とは次元を異にする。なお「全ドイツ運動」や「汎ゲルマン主義」がドイツ帝国やハプスブルク帝国の政府の方針となったことはなく、それは下からの反体制思想として擡頭したのだった。

兵役を嫌ったヒトラーは、ドイツ帝国内のバイエルン王国に逃亡した。多民族の寄せ集めであるハプスブルク帝国軍を嫌ったということだが、真相は分からない。ヒトラーは連れ戻され

図43　ブラウナウのヒトラーの生家と警鐘碑（右側）［2012年10月21日著者撮影］

図44　ヒトラーが育った町リンツ［2018年8月15日著者撮影］

て徴兵検査を受けさせられ、不合格になるが、あらためてバイエルンの首都ミュンヒェンに移住したところで、一九一四年八月の開戦を迎えた。今度は自らバイエルン軍に志願し、四年間戦い続けたヒトラーは、内気な青年から豪胆なドイツ前線兵士へと変貌した。兵士として前線で戦ったヒトラーは、銃後で平和運動が起き、革命が勃発し、休戦が決められたことに憤慨した。

敗戦後のミュンヒェンで、ヒトラーは政党政治家となった。一九一九年にミュンヒェンの兵営で、上官から新しい「ドイツ労働者党」の偵察を命じられたヒトラーは、同党から勧誘を受け、除隊してこの党に入る。またたく間に党の論客となったヒトラーは、NSDAPと改称された同党の党首に、一九二一年に就任した。

民族＝民衆共同体の構想

NSDAPは、ヒトラーの署名がある「二十五箇条綱領」（一九二〇年）で、以下の要求項目を掲げた。

（一）民族自決権に基づく全てのドイツ人の大ドイツへの統合
（二）ドイツ民族の他国民との同権化／ヴェルサイユ条約・サンジェルマン条約破棄
（三）過剰人口対策としての土地（植民地）獲得
（四）国籍者たりうるのは民族同胞のみ／民族同胞とは宗派を問わずドイツの血を引く者のみ／ユダヤ人の民族同胞からの排除
（五）国籍を持たぬ者は客員としてのみドイツで生活することができ外国立法に服従するべき
（六）国家を指導し法律を定める権利の国籍者による独占／全ての公的官職の国籍者による独占／性格や能力を無視して党派的観点からのみ役職が決められるという腐敗した議会

運営の打破

（七）まず国籍者の収益・生活可能性の面倒を見るのが国家の義務／国家が全住民を扶養しきれないなら外国籍者は国外追放されるべき

（八）さらなる非ドイツ人の流入は阻止されるべき／一九一四年八月二日以降入国のあらゆる非ドイツ人の即時国外退去強制

（九）あらゆる国籍者は同じ権利・義務を有するべき

（一〇）あらゆる国籍者の第一の義務は精神的・肉体的に創造的な労働をすること／個々人の活動は一般の利益に反することを許されず全体の枠内で全員の利益のために行われるべき

（一一）労働や努力によらない所得の廃止

（一二）あらゆる戦争が民族＝民衆から求める財産や血の大変な犠牲を思えば戦時利得は民族＝民衆への犯罪であり全て没収

（一三）（これまでに）すでに社会化された（トラスト）企業全ての国有化

（一四）大企業の収益の分配への参加

（一五）老齢年金の大幅強化

（一六）健全な中間層の育成と維持／大規模小売店を即時に基礎自治体所有とし小規模小売商に低料金賃貸／国家・邦・基礎自治体に納品する全ての小規模小売商への最大限の配

慮
（一七）ドイツの国民的需要に応じた土地改革／公益上の目的のための土地無償収用に関する立法／地代禁止・あらゆる土地投機制限
（一八）共通の利益を害する活動をする者への闘争（高利貸・闇《やみ》商人など民族に対する犯罪者の宗派・人種を問わない死刑）
（一九）唯物主義的世界秩序に奉仕するローマ法のドイツ一般法による代替
（二〇）有能で勤勉なドイツ人が高度の教育を受け指導的地位に就けるためのドイツの全民衆教育制度の拡充／あらゆる学校の授業計画での実学重視／公民科による国家思想徹底／身分や職に関係なく貧困家庭の素質ある子弟の国費での支援
（二一）民族＝民衆の健康向上は国家の義務／その手段としての母子保護・少年労働禁止・体操とスポーツの義務の法規定による肉体鍛錬・肉体的青少年専門教育団体の最大限の援助
（二二）傭兵部隊廃止・民族＝民衆軍形成
（二三）報道機関による意識的な政治的嘘《うそ》やその拡散の打破
（二三a）ドイツ語新聞の民族＝民衆同胞による編集
（二三b）非ドイツ系新聞発行の許可制とドイツ語での刊行禁止
（二三c）非ドイツ人によるドイツ系新聞への出資・影響行使の全面禁止と違反した場合の

即時刊行停止および参加した非ドイツ人の即時国外追放／公共の福祉に反する新聞の禁止／民族生活に退嬰《たいえい》的影響を与える芸術・文学的傾向への法的闘争・同種行事の中止

（二四）国家の存立を脅かさずゲルマン人種の習俗・道徳に反しない限りでのあらゆる宗教的信仰の自由／党の方針としての非宗派的な積極的キリスト教／党による我々の内外のユダヤ的＝唯物主義的精神の打倒／民族＝民衆の持続的恢復は内面から公益を私益に優先する原則によってのみ可能と確信

（二五）上記目標遂行のための強力な帝国中央権力の構築／全帝国や諸組織一般に対する政治的中央議会の絶対的権威／帝国が公布した枠組み的法律の連邦諸国での実施のための職能議会の形成

ＮＳＤＡＰの目標は「民族＝民衆共同体」（Volksgemeinschaft）の構築であった。民衆と民族とが通じ合い、民主主義とナショナリズムとが通じ合うという現象は、一世代前のギールケなどに関してもよく指摘される。「国民」（Nation）と「民族＝民衆」（Volk）とは、ＮＳＤＡＰの場合はおおむね互換的に用いられているが、外来のラテン語系のNation（原義は「生まれを同じくする人々」）よりも、ゲルマン語系のVolk（原義は「従う人々」）のほうが、一般大衆的な色彩が強い。当時の文脈では、ＮＳＤＡＰは改革政党であり、民族同胞の相互扶助を求める組織であって、多様な層から現状への不満を吸収する「抗議の国民政党」（Ｊ・ファルター）だった。

ここでいう「国民政党」は、後述のW・ブラントが一九五九年にSPDを「階級政党」から脱却させるために掲げたモットーが念頭にある。

NSDAPは保守派の一部だと見るのは早計である。保守派の悲願だった君主制復活やキリスト教会保護は、「下から」の運動であるNSDAPの関心事ではない。彼らのヒンデンブルクへの一定の敬意は、国家に奉仕した軍事的英雄に対する崇敬であって、貴族への恭順ではない。ただ元ドイツ皇太子ヴィルヘルムが擡頭期のNSDAPを支援し、旧連邦諸侯でもヨジアス・ツー・ヴァルデック・ウント・ピュルモント侯世子（一八九六〜一九六七年）が親衛隊大将になるなど、君侯にも「民族＝民衆共同体」に期待する個人はいた。

NSDAPが特に支持を訴えたのは中下層で、私有財産制に立っていたが、社会主義政党と共通する要求項目も多い。「民族＝民衆同胞」（Volksgenosse）の Genosse は、社会主義国における「同志」と同じで、水平的仲間意識の表現であり、貴族や上層市民のエリート意識への挑戦でもあった。彼らエリート層の象徴だったローマ法重視や古典語教育を、NSDAPはドイツ法重視や近代語教育に替えようとした。実学重視やスポーツ重視などは、反知性主義（肉体重視）の響きがある。ナショナリズムによる労働者の統合というのは、ナウマン、ヴェーバーらの「国民社会協会」でも試みられたことだった。ちなみにイタリア・ファシストの指導者ベニート・ムッソリーニも社会党の出身、イギリス・ファシストの指導者サー・オズワルド・モーズリーも労働党の出身である。

ドイツ民族を血統で定義し、ユダヤ人など異質な要素を排除しようとする姿勢で、NSDAPは普通の社会主義勢力とは異なっている。ただ政権獲得が間近に迫ると、NSDAPは反ユダヤ主義を抑え、ナショナリズムと結びついた社会主義を前面に出すようになった。

NSDAPには党歌「ホルスト・ヴェッセルの歌」があった。「旗を高く掲げよ！ 列を密に保て！ SAは静かに着実に行進する／赤色戦線［戦士団］や反動派に撃ち殺された隊員たちも、心のなかで我々の列で一緒に行進しているのだ」。これは一九三〇年にKPD党員に殺害されたSA隊員を偲《しの》ぶ隊歌が、党歌になったものである。ここでは敵として、KPDおよび保守派が名指しされている。

政権獲得への道

当初NSDAPは武力での権力掌握を考えた。すでに一九二二年、イタリア・ファシスト党が「ローマ進軍」で政権を樹立していた。NSDAPはドイツでも元第一幕僚長ルーデンドルフ陸軍大将の独裁政権を樹立しようと、一九二三年一一月八・九日にミュンヒェンで蜂起したが、準備不足のためすぐに鎮圧された。

ヒトラーは短期間の禁錮《きんこ》刑だけで出獄すると、選挙で戦う方針に転換した。ヒトラーは回顧録『我が闘争』を刊行し、基礎自治体や分邦から政権を獲得していった。一九三二年四月、ヒンデンブルク大統領は再選されたが、対立候補に立ったヒトラーも善戦した（なお彼はこのとき初めてドイツ国籍をとった）。宰相パーペン（元中央党）の内閣が行った一九三二年七月三一日の国会選挙では、NSDAPは遂に議席第一党（六〇八議席中二三〇議席）になった。

ヒンデンブルク大統領は、当初ヒトラーの宰相任命を拒否したが、第一党を無視することはできず、NSDAPとの妥協点を探ろうともした。パーペンは同年一一月六日にも国会選挙を行ったが、NSDAPはまた議席第一党（五八四議席中一九六議席）になり、KPDも増大して一〇〇議席に達した。このときNSDAPは微減し、一二月四日のテューリンゲン基礎自治体選挙でも敗退したが、翌年一月一五日のリッペ議会選挙では盛り返した。一二月三日にシュライヒャーが宰相となっていたが、パーペンやアルフレート・フーゲンベルク（一八六五～一九五一年）らが仲介し、保守派が連立相手となってNSDAPを「飼い馴《な》らす」という条件で、大統領は一九三三年一月三〇日にヒトラーを宰相に任命することとした。

NSDAPの政権獲得は議会主義民主制の一つの帰結である。民主主義にNS政権成立の責任を負わせまいとして、同党が選挙で政権を獲得したわけではないと主張するのは空《むな》しい。単独過半数でなくても、二度連続して国会第一党になり、それ以前から地方で政権を担ってきた政党が、大統領選挙でも善戦した人気政治家を宰相として、政権を形成するというのは、民主主義に沿うことである。保守派の「飼い馴らし」戦術が結果的に甘かったとしても、彼らとNSDAPとを同類扱いし、有権者全員の責任を彼らのみに転嫁するというのは不当である。NSDAP以外の政党は、主義主張に差が大きく、NS政権が何をもたらすかをまだ予見できない状況で、団結して第一党を政権から排除することなど不可能だった。KPDは、武装蜂起をも厭わず社会主義体制樹立を目指しており、SPDすら「社会ファシズム」と罵っていたので、むしろこれと対峙するNSDAP側が、「憲法の番人」役を演じることができた。NSDAP以外の政党が反ヒトラーでまとまればよかった、ヒンデンブルク大統領やシュライヒャー内閣が、憲法を無視して選挙を延期すればよかった、内閣不信任が可決されても事務管理の建前で統治すればよかったなどというのは、歴史家の後知恵・浅知恵にすぎない。

共同体構築のための同質化

ヒトラー内閣はヴァイマール共和国の一政権として、NSDAPと保守派との連立政権の形態で生まれたが、まったく間に憲法を棚上げして、委任的独裁から主権的独裁へと変貌した。

ヒトラー内閣も先行する三内閣と同じく国会の過半数を得ていなかったので、宰相ヒトラーはNSDAPの単独過半数を目指して、副宰相フーゲンベルク（DNVP）の反対を聞かずに、国会を解散した。選挙期間中の一九三三年二月二七日に国会議事堂放火事件が起き、容疑者としてオランダ共産党員が逮捕されると、共産党蜂起への予防措置を要求する宰相ヒトラーらの主張が説得力を帯びた。

三月二三日、突撃隊・親衛隊が取り囲むクロル歌劇場を仮議事堂とした国会で、KPD議員全員とSPD議員の一部とが逮捕や妨害で登院できないなか、NSDAP、DNVP、中央党の賛成で、「民族および帝国の危難を除去するための法律」が成立した。これはヴァイマール共和国で前例もあった授権法の一種だが、時限的ながら内閣に立法権を与え、かつその立法内容が憲法違反でも構わないとしたことから、「全権委任法」とも呼ばれる。行政権が立法権をも担うという発想は、大統領内閣とも連続していた。

一九三三年四月七日、「職業官吏団再建法」が制定され、ユダヤ系および政治的に信頼できない官吏などが免職になった（ただしヒンデンブルク大統領への配慮、国防軍の反対で、元前線兵士等は除外された）。同年四月一〇日、五月一日を労働祭に、復活祭前第五日曜日を英雄記憶日に、聖ミカエル祭後第一日曜日を収穫感謝祭にすることが法定された。

近代に入って徐々に進んでいたドイツの中央集権化は、ここで一気に速められた。一九三三年に首都ベルリンから各邦に「帝国総監」が派遣されて監視するようになり、一九三四年のドイツ帝国新造法で分邦の帝国への従属が明記され、次いで各邦使節会議である「帝国評議会」が廃止された。国籍も分邦籍が廃止され、ドイツ国籍に一本化された。

一九三三年、国旗がドイツ帝国の黒白赤三色旗とNSDAPの鉤十字旗（赤地で中央の白丸のなかに黒の鉤十字）との併用になり、一九三五年には鉤十字旗が唯一の国旗となった。国歌の法規定はないが、ヴァイマール共和国時代の国歌「ドイツ人の歌」第一節に、党歌「ホルスト・ヴェッセルの歌」を続けて歌う流儀が生まれた。

一九三三年四月、NSDAP以外の諸政党は解散となり、新党結成も禁止された。議会の形骸化とともに、国民投票制度の充実が図られ、その有効投票数の過半数で決議されたことは、法律としての効果を有することになった。

プロテスタント教会では、従来DNVPが強かったが、一九三二年にはNSDAPと通じる「ドイツ的キリスト者」が主導権を握り、イエスはアーリア系だったと言い始めた。一九三三年九月には、東プロイセンの第一軍管区牧師だったルートヴィヒ・ミュラー(一八八三〜一九四五年)が、ドイツ福音教会帝国監督に就任した。

一九三四年八月、八六歳のヒンデンブルク大統領が死去した。大統領は、遺言で自分の死後の君主制復帰を希望していたが、宰相ヒトラーはこれを無視して、国民投票を経て自ら大統領職を兼任することにし、「総統」(Führer)を名乗った。Führerはリーダーを表す普通名詞で、高位官職名としては新しいが、SSの階級にも多用された(例えば「親衛隊帝国本部長」はReichsführer-SS、「親衛隊大将」はSS-Obergruppenführer)。M・ヴェーバーの「指導者民主主義」のように、毅然たる導き手という肯定的意味で、Führerは一部の同時代人に使用されていた言葉だった。

一九三五年六月の「帝国労働奉仕法」では、経済・教育双方の観点から、一八歳から二五歳までの全青年に肉体労働が課された。ここでは男性のみならず、女性にも奉仕が義務化されたのだった。

NSDAPはむき出しの暴力にも訴えた。一九三四年六月三〇日、SA幹部のエルンスト・

レーム（一八八七〜一九三四年）らが、ヒトラーの命を受けたSSに虐殺されるという、「長いナイフの夜」事件が起きる。これは古参党員レームが、党首ヒトラーを同輩とみなして敬意を示さず、SAが政権獲得後に暴力活動をするのを止めようとせず、SAの国民軍化を求めて国防軍と対立する危険が生じたためである。殺害に乗り気でないヒトラーを動かしたのは、プロイセン内相ヘルマン・ゲーリング（一八九三〜一九四六年）、SS幹部ラインハルト・ハイドリヒ（一九〇四〜一九四二年）らであった。のちSSは、ハインリヒ・ヒムラー（一九〇〇〜一九四五年）の指揮下で発展し、軍隊組織の武装SSをも併せ持った。

この事件では、NSDAP独裁体制化に不満を持つ保守派も狙われ、シュライヒャーが夫妻とも殺害された。陸軍大将を殺害された国防軍は、これに抗議をしなかった。マールブルク大学でNSDAP批判の講演をしていた副宰相パーペンも軟禁され、エドガール・ユング（一八九四〜一九三四年）らその秘書は殺害された。ミュンヒェン一揆で鎮圧に当たった元バイエルン首相グスタフ・リッター・フォン・カール（一八六二〜一九三四年）も、シュライヒャーが協力を模索していたとされたG・シュトラッサーも、ともに殺害された。フーゲンベルクは、前年に辞任を余儀なくされていた。

同質化とは暴力による押し付けとは限らない。民族＝民衆共同体の構築には、道義的意義や必要性があると考える人々もおり、また新体制に順応することで、個人としての社会的上昇を図る人々もいた。オーバーバイエルン（バイエルン南部）のトラウンシュタインでは、学校教師の授業中の発言が、子供や両親を通じてNSDAPに通報されたり、イエスもユダヤ人だったと説教し、「ハイル・ヒトラー」（ヒトラーに幸あれ）という新しい挨拶の強制を嫌った司祭の家が爆破されたり、聖職者の名前を冠した地名板が落書きされたりと、匿名《とくめい》の人々による圧力が加えられていった。一家の父が反NSDAPだったため、世間体を考えて、母がNSDAP婦人会の料理教室に参加したという、ラッツィンガー家のような例もあった。大統領内閣を支持してNSDAPの抑制を考えていた国法学者C・シュミットは、ヒトラー政権成立後は一転してNSDAPに入党し、ベルリン大学法学部教授、プロイセン国家評議員になった。シュミットは、「長いナイフの夜」事件を論文「総統は法を守る」で学問的に肯定し、法学の議論にも反ユダヤ主義を導入した。加えて、重要な決定に際して行われた国民投票と、そこでの圧倒的な支持とが、NS政権に民主的正統性を付与することになった。

ドイツの対外攻勢

国内体制を整えたNS政権は、硬軟両様の対応を使い分け、ヴァイマール共和国が十分達成できなかったドイツの国際的復権という課題に取り組んでいった。

一九三三年、ドイツは七月にパーペンの仲介でローマの教皇庁と帝国政教条約を結び、NSDAPを批判していたカトリック教会を抑え、その長である教皇からの政権承認を獲得した。同年秋、ドイツは国民投票を経て国際連盟から脱退した。

一九三四年、ドイツは一月に従来親仏的だったポーランドの独裁者ユゼフ・ピウスツキと交渉して、独波不可侵条約を結んだ。同年七月、エステルライヒで非合法のNSDAPが蜂起し、連邦宰相エンゲルベルト・ドルフス（一八九二～一九三四年）を暗殺するなどした。

一九三五年、ドイツは一月にフランスが併合を狙っていた国際連盟管理地ザール地方（旧プロイセン・バイエルン・オルデンブルク領）を、住民投票に基づき合法的に恢復した。同年三月、ドイツはヴェルサイユ条約を無視して再軍備宣言を行い、欧州諸国で一般的だった徴兵制、参謀本部などをドイツでも復活させ、空軍などを新設した。同年六月、ドイツは英独海軍協定を結び、対英関係を重視するヒトラーの意向で、その海軍力を対英比率で自制したが、イギリスにヴェルサイユ講和条約を破棄してドイツが再軍備することを認めさせた。

一九三六年、ドイツは二月にガルミッシュ＝パルテンキルヒェンで冬季五輪、八月にベルリンで夏季五輪を開催し、聖火リレーなどの新しい演出でオリンピック競技会を盛り上げた。同年三月、ドイツはヴェルサイユ条約・ロカルノ条約を無視してラインラント進駐を行い、無防備だった自国領西部に国防軍を配備した。同年九月から、ドイツはスペイン内戦に介入し、新設の空軍「コンドル軍団」がゲルニカ空襲などで実戦経験を積んだ。一一月、ドイツはNSDAPの外交専門家（のちドイツ外相）ヨアヒム・フォン・リッベントロップ（一八九三～一九四六年）と大島浩《おおしまひろし》駐独武官（陸軍少将、のち駐独大使・陸軍中将）との交渉を契機として、日本と日独防共協定を結んだ。それまでドイツは中華民国との関係を深め、軍事顧問団を派遣してい

図45　大島浩陸軍中将

たが、対ソ牽制の目的で日本に鞍替《くらが》えし、満洲《まんしゅう》国の承認にも踏み切った。なお一九三八年一一月には日独文化協定が結ばれ、日独民族精神の共通性が謳歌《おうか》されるようになる。ミュンヒェン大学国法学教授ケルロイターの東京帝国大学法学部への招聘《しょうへい》など、日本でのドイツ学問受容が奨励され、ヒトラー・ユーゲントが来日し、ドイツ人が日本人の武士道精神に学ぶというような交流が企画されたのだった。

一九三八年からドイツの対外膨張が始まった。同年三月、ドイツはエステルライヒ連邦国を併合し、国号を「大ドイツ帝国」とした。同年九月、ヒトラーはミュンヒェン会談で、イタリア首領ムッソリーニ、イギリス首相ネヴィル・チェンバレン、フランス首相エドゥアール・ダラディエに、チェコスロヴァキアのズデーテン地方（ドイツ語圏）のドイツへの割譲、一部地域のポーランドやハンガリーへの割譲を、民族自決の国際原則に基づいて承認させた（チェコスロヴァキア代表は招かれなかった）。

一九三九年三月、ドイツは残りの部分のチェコスロヴァキアを解体し、帝国保護領ベーメン＝メーレンおよびドイツ保護下のスロヴァキア国（のちスロヴァキア共和国）とした。このとき大ドイツ帝国は、ドイツ国民国家の閾《しきい》を乗り越えて、徐々に多民族支配に踏み出しつつあった。ここでC・シュミットは、同年四月のキール講演で、「国際法上の広域圏」という概念を打ち出し、アメリカ中心の自由民主主義的「普遍」主義、ソヴィエト連邦中心のボリシェヴィズム的「普遍」主義に対抗する、ドイツの非「普遍」主義的な「広域圏」の構想、いわばドイツ（欧州）版モンロー・ドクトリンを提唱した。

一九三九年三月、ドイツはチェコスロヴァキア解体で共働したポーランドにポーランド回廊の返還を要求し、同時にリトアニアに旧独領メーメルラントの返還を要求した。この要求をリトアニアは受け入れたが、イギリスの後ろ盾を得たポーランドがそれを拒否すると、ドイツは同年八月二三日に宿敵だったソヴィエト連邦と独ソ不可侵条約を結び、ポーランドを挟み撃ちにする姿勢を示した。

図46　ミュンヒェン会談

第二次世界大戦の勃発

一九三九年九月一日、ドイツはポーランド兵が国境地帯を攻撃したので応戦すると宣言し、ポーランドおよびダンツィヒ自由市に侵攻した。二週間あまりのち、ソヴィエト軍も不可侵条約に付帯する秘密議定書に基づいて、東部ポーランドに秩序維持のためとして出兵し、独ソ両軍はポーランドおよびバルト三国の二分割を完了した。

ドイツは英仏がドイツのポーランド解体にも介入しないことを期待していた。ドイツは、王兄ウィンザー公（異例の結婚のため退位した前国王エドワード八世）や元首相デイヴィッド・ロイド＝ジョージ伯爵（自由党元党首）など、イギリスの親独派と通じていた。さすがにポーランドまで見殺しにはできなかった英仏は、ドイツに宣戦布告し、ここに第二次世界大戦が始まる。だが英仏は、国内の厭戦《えんせん》気分から、開戦してもなおドイツとの交戦をためらっていた。

ポーランドを占領したドイツは、イギリスの屈服を最終目標に進撃を続けた。一九四〇年、ドイツはノルウェイ、デンマーク、オランダ、ベルギーに侵攻し、イギリス軍を大陸から駆逐し、パリを占領してフランスを屈服させた。北部・西部フランスはドイツ軍占領地区となり、残りの部分のフランスはペタン親独政権（ヴィシー政権）に統治された。ドイツはロンドンなどに無差別爆撃を加え、イギリスを屈服させようとした。一九一四年とは違い、一九三九年の開戦を興奮なく迎えていたドイツ国民だったが、こうした未曾有の戦果に熱狂し、ヒトラーの国内での名声は最高潮に達した。

ドイツは攻撃の範囲をさらに拡大していく。一九四〇年九月、ドイツは日独伊三国軍事同盟を結んだ。一九四一年、参戦したものの苦戦していたイタリアを支援して、ドイツはバルカンや北アフリカに侵攻した。同年六月二二日、ドイツは独ソ不可侵条約を破棄して、ソヴィエト領内に侵攻した。ヒトラーは、ドイツがソヴィエトを打倒し、日本がアメリカを太平洋に釘付《くぎづ》けにして、初めてイギリスが屈服すると見ていた。独裁者イオシフ・B・スターリンは対独戦への準備を怠っており、ドイツ軍は怒濤《どとう》のようにモスクワ、レニングラード、スターリングラードに迫った。独ソ戦は初めから「下等人間《ウンターメンシュ》」の「絶滅戦争」として企画され、国防軍が進軍した後で、SS行動部隊がユダヤ人、ジプシー（ジンティ・ロマ）、ソヴィエト軍政治委員の殺《さつ》戮《りく》に動いた。

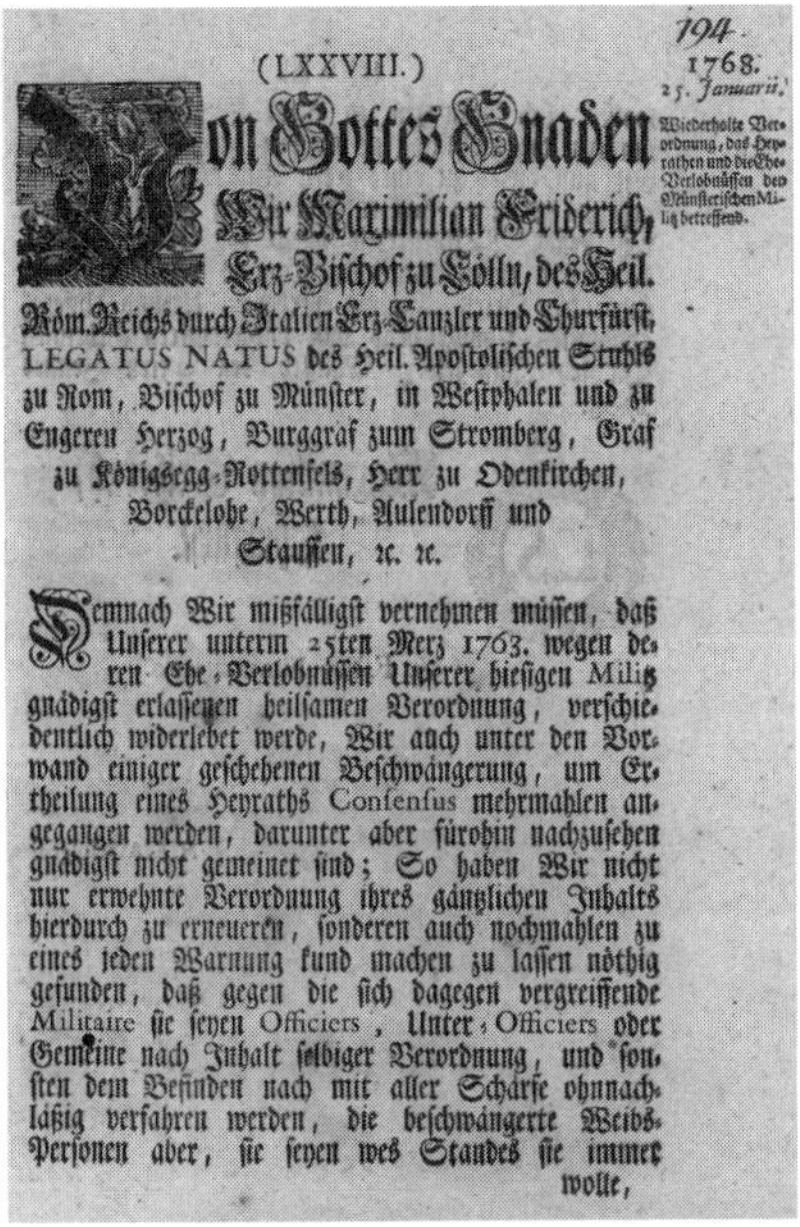
194.
(LXXVIII.)
1768.
25. Januarii.

Von Gottes Gnaden

Wir Maximilian Friderich, Erz-Bischof zu Cölln, des Heil. Röm. Reichs durch Italien Erz-Canzler und Churfürst, LEGATUS NATUS des Heil. Apostolischen Stuhls zu Rom, Bischof zu Münster, in Westphalen und zu Engeren Herzog, Burggraf zum Stromberg, Graf zu Königsegg-Rottenfels, Herr zu Odenkirchen, Borckelohe, Werth, Aulendorff und Stauffen, ꝛc. ꝛc.

Wiederholte Verordnung, das Heyrathen und die Ehe-Verlobnüssen des Münsterischen Militz betreffend.

Demnach Wir mißfälligst vernehmen müssen, daß Unserer unterm 25ten Merz 1763. wegen deren Ehe-Verlobnüssen Unserer hiesigen Militz gnädigst erlassenen heilsamen Verordnung, verschiedentlich widerlebet werde, Wir auch unter den Vorwand einiger geschehenen Beschwängerung, um Ertheilung eines Heyraths Consensus mehrmahlen angegangen werden, darunter aber fürohin nachzusehen gnädigst nicht gemeinet sind; So haben Wir nicht nur erwehnte Verordnung ihres gänzlichen Inhalts hierdurch zu erneueren, sonderen auch nochmahlen zu eines jeden Warnung kund machen zu lassen nöthig gefunden, daß gegen die sich dagegen vergreiffende Militaire sie seyen Officiers, Unter-Officiers oder Gemeine nach Inhalt selbiger Verordnung, und sonsten dem Befinden nach mit aller Schärfe ohnnachläßig verfahren werden, die beschwängerte Weibs-Personen aber, sie seyen wes Standes sie immer wolle,

図47　18世紀のドイツ文字文書（ラテン語・仏語の単語のみラテン文字で表記）

覇者ヒトラーの欧州イメージ

相次ぐ領土拡大で、ヒトラーはドイツ指導の欧州について構想するようになった。一九四〇年から、NS政権は「ドイツ文字」（Fraktur：ゴシック文字）廃止を断行した。ヒトラーはドイツ語が欧州共通語になることを見越して、西欧で一般的なラテン文字（Antiqua）で、ドイツ語も表記するよう書体改革を断行したのである。またヒトラーは、ソヴィエト領でもキリル文字をラテン文字へと変換させる文字改革構想を抱いていた。そして戦後ドイツは、このラテン文字表記をNS政権から継承している。なお中央アジア諸国は、二〇世紀末のソヴィエト連邦からの独立後、脱ロシア・入西欧の意志表示として、キリル文字表記をラテン文字表記に変えている。

ヒトラーのイギリスへの傾倒は著しかった。ヒトラーはイギリスのインド統治を見事だと褒め、ドイツ帝国がロシア帝国と対決する際、海軍や海外植民地を拋棄《ほうき》して、イギリスと和解していれば、第一次世界大戦は起きなかっただろうと嘆いた。ヒトラーは、ドイツの大学教授がイギリス人を商売人扱いしたことを批判し、ドイツ人を野蛮人だと思い込ませる英米人の戦時宣伝も見事だとした。ヒトラーにとって第二次世界大戦は、ドイツが大国であることをイギリスに承認させる戦争だったが、イギリスが和平に応じないのに苦慮した。ヒトラーは、ロイド＝ジョージがドイツ人の心情を理解し、独英相互理解にも道を開いたのに、チャーチルがドイツの擡頭を認めないのを時代遅れだとし、アンソニー・イーデンらとともに、ユダヤ人の一味だと罵倒《ばとう》していた。

ヒトラーはフランスには対決姿勢を採った。ヒトラーは、フランスはどんな政体でもドイツを侵略すると考えており、これを危険視していた。またヒトラーは、ベルギーのワロン地方や北フランス地方を、地名にドイツ語の響きが残る、ドイツに返還されるべき地域だと考えていた。ヒトラーは、フランスがエルザスでドイツ文化を根絶やしにし、フランス文化を押しつけたと批判し、エルザス、ロートリンゲンの再ドイツ化のために、「フランス化した連中」二五万人の追放が必要だと考えていた。ただヒトラーは、モスクワやサンクトペテルブルクを破壊しても冷静でいられるが、パリを破壊するとなれば心が痛むとも述べており、文化国家としてのフランスに一定の配慮をしていたともいえる。

ヒトラーのロシア観は、英仏観とは本質的に異なるものだった。ヒトラーはロシアを、「アジア、人を不安にするほどの人間の集まり」だとし、それをウラル山脈の向こうに追いやるまで欧州の安全は保障されない、ローマ軍がカタラウヌムの戦いでフン族に負けていたら西欧文化の発展はなかったように、この戦争でソヴィエトが勝利したら自分たちの文化が破壊されると述べている。ヒトラーはスターリン支配下のソヴィエト連邦も、汎スラヴ主義の延長線上で捉え、共産主義もそのカムフラージュにすぎないとした。ヒトラーは、ロシア人はアーリア人とは違って高度な「文化」を好まず、無政府主義的で、必要最低限のことしかせず、正教会聖職者抜きには何もできない連中だと酷評している。ヒトラーはロシアにドイツ人を入植させ、ロシア人をインディアンのように下に見るように命じた。こういう異民族観は、ヒトラー「固有」でもドイツ「固有」でもなく、米英仏人がドイツ人に、西洋人が非西洋世界に、西洋文化を受容した非西洋人がそれが進んでいない非西洋人に、幾度となく懐いてきた文化勾配《こうばい》論と、本質的には変わらないのである。

ユダヤ人大量虐殺

「ホロコースト」（燔祭《はんさい》）、「ショア」（大惨事）などと呼ばれるユダヤ人の大量虐殺は、さまざまな背景から生まれた。今日では不道徳の極みのように思われている反ユダヤ主義だが、それは主張者の主観においては、道徳感情と結びついていることも多かった。

パレスティナから西洋内外に拡散し、諸宗教に寛容だった古代ローマ帝国においても、ユダヤ人は多神教の住民との共存が難しく、ローマ軍によるイェルサレム神殿の破壊という帰結を生んだ。ユダヤ教から分岐したキリスト教が普遍宗教化すると、キリスト教世界では、ユダヤ教祭司たちが教祖イエスを死に追いやったことを批判する宗教的反ユダヤ主義が発達した。ユダヤ人が高利貸などで暴利をむさぼり非ユダヤ人を抑圧していると批判する経済的反ユダヤ主義は、ウィリアム・シェイクスピア『ベニスの商人』にも表現されているが、産業革命後の格差拡大で、資本家批判あるいは平等主義とも結びついた。

ロシア帝国のポグロム（反ユダヤ人暴動）で多くの「東方ユダヤ人」が西方に流入すると、生活感覚の違いから移民排斥運動としての文明的反ユダヤ主義が起きた。文明的階層意識はユダヤ人同士にもあり、西欧系ユダヤ人（セファルディィム）はドイツ系ユダヤ人（アシュケナジム）を蔑み、ドイツ系ユダヤ人は東方ユダヤ人を蔑むという構図があった。

二〇世紀に世界各国で共産党の擡頭・蜂起が起きると、その指導者にユダヤ人が多いという印象から、反共的反ユダヤ主義が始まった。そこでは共産党への嫌悪が、いつの間にかユダヤ人への嫌悪に転化していた。

英語圏で人種理論が発達すると、ユダヤ人とはユダヤ教徒ではなく非アーリア系の一人種であり、宗教や文化とは関係なく生まれながらに有害だとする、人種的反ユダヤ主義が擡頭することになる。

二〇世紀の反ユダヤ主義はこれらの混合形態である。『我が闘争』には、経済的、文明的、人種的、反共的反ユダヤ主義が含まれていた。第二次世界大戦後の世界では、ユダヤ人が覇権国アメリカ合衆国で圧力団体となり、ドイツ内外で自己主張を繰り返し、ユダヤ人国家イスラエルがイスラム系住民を迫害することが、自民族中心主義的だと批判されるに至っている。

反ユダヤ主義は西洋諸国で広くみられた現象で、また西洋諸国で民族差別にあったのはユダヤ人だけではない。フランスのドレフュス事件（一八九四年）は、宿敵ドイツへの怨念《おんねん》がユダヤ人将校への攻撃という形態をとった事件だった。東方ユダヤ人への文明的・人種的違和感は、東欧系・アジア系移民を忌避するドイツ人やアメリカ人の反応とも同類である。ドイツではユダヤ人のみならずイギリス人も、利己主義的だといわれることがあった。反ユダヤ主義的か否か判断は困難で、例えばカトリック教会は人種的反ユダヤ主義に反対し、改宗した元ユダヤ教徒を迫害から守ろうとしたが、イエスを迫害し殺害した人々としてのユダヤ人への違和感は容易に捨てられなかった。

NS政権は反ユダヤ主義で一貫していたが、政策の形態には変遷があった。当初は不利益取り扱いにより退去を促すのが主で、シオニストとの移送協定によりパレスティナ移住を後押ししたこともあり、フランス降伏後にはその植民地のマダガスカル島へ追放する構想もあった。ユダヤ人への嫌がらせは政権当初からドイツ各地で行われ、一九三五年九月のニュルンベルク法（「ドイツの血およびドイツの名誉の保護に関する法律」「帝国公民法」等）では、ユダヤ人の定義がされた上で、それが「帝国公民」ではない単なる「国籍保有者」とされ、元前線兵士等の例外もなく選挙権を奪われたほか、ユダヤ人とドイツ人等との婚姻《こんいん》および性交渉が禁止された。一九三八年一一月には遂に「帝国水晶の夜」事件が起きる。パリでのユダヤ人少年によるドイツ人外交官暗殺を契機に、ドイツ全土でユダヤ人が襲撃され、砕けたガラスが炎に照らされたことからこう呼ばれる。やがてドイツが領土や占領地を拡大し、独ソ戦などで膨大な東方ユダヤ人に遭遇すると、食糧不足のため現地で労働不能者を「処理」するという発想が生まれる。

図48　「帝国水晶の夜」で破壊されたユダヤ人の商店（1938年11月）

　ホロコーストの先駆となったのは障害者安楽死政策だった。一九三九年から「T4作戦」（本部があったベルリン Tiergartenstraße 4 に因む）でこの政策を密かに実行していたNS政権は、その経験を踏まえて、一九四二年一月二〇日にベルリン郊外でヴァンゼー会議を開いた。ここでSS幹部ハイドリヒや各官庁代表者は、「欧州ユダヤ人問題の最終解決」を話し合い、労働可能なユダヤ人を使役し、不可能なユダヤ人を抹殺するという方針を決めた。ホロコースト犠牲者は五六〇万人から五八〇万人と推定されている。

NS政権の人種政策で迫害を受けたのはユダヤ人だけではない。対象はスラヴ系諸民族（ロシア人、ポーランド人、チェキア人および国内のヴェンデ人〔ソルブ人〕）、「ラインラント混血児」（アフリカ系ドイツ人）、ドイツ人種内部の異分子とされた「反社会分子」、アルコール中毒患者、遺伝病者・障害者、同性愛者、エホヴァの証人など多岐にわたった。

図49　復元されたダッハウ強制収容所のバラック［2012年8月29日著者撮影］

戦局の転換

一時は欧州を席捲《せっけん》したドイツだったが、やがて転機が訪れた。対英ソ戦が膠着《こうちゃく》するなか、一九四一年一二月七日に同盟国日本が米英と開戦し、ドイツはアメリカとも対峙することになった。スターリングラードのドイツ軍は一九四三年初めに降伏し、ソヴィエト軍の反撃が始まった。一九四二年から、対日独伊「連合国」（英語でUnited Nations）のドイツ空襲が本格的に始まった。一九四三年、ムッソリーニがイタリアで失脚し、ドイツに救出されたが、後継のバドリオ政権は三国軍事同盟を破棄して、ドイツに宣戦布告した。一九四四年六月六日、連合軍がノルマンディ上陸作戦を行い、フランスでの反攻を開始した。

ドイツ支配地域内でも抵抗運動が目立つようになる。プロテスタント教会では、一九三三年からマルティン・ニーメラー（一八九二～一九八四年）、ディートリヒ・ボンヘッファー（一九〇六～一九四五年）、オットー・ディベリウス（一八八〇～一九六七年）ら「告白教会」派が、「ドイツ的キリスト者」派と対峙していた。一九四一年夏、カトリック教会では、ミュンスター司教クレメンス・アウグスト・フォン・ガーレン伯爵（一八七八～一九四六年）が、NS政権の対ソ戦を称揚しつつも、その障害者安楽死政策を公然と批判した。政権は信徒の反撥を恐れてガーレンを拘束することができず、安楽死も中断された。一九四二年から翌年にかけて、ハンスおよびゾフィー・ショル兄妹（一九一八～一九四三年／一九二一～一九四三年）らミュンヒェン大学の「白バラ」派が、キリスト教知識人として体制を批判するビラを密かに配布したが、発覚して死刑になった。

総統ヒトラーへの襲撃も頻繁になり、とりわけ一九四四年七月二〇日の国防軍将校らのものは大規模だった。陸軍大佐クラウス・シェンク・フォン・シュタウフェンベルク伯爵（一九〇七～一九四四年）が、ヒトラーの参加する総統大本営の作戦会議で爆弾を破裂させ、国防軍の国内予備軍が「ヴァルキューレ作戦」を発動して全土でSS隊員を拘束し、元参謀総長ルートヴィヒ・ベック上級大将（一八八〇～一九四四年）を臨時国家元首たる「帝国代理」にするという作戦は、ヒトラーが軽傷で済んだために関係者の摘発に終わった。

これら抵抗者たちは、必ずしもNS政権の全てに否定的だったわけではなく、また少人数で国民的支持を欠いていた。ドイツ国民は第一次世界大戦のときのような飢餓を免れており、一九一八年のような革命は起きなかった。

連合国はドイツに大攻勢をかけた。一九四五年一月、ソヴィエト軍はドイツ国境に達した。同年三月、米英軍もライン川に達した。同年四月二〇日、ヒトラーの五六歳の誕生日に、ソヴィエト軍がベルリン攻撃を開始した。ヒトラーは首都脱出の勧めを拒否し、最後までそこに残ることを選んだ。彼はバイエルンからやってきた内縁の妻エファ・ブラウンと正式に婚姻登録をして、四月三〇日に夫妻でピストル自殺をした。総統ヒトラーは自決の前、ベルリンを脱出した海軍元帥カール・デーニッツ（一八九一～一九八〇年）を大統領に、ベルリンにいた宣伝大臣ヨーゼフ・ゲッベルス（一八九七～一九四五年）を宰相に指名していたが、ゲッベルスは五月一日に家族とともに自殺した。デーニッツ大統領のフレンスブルク政権は、米英仏とともにソヴィエトと対戦することを計画したが、結局は同年五月七日（対米英）および九日（対ソ：書類上は八日）、降伏文書に署名した。同盟国の日本は、九月二日まで戦闘状態にあったが、ドイツでは五月八日が第二次世界大戦終結の日として記憶された。

第三章 萎縮

ドイツ「固有」の自己否定

1945-1990

1　国家消滅と「修正による再出発」

ドイツ国家の消滅

敗戦にもいろいろな形態がある。第一次世界大戦のあと、ドイツ国家は人民委員評議会のもとで存続し、憲法制定国民議会も開かれ、新憲法や講和条約について議論した。第二次世界大戦のあと、大日本帝国は解体されず、進駐したアメリカ軍の命令を受けつつも、天皇、内閣、帝国議会、枢密院が存続した。帝国憲法改正を審議した第九〇帝国議会には、貴族院議員と並んで、男女・普通・平等・直接・秘密選挙で選ばれた衆議院議員が参加していた。

第二次世界大戦後のドイツが置かれた状況は苛酷《かこく》だった。デーニッツ政権の首脳たちは五月二三日に連合国によって拘束され、統治機構は解体された。新しいドイツ政府の形成も、憲法制定ドイツ国民議会の開催もなかった。米英ソ（のち仏が追加）の占領軍と対峙するドイツ政府はなくなり、残ったのは地域実務家だけだった。ドイツは多くの領土・勢力圏を奪われ、残った領土も四か国軍に占領された。敗者たるドイツ政府の意向、ドイツ人の民意は一切問われず、国際政治におけるドイツの主体性は否認されたのだった。

戦勝国の当初の目標は、大国ドイツを粉砕することだった。一九四五年七月一七日より米英ソ首脳はポツダムで会談し、ドイツの占領方針について話し合った。アメリカでは終戦前から、ドイツを解体し、工業基盤を奪って農業国にするという「モーゲンソー計画」が提起されていた。ソヴィエトは、デモンタージュと呼ばれる現物での賠償取り立てを行った。奪われた領土の行方はもちろん、分割占領された残りの部分のドイツが再び主権国家になるかどうかも未定だった。ポツダム協定はドイツを経済的統一体として扱うと決めていたが、実際には守られなかった。ドイツは、一九三九年のチェコスロヴァキアやポーランドのように消滅する可能性もあった。

ニュルンベルク裁判

戦勝国はニュルンベルク裁判でＮＳ政権を「法」の名の下に断罪した。「平和に対する罪」や「人道に対する罪」などの発想には、罪刑法定主義に反するという批判がある。戦争犯罪の審理でも、戦勝国の行為（日独一般市民を標的にする空襲・原爆投下、日独兵俘虜や日独系少数派の扱い、占領地での暴力行為など）を除外した裁判では「法の下の平等」に反するので、「勝者の裁き」だとの評価もある。

ただ「法」なるものは、実は一般に思われているほど厳密なものではない。何が「法」なのかはいつも曖昧《あいまい》で、制定法のみならず判例（判決の前例）、慣習法（成文化されていないが社会的通用性を認められている観念）、条理（広く物事の道理）なども含まれる。罪刑法定主義も絶対条件ではなく、ほかならぬNS政権こそ、一九三五年の刑法改訂で罪刑法定主義を廃止していた。結局はその時点での権力状況が「法」の内容を決めるのである。NS政権も多くの「法」に基づいて統治したのであり、日独伊が勝利した場合に、もっと公平な戦後処理がなされたかどうかも分からない。戦勝国や被害者集団が自分たちの被害、敗戦国の加害を強調するのは、彼らの自己主張であって道徳的振舞とはいえないが、それをいきなり暴力でではなく「法」を介して行うと、報復であっても正統化される。ドイツ人の前でドイツ国家の悪行を暴露することで、戦勝国はドイツ人の精神的抵抗力を削《そ》ぐことができた。

戦勝国はドイツを糾弾する点で一致していたが、その論法は内部で異なっていた。ソヴィエト連邦などマルクス主義勢力は、ドイツの国民社会主義をファシズムという、資本主義がもたらす一般現象の一事例だとし、NSDAPを資本家の走狗《そうく》と見た。このため党幹部や資本家の追放が目標とされることになる。それに対し自由主義＝資本主義圏から、ドイツは中世の東方植民以来の侵略国であり、ルター、フリードリヒ大王、ビスマルク、ヒトラーというドイツ「固有」の悪の系譜があるとする「ドイツ特有の道」批判が出た。順調な政治発展を遂げた西欧諸国とは異なり、ドイツは長年にわたって西欧的標準を逸脱した歴史をたどってきたのであり、その帰結がNS体制だったというのである。この見方によれば、責任があるのはドイツという国全体、ドイツ人全体であり、一般民衆にもその国民性を改めるための「非ナチ化」教育が必要だということになる。その代表的論者は、イギリスの外交官サー・ロバート・ヴァンシッタートだった。

ちなみにニュルンベルク裁判が行われた頃、戦勝国はその勢力圏確保に奔走していた。英仏は、数百年来の侵略で構築し、一部は日本に占領されていたアジア・アフリカの植民地を取り戻し、維持しようと奮闘していた。植民地支配にはやや距離を置くアメリカも、社会主義圏との競合に鑑《かんが》みてしばらく英仏の動きを許容し、インドシナでは支援すらした。アメリカ自身も、一八九三年に征服していたハワイ王国を軍事拠点化し、一九五九年に準州から州に格上げして併合を完了したほか、日本領（旧ドイツ領）南洋群島を連合国（UN）「信託統治領」として獲得し、核実験場などとして利用した。ソヴィエトは、NS政権と協力して奪還していた旧ロシア帝国領のポーランド東部やバルト三国を保持した上で、過去にロシア領であったことがない東プロイセン北部まで占領し、そこにロシア人を入植させて新たな「故郷」を創造した。

マイネッケ

外国占領下で非難を浴びるようになったドイツ人たちは、「修正による再出発」によって挽《ばん》回《かい》を目指した。これは戦勝国の圧倒的権力と高まる批判とを前に、彼らの許容する範囲でドイツの命脈を守ろうとする戦法である。そこでドイツのよき伝統として重宝されたのが、フランス支配にも順応したゲーテだった。「修正による再出発」を代表する作品が、フリードリヒ・マイネッケ（一八六二〜一九五四年）の『ドイツの悲劇』（一九四六年）である。彼はヴァイマール共和国の「理性の共和主義者」として自国の名誉恢復を目指したが、NS政権成立時にはすでに七〇歳を過ぎていて、教職を退いていた。二度目の敗戦後、八〇代になっていたマイネッケは、ドイツ史の総括を試みた。彼は、国民的運動や社会主義運動を一九世紀が生んだ大波だとし、また健全な運動としての「国民的運動」と不健全な運動としての「ナショナリズム」とを区別した。そして、国民的運動と社会主義運動、市民階級と労働者階級、精神的要素と現実的要素、民主主義と帝制など、対立する潮流を統合しようとした、彼の同志ナウマンの国民社会協会の運動が失敗したことを嘆き、それが成功していればヒトラーの運動は起こらなかっただろうと述べた。マイネッケは、ドイツのなかに、「理性人」の系譜と「技術人」の系譜とがあるとし、またプロイセン国家に文化に適する精神と反する精神とがあったとして、闇雲に権力を追求する後者——マキアヴェリズム、軍国主義——の潮流が、西欧のキリスト教精神を守る前者を圧倒してしまったことにドイツの破滅の根源を見た。彼は、「理性人」がドイツをキリスト教的西欧に

図50　フリードリヒ・マイネッケ
［ベルリン自由大学］

引き戻すことこそ祖国再生の道だと見て、新しいドイツの目標にゲーテを掲げた。

マイネッケは後述の「六八年世代」によって、「保守派」歴史学の代表選手として非難されるようになる。マイネッケは『ドイツの悲劇』の冒頭で、一九三九年の開戦前のヒトラーの業績については、戦後に何も残っていないので語らないと述べている。この表現からすると、雇用創出、再軍備、エステルライヒ併合、ズデーテン併合など、ヴァイマール共和国期の懸案をヒトラーが解決した点に関しては、マイネッケも同時代には感心していたのかもしれない。またマイネッケは、ヤーコプ・ブルクハルト（一八一八〜一八九七年）を引用しつつ、啓蒙主義やフランス革命の楽天的幻想について語り、ドイツのみならず西洋諸国一般で擡頭した大衆政治の危うさを指摘していた。マイネッケは確かに、あらゆる害悪がドイツ「固有」の西欧的標準からの逸脱から生じたと考える「ドイツ特有の道」批判者ではなかった。

とはいえ、自由主義者のマイネッケを「保守派」扱いすることには問題もある。マイネッケは、『ドイツの悲劇』ではドイツ史自体に含まれる問題性を沈鬱《ちんうつ》な論調で考察しており、ビスマルクやドイツ帝国の擁護論を退《しりぞ》けた。また貴族的色彩を帯びたドイツ帝国の全ドイツ主義運動とヒトラーのNSDAPとを峻別する議論を戒め、前者はやはり後者の前段階だったのだと述べている。マイネッケはヒトラーを宰相に任命したヒンデンブルクの弱さを責め、一九三二年にNSDAPは後退しつつあったはずだと主張した。マイネッケは、ドイツおよび欧州をボルシェヴィズムから守ろうとしたのはヒトラーの功績だとする見方を疑い、独ソ不可侵条約の例を挙げ、また無謀な独ソ戦がソヴィエト連邦の西方進出を招いたと指摘した。マイネッケは、ヒトラーは戦略的理由から親英的発言をしたものの、本当は西洋的＝西欧的民主主義をボルシェヴィズムよりも嫌っていたのだと述べている。

マイネッケ『ドイツの悲劇』は、ドイツの「過去の克服」の初めの一歩だった。晩年のマイネッケは、なおもドイツの良い面を信じようとしているとはいえ、ドイツ帝国期の『世界市民主義と国民国家』（一九〇八年）、ヴァイマール共和国期の『近代史における国家理性の理念』（一九二四年）に比べると、国民的運動を支持する姿勢を、この『ドイツの悲劇』でははっきり弱めていたのである。

マン

「修正による再出発」論者のもう一人の代表例がトーマス・マンである。亡命先で「アメリカ人」を自称して行った講演「ドイツとドイツ人」（一九四五年）には、彼の西欧世界への順応が見て取れる。彼は、海のかなたの悪しきドイツ人と自分とを別扱いするのも問題だといい、自己批判を厭わない真摯《しんし》なドイツ人として振る舞った。彼は、ドイツ人の本質には世界を求めるところと、世界に対して内気になるところとがあるとした。後者の例とされたのがルターで、マンは彼の反ローマ的姿勢を反欧州的姿勢と拡大解釈し、彼の粗野な言動を批判し、彼を食人鬼に譬《たと》えた。またマンは、ルターをはじめドイツ人が示した音楽での才能を、その内向性の産物だとして、かえって問題視している。さらにマンは、ドイツは一度も革命を経験していない国だとして、革命の国フランスを持ち上げた。マンはマイネッケと同様、ゲーテこそ世界に開かれたドイツ精神の体現者であり、ドイツ国粋主義、ロマン主義の批判者だったと評価した。一九四九年、マンはオクスフォード大学で名誉博士号を授与された際にも、生誕二百年のゲーテを絶讃しつつ、イギリスの知性にも敬意を払う講演「ゲーテと民主主義」を行っている。

マイネッケ『ドイツの悲劇』と同様、マンの「ドイツとドイツ人」も過渡的だった。マンは一方でゲーテのような、世界に開かれたドイツ精神の一面を称揚し、ドイツ教養市民を代弁した。ただマンは他方で、良きドイツと悪しきドイツとが簡単には分けられないとも言い、「ドイツ特有の道」批判に同調した。アメリカにいたマンは、ドイツにいたマイネッケよりもドイツ批判に傾斜しているが、彼のゲーテ礼讃はマイネッケの理性人への期待と同類でもある。

ヤスパース

トーマス・マン以上に連合国に順応したのが、ハイデルベルク大学教授カール・ヤスパース（一八八三～一九六九年）である。哲学者・精神医学者ヤスパースは、ハイデルベルクのヴェーバー・クライスの若手参加者であった。NSDAP期には、大学を追われ国内亡命状態となっていた。

ヤスパースは、米軍がハイデルベルクを占領したおかげで、ユダヤ系だった妻の収容所移送を免れ、大学にも復帰できた。彼は、教師とはいつも権力が押し付けるものを説くだけで、それは真理ではないとする、聴衆の諦念《ていねん》を戒めた。彼は、ドイツ人は占領軍独裁を批判できないとしても、やはり占領によって自由を恢復したのであり、これから研究が発展するのだとした。

ヤスパースは、ドイツ人にドイツ史への批判的姿勢を求めた。彼は、プロイセンのドイツ統一でも、NSDAP政権の成立でも、浮かれたドイツ人がいたことに注意を促した。彼は、個人を対象とする「刑法的罪」（法律に基づき裁判所が判断する罪）以外にも、「道徳的罪」（どのような状況であれ自分の行為に負う罪）、「形而上学的罪《けいじじょう》」（犯行現場に居合わせ傍観した罪）、「政治的罪」（国家公民として為政者の行為に関して負う罪）といった多様な「罪」概念を打ち出し、ドイツ人全体の罪責をドイツ人全員が受け入れるべきことを説いた。またドイツ人が、自分たちの問題を人間一般の問題にすり替えることにも危惧を示した。

ただヤスパースにも、ドイツを擁護する面があった。彼は、ドイツ人という民族の存在を疑うことはなく、自己批判を通じたその名誉恢復を希求した。ヤスパースの罪責論には、外部勢力がドイツ人を一律に断罪するのに対抗するという面もあった。彼は誤った集団罪責論として、イエス処刑をユダヤ人全員の罪とした発想を挙げている。彼はまた、第二次世界大戦開戦に関するドイツの責任は明らかだが、第一次世界大戦開戦の責任までもがドイツだけにあったわけではないとし、また無防備だったそのドイツが、地理的状況から周辺大国の侵略を被り、軍国主義、奴隷根性の気風を生んだとの歴史認識を示していた。

リッター

「修正による再出発」には属するものの、ドイツ批判にはマイネッケより果敢に応戦したのが、フライブルク大学教授ゲルハルト・リッター（一八八八～一九六七年）である。ヘルマン・オンケン（一八六九～一九四六年）門下生である歴史家リッターは、保守主義・自由主義の系譜を引いていた。

リッターは、反NS抵抗グループと親しかったので、ドイツをひとまとめに批判するヴァンシッタートや亡命ドイツ人には反撥した。リッター『欧州とドイツ問題』（一九四八年）は、ルターやプロイセン精神が同時代に革新的だったことを挙げて、これらをヒトラーと一本道でつなげるドイツ批判を峻拒した。リッターはむしろフランス革命で唱道された人民主権論や革命独裁こそが、指導者民主主義を標榜したNS体制の起源だったとし、またイタリア・ファシズムやボルシェヴィズムとの「全体主義的」共通性を示唆した。さらにリッターも、第一次世界大戦の開戦責任をドイツだけに負わせたヴェルサイユ条約は不公平だったと考えていた。リッターは、『カール・フリードリヒ・ゲルデラーとドイツの抵抗運動』（一九五四年）で国内の反NS派を取り上げると

図51　ゲルハルト・リッター［フライブルク大学］

同時に、国内の軍国主義を批判的に考察する『国家芸術と戦争技術』(一九五四〜一九六八年)を晩年のライフワークとした。

旧NS派

「修正による再出発」にドイツ人がみな納得していたわけではない。NS政権に参画した人々には、占領体制やそれに順応する人々を冷ややかに見る者もいた。一九四八年六月一一日、シュトラスブルク帝国大学の教職を失っていた国法学者エルンスト・ルドルフ・フーバー(一九〇三〜一九九〇年)は、同じく失職中の恩師C・シュミットにこう書いている。「私は教職に就いている国法学者の状況が羨《うらや》ましいとは思いません。占領独裁のもとでは、実質的自由はあらゆる公式めいた見解の外のみにありますから」。ハイデルベルク大学学長を務めた近世史家ヴィリー・アンドレアス(一八八四〜一九六七年)も、米軍の圧力で職を追われたが、一九五〇年代半ばまでフランス革命やナポレオンを批判する文章を書き続けた。

2 二つの「普遍」大国に従属する東西ドイツ

米英仏による西独建国要求

冷戦体制は二大覇権国体制である。米ソは世界各地の国々を同盟国としてそれぞれ傘下に入れた。米ソの掲げる自由主義＝資本主義、社会主義という理念の「普遍」的権威のために、あるいは米ソが有する核兵器の脅威のために、双方の陣営内で国家主権は名目上のものとなった。この両陣営も、十年と経《た》たずほころびを見せ始め、核兵器も拡散していったが、同盟国が「固有」なるものを掲げることは、きわめて困難な状況が続いた。ただ二大覇権国の威嚇《いかく》によって世界各国の主体性が抑制され、「長い平和」(ジョン・L・ギャディス)が維持されていたともいえる。この状況は、豊臣《とよとみ》・徳川政権の武断政治が大名たちを封じ込め、戦国時代を終わらせたのと同じ構図である。

ドイツ連邦共和国(西独)もドイツ民主共和国(東独)も、この米ソ冷戦体制の産物である。この二重の建国は占領四か国の仲間割れの結果であって、ドイツ人の集団罪責への罰ではない(もっとも米ソ冷戦体制がドイツの始めた第二次世界大戦の産物だという面はあるが)。弱い当事者を抜きにして周辺大国が自己都合で領土分割を決めたという点で、ドイツ分断はミュンヒェン会談に手法が似ていた。

西独は自由の産物、東独は強制の産物というわけではない。英米仏軍から部分国家樹立を命じられた西部ドイツの政治家たちは、これがドイツの分断永続化につながることを恐れた。けれども抵抗が無駄《むだ》だと分かると、彼らは国家の基盤となる憲法制定で、少しでも自分たちの方針を盛り込もうとした。

「普遍」における「固有」の残滓

「ドイツ連邦共和国基本法」（一九四九年）は、あくまで臨時のものであることを示すために、「憲法」の名前を避けた。基本法を審議する機関も、「憲法制定国民議会」ではなく、「議会評議会」という風変わりな名前にした。臨時首都も、小さな田舎町ボンに置いた。基本法の基調をなしたのは、戦勝国の求める西欧的＝「普遍」的価値だったが、その表現形態はドイツの歴史的経験に根差していた。

この基本法は、ヴァイマール憲法の政教協力制度を受け継ぎ、米仏のような政教分離を導入しなかった。公立学校の正課としての宗教教育、家族の保護という規定は、キリスト教倫理への帰依を示すもので、反NSDAP、反ソヴィエトの態度表明でもあった。

この基本法ではドイツ連邦制が再建された。ドイツでは、連邦主義を重視するのは保守派であり、SPDもKPDもNSDAPも統一主義を志向してきた。どの方向であれ国家を刷新したいと思う勢力は、ドイツでは中央集権志向になる。だからこそ戦勝国は、ドイツに連邦制を義務付けようとした。統一はドイツを強くする恐れがあり、連邦制はドイツ国家の主体性を抑制する枷でもあるのだった。戦勝国は連邦主義者のドイツ人を積極的に登用し、ドイツの州創設や州憲法制定を担わせており、基本法案審議が始まった段階では、連邦制は既定路線となっていた。

なお分割占領のため、君主の領邦に起源を持つ旧来の分邦は再編され、比較的バランスの取れた新しい州の区分ができあがった。巨大分邦だったプロイセンは、ドイツ帝国の時期にはプロイセン王国だったが、ヴァイマール共和国の時期にはプロイセン自由国となっていて、SPDの地盤だった。のちパーペン政権下の一九三二年にドイツ政府直轄となって、プロイセンは有名無実化されていた。だが「プロイセン軍国主義」という先入観に囚われ、プロイセン国家の解体にこだわった連合国は、彼らの分割占領ですでに四分五裂していたこの分邦に、わざわざ「死亡宣告」を行った。このプロイセン分割により、一八六六年にプロイセン王国に併合され、以降分離独立を求める声のあった旧ハノーファー王国の領域が独立を恢復し、オルデンブルク、ブラウンシュヴァイクなどと一体化して、ニーダーザクセン州となった。都市国家は、リューベックは分邦の資格を奪われたのに、ブレーメンやハンブルクのように米英の使用港になった都市はそのまま小さな分邦として残るなど、運命が分かれた。バイエルンは、一八世紀の同君連合に由来するラインプファルツの領土を失ったものの、それ以外はヴィーン会議当時の領域をおおむね維持することができた。

基本法が定めた連邦統治機構も、ドイツの歴史的連続性を意識したものになっている。直接公選の連邦議会（Bundestag）と州代表の連邦評議会（Bundesrat）という組み合わせ（なおこれは上下二院制ではない）は、ドイツ帝国やヴァイマール共和国の機構の組み合わせを引き継いでいる。「連邦宰相」（Bundeskanzler）という職名も、神聖ローマ帝国の「帝国大宰相」、ドイツ帝国の「帝国宰相」の系譜を引くもので、すでに北ドイツ連邦で用いられていたほか、シュヴァイツ誓約同盟、エステルライヒ共和国でも用いられたことがあった。

図52　コンラート・アデナウアー

西独国家を牽引したのはドイツ帝国時代の政治家たちだった。一九四九年の段階で、壮年期の多くの人々はヒトラー政権に参画した経験を有するため、それより年長の世代が多く復帰した。キリスト教民主同盟（CDU）党首の初代連邦宰相コンラート・アデナウアー（一八七六～一九六七年）は、ドイツ帝国時代からケルン市長、プロイセン王国貴族院議員、中央党員だったが、NS政権下で引退を迫られた上で一時拘禁され、一九四九年にはすでに七三歳であった。初代自由民主党（FDP）党首の連邦大統領テオドル・ホイス（一八八四～一九六三年）はF・ナウマンの門弟で、同年には六五歳であった。

西独国旗国歌の「過去」

西独国家の新しくて古い性格は、その象徴物にも現れている。ここでは、国旗・国章・国歌に注目する。

基本法は連邦旗を黒赤金（横三色旗）と規定した。これはヴァイマール共和国の帝国旗を継承するものと考えられている。ただ、実はドイツ連邦もそれを掲げていたし、ヒトラーも『我が闘争』でそれを全ドイツ主義運動に用いたと記しているのだが、そうした「過去」は器用に忘却された。また国旗のなかに描かれることもある国章には「連邦鷲《わし》」が採用されたが、鷲は力の象徴として神聖ローマ帝国からNS政権まで好まれた意匠だった。

国歌については法規定がないが、大統領ホイスと宰相アデナウアーとの往復書簡（一九五二年四月二九日）で、「ドイツ人の歌」を採用し、第三節を式典で使用することが決められた。NS政権も用いたこの曲は、第一節でドイツ連邦の境界を歌っており、「世界のどんなものよりもドイツだ」の部分が「世界に冠たるドイツ」とも解釈できるため、今日では斉唱を控えられている。

西独の再軍備

ドイツ連邦共和国は国内の反撥にもかかわらず、アメリカの指示に従い冷戦対応の一環で、一九五五年に連邦軍を設置した。連邦軍は参謀本部を設けず、ドイツ革命までプロイセン軍の特徴だった一角鉄兜を復活せず、同じくプロイセン軍の特徴でNS政権まで行われていた直立歩行をも止め、ネクタイ＋背広型制服を採用し、のちにはベレー帽をも採用した。都市空間での大々的な閲兵式などをも控えた。一九五六年に男子徴兵制が敷かれたが、「良心的兵役拒否」の容認が拡大して、非軍事の「代替業務」に従事する者が増えた。とはいえ連邦軍は正式の軍隊で、元帥こそないが、大将、中佐などの階級が置かれ、歩兵、将校などの呼称もあって、日本の自衛隊のように「陸将」「二佐」「普通科」「幹部」などとは呼ばない。

新しい要素を含みつつも、連邦軍はドイツの歴史に根差している。連邦軍は旧国防軍関係者を中心に構想され、「連邦軍」（Bundeswehr）という呼称もヴァイマール共和国の「帝国軍」（Reichswehr：いわゆる国防軍）と連続性がある。連邦軍の陸軍制服の灰色もドイツ帝国期の Feldgrau に近く、襟章《えりしょう》の意匠も似ている。連邦軍はプロイセン軍の鉄十字章を徽章《きしょう》とし、フリードリヒ・ヴィルヘルム三世（一七七〇～一八四〇年）作曲の「プロイセン閲兵行進曲」、ベートホーフェン作曲の「ヨルク軍団行進曲」、ヨハン・G・ピーフケ（一八一五～一八八四年）作曲の「プロイセンの栄光」など君主制時代の行進曲を使用している。プロイセン軍の伝統を引く「大ツァプフェンシュトライヒ」（鉄兜の儀仗《ぎじょう》兵による松明《たいまつ》行列）をも、国家や軍の高官の交代時に行っている。連邦軍が発足した一九五五年一一月一二日は、プロイセンの軍制改革者ゲルハルト・フォン・シャルンホルスト（一七五五～一八一三年）の二百回目の誕生日であった。良心的兵役拒否者の代替業務も、公共への奉仕義務という面では、男性に限定した「帝国労働奉仕」の継承のようにも見える。

「闘う民主制」を称する民主主義の削減

西独の何もかもが伝統志向だったわけではない。ドイツ連邦共和国は外交軍事の主体性を失い、国家権力の主体性を体現する強大な国家元首（君主であれ大統領であれ）を失い、ドイツ人居住地とされてきた多くの土地をも失った。自由民主主義が唯一絶対の価値だと公定され、その是非を自由に議論するのは政治的に難しくなった。後述する「六八年世代」は、自分たちがドイツ社会を刷新したと自負し、西独創建期を因循《いんじゅん》姑息《こそく》の時代だとしたが、ブラント時代を用意したのは、実はアデナウアー時代なのである。

基本法で新たに導入されたのが「闘う民主制」（wehrhafte Demokratie：自己防衛能力のある民主制）という発想だった。これは国家が国民に、西欧的＝「普遍」的価値たる自由民主主義からの逸脱を許容しないという原則である。国家が価値観対立に中立を守るのではなく、「政治教育」を通じて特定の「正しい」価値の受容を国民に義務化するという発想は、思想内容の違いこそあれ、ヴァイマール共和国の共和国防衛法やNS政権の同質化との連続性を感じさせる。この原則に基づき、社会主義帝国党（一九五二年）およびKPD（一九五六年）が結社禁止になった。また「教授の自由」には基本法の枠内でという制約が明示的に付された。

「闘う民主制」という表現とは裏腹に、基本法の民主主義はヴァイマール憲法のそれよりも減退した。議会評議会の人々は、NSDAPが各種選挙で擡頭し、相次ぐ国民投票で政権基盤を固めたことをよく記憶していた。大統領は直接公選でなくなり、連邦議会や州議会の議員からなる臨時の「連邦集会」（Bundesversammlung）で選出されることとなった。国民投票や国民発案も廃止された。連邦議会は小選挙区の要素を加味した比例代表選挙を採用したが、少数派の民意を切り捨てる五％条項が設けられた。これは、得票率五％以上あるいは小選挙区で三議席以上取れない政党は、比例代表の配分に与《あずか》れないという制度である。宰相不信任決議には後任宰相候補の提案を必要とする「建設的不信任」が採用され、現職連邦宰相の立場が強化された。西独国制は、民主主義を絶対視しながら民主主義への不信に満ちた民主制という矛盾したものであり、エリート主義の産物だった。実際、民主主義の抑制は民主制の安定化に寄与したのである。

ソヴィエトのドイツ占領

「西欧への道」を歩む西独の人々は、NSDAP期から否定的ロシア人観を継承していた。ソヴィエト軍兵士のドイツ人住民への乱暴・狼藉《ろうぜき》・強姦《ごうかん》を非難し、キリスト教的欧州の復興を謳うことは、米英仏と西独とで一致しうる点だった。ドイツ連邦共和国で二一世紀に入っても語られる反ロシア感情は、明らかにヒトラー以前のそれを引き継いでいる。東プロイセンから逃れ、ハンブルクの左派言論誌『ディ・ツァイト』(Die Zeit)編集者になったマリオン・デーンホフ伯爵令嬢（一九〇九～二〇〇二年）は、東部住民の悲惨な末路を伝えた。共通敵ソヴィエトがいたからこそ、アメリカはドイツ封じ込めから「マーシャル計画」での復興支援へと方針転換し、西独・仏は一致して欧州統合へと向かえたのである。

だが当時のロシアは「ソヴィエト連邦」を名乗る社会主義国であった。社会主義は「平等」

理念を追求する政治思想で、西欧的＝「普遍」的価値の一類型だった。社会主義はドイツ人カール・マルクス（一八一八～一八八三年）が『共産党宣言』や『資本論』を著して勢いを増し、世界に政党モデルを提供したのはドイツのSPDだった。戦乱や貧困に喘ぐ二〇世紀半ばの世界には、多くのソヴィエト支持者がいた。「ソヴィエト」とは評議会を意味するロシア語の普通名詞で、「ソヴィエト連邦」とは「固有」名詞を含まない国名である。かつてロシアは、ビザンツ的＝「普遍」的文化の継承者を自負したが、（ドイツやポーランドを含む広義の）西欧からは「アジア的野蛮」の体現者と蔑まれた。これに対し二〇世紀のロシアは、「平等」を掲げるソヴィエト連邦になることで、「自由」を掲げるアメリカ合衆国と並ぶ「普遍」大国になったのである。政治的・経済的自由は保障するが、それによる格差拡大は許容し、資本家、貴族、教会、旧NSDAPなどにも目こぼしする資本主義圏の自由民主主義は、当時は「ブルジョワ民主主義」にすぎないと批判されることも多かった。中国ではアメリカの支援する国民党政権が、ソヴィエトの支援する共産党政権に圧倒され、ドイツだけでなくインドシナ半島や朝鮮半島でも、米ソの傀儡政権が対峙した。

ソヴィエト占領地区では、米英仏占領地区とは別な意味で進歩的な政策が行われた。同地区では農地改革が行われ、大土地所有制が解体された。ソヴィエト軍は一九四六年にはSPDおよびKPDの「ドイツ社会主義統一党」（SED）への合流を促し、占領地区行政を担わせていた。同地区では、より徹底して旧NSDAP関係者が公職追放された。同地区および東独では、歴史的建造物が戦災後にしばしば復元されずに破壊された。地名や大学名も、旧NSDAP関係者はもちろん、貴族や軍人に因むものも廃止され（ベルリンのヴィルヘルム通、フリードリヒ・ヴィルヘルム大学など）、進歩派の英雄（マルクス、スターリン、フンボルト）の名前が新たに付された。

意図せざる東独建国

「ドイツ民主共和国」（東独）はソヴィエト連邦にとって望まぬ子だった。世界的な社会主義勢力の拡大に怯え、自国占領地区での勢力維持に固執する米英仏が一九四九年に西独国家建設を強行すると、同年ソヴィエトも自国占領地区を一国家にせざるを得なくなった。しかしヴァイマール憲法から多くを引き継いだ一九四九年東独憲法は、原理的には全ドイツに効力があるとされ、ソヴィエトは東独を「人民民主主義」と呼ぶことを避けた。東独はSEDの一党独裁国家ではなく、人民議会内に「反ファシズム」を共通項としてSEDの指導性を認める「ブロック政党」（キリスト教民主同盟、ドイツ自由民主党、ドイツ国民民主党、ドイツ民主農民党）の存続を許していた。SEDは農業集団化など社会主義国家建設に邁進したが、東独建国か統一中立ドイツかで揺れるソヴィエト外交に翻弄された。スターリンはなおもドイツを統一・中立化して、米ソ両陣営の緩衝地帯にしようとしたが、西独アデナウアー政権に拒否された。

西独国内では、クルト・シューマッハーの率いるSPDが、アデナウアー（CDU）の西欧統合路線を戦勝国への屈服だと罵り、東西ドイツ統一を志向する愛国路線を打ち出していた。アデナウアーは、西欧統合路線による西独国家の主権恢復を、東西ドイツ統一よりも優先して追求し、シューマッハーとは別の意味で愛国路線を追求していた。東独を国家承認している（ソヴィエト連邦以外の）国とは国交を結ばないというアデナウアー政権の「ハルシュタイン原則」は、西独のドイツ単独代表、西独主導のドイツ統一への覚悟を示すものだった。

一九五三年六月一七日、東独でノルマ強化に憤慨した労働者がストライキやデモ行進を起こし、戒厳令の布告、ソヴィエト軍の出動という事態を招いた。この事件は「労働者と農民の国」を称する東独にとって屈辱だったが、これを契機に同国では「シュタージ」（東独秘密警察）の監視網が整備され、KPD出身でモスクワ亡命から帰国したSED第一書記ヴァルター・ウルブリヒト（一八九三〜一九七三年）を指導者とする社会主義体制が確立した。なお東独の失敗は、西独では「シャーデンフロイデ」（ライバルの失敗に「ざまあみろ」とほくそ笑む心情）を呼び起こした。西独は、わざわざ東独への当てつけに、六月一七日を「ドイツ統一の日」という西独の祝日にしたのだった（一九九〇年の再統一により一〇月三日に移動）。

図53　ヴァルター・ウルブリヒト

図54　ピオニール代表団のソヴィエト軍顕彰碑への献花（1954年）

ロシア文化・社会主義文化の流入

東独は「平等」を掲げるソヴィエト連邦中心の「普遍」的秩序である社会主義＝計画経済圏に従属し、「自由」を掲げるアメリカ合衆国中心の「普遍」的秩序である自由主義＝市場経済圏に従属する西独と対峙した。西独では英語教育が重視されたが、東独ではロシア語教育が重視された。東独エリートはロシア語が堪能《たんのう》で、ロシア留学も行われた。東独で育ち再統一ドイツの連邦宰相になったメルケルなども、ロシア大統領ヴラディーミル・B・プーチンとの会話ではロシア語を使用できるといわれている。ちなみにKGB（ソヴィエト秘密警察）職員として東独にいたプーチンも、ドイツ語が堪能である。東独では、スターリン様式の高層建築やソヴィエト軍顕彰碑が都市景観を彩り、ロシア（ウクライナ）のスープ「ソリャンカ」が国民食となった。ソヴィエトの少年団「ピオネール」を範として、東独にも「ピオニール」が創立され、行進、合唱、野営などが行われた。

社会主義文化は国家の象徴物にも反映された。国歌は、東独では新たに「廃墟《はいきょ》から立ち上がって」が作られた。その作曲を担当したエステルライヒ出身のユダヤ人ハンス・アイスラー

（一八九八～一九六二年）は、ベルトルト・ブレヒト（一八九八～一九五六年）作詞の「子供の国歌」の作曲者でもある。「レーニンの精神から生まれスターリンにまとめられた」「党、党、それは常に正しい」と歌う「党の歌」も有名である。「諸民族よ、最後の戦いの合図を聞け、インターナショナルは人権を勝ち取る」と歌う「インターナショナル」は世界の左派勢力に愛されたが、東独でも好まれた。

実はロシア文化が東部ドイツに流入したのはこれが初めてではなかった。ロシア遠征の失敗に乗じて反ナポレオンの旗を挙げたプロイセンでは、反革命の一念でロシアと連帯する保守派の思想的潮流が生まれた。ベルリン東部のアレクサンダー広場はロシア皇帝アレクサンドル一世に因むものであり、コブレンツの陸軍要塞には「コンスタンチン大公砦《とりで》」のようにロシア皇族の名称が冠された。ポツダム郊外のアレクサンドロフカは、正教会を中心にロシア兵を入植させた集落である。逆にドイツの自由主義・社会主義勢力は、ロシア帝国を「欧州の憲兵」と呼び、反動勢力として呪《のろ》っていた。また一般に欧州では、西から東へと文化水準が低くなっていくという文化勾配論が吹聴されていた。東独におけるロシア文化の導入は、社会主義の権威およびソヴィエト軍の武力をもって、ドイツにも長年染みついてきた文化勾配論を改めさせようとする試みでもあった。

東独の再軍備

一九五六年には東独にも「国民的人民軍」(Nationale Volksarmee) が創立されたが、ここでも「修正による再出発」が見られた。国民的人民軍は、「鉄十字章」などを引き継がなかったが、鉄兜や制服に旧国防軍との連続性が見られ、プロイセンの直立歩行に類似した行進が維持された。国民的人民軍は建国記念日にスターリン大通(のちカール・マルクス大通)で大行進をしたほか、ウンター・デン・リンデン新衛兵所の衛兵交代式は東ベルリンの名物となった。行進曲では西独でも好まれたベートホーフェン「ヨルク軍団行進曲」なども用いられた。ヨルクはナポレオンから離反してロシア軍と休戦したプロイセン軍人であり、この曲はプロイセンの伝統を継ぐものでありながら、新しい独ソ友好の表現ともなり得た。軍制改革者シャルンホルストも国民的人民軍の始祖として仰がれた。大ツァプフェンシュトライヒには東独的要素が付け加えられ、「閲兵行進曲」はソヴィエト風に新しく作られた。

「ベルリンの壁」建設

東独にとって西独は手ごわい競争相手であり続けた。西独は一九五〇年代に「経済の奇跡」を遂げ、アメリカ流の大量消費社会に移行した。東独は国民の支持を取り付けるために、西独に対する経済的優位という大胆な目標を掲げたが、主にベルリンを介しての西独への人口流出が止まらなかった。

そこで東独政府は、一九六一年八月に「ベルリンの壁」と呼ばれる国境障壁を設け、自国建設に邁進できる環境を整えた。後述のように東独は、西独をファシスト国家とみなすイデオロギー攻勢をかけていたので、壁の建設を自衛の手段として理念的にも正当化した。一九六八年、東独が社会主義国家であることを明記した新憲法が制定された。一九六九年、プロテスタント領邦教会の集合体である「ドイツ福音教会」（ＥＫＤ）も、東独側が分離した。一九七六年には、カトリック教会の「ドイツ司教会議」でも同様の分離が起きた。こうして東西分断は固定化した。

東独の歴史認識

再統一後のドイツでは、東独の歴史認識が断罪されることが多い。東独では、ＫＰＤ党員らが国家を担い、自分たちをＮＳＤＡＰと対決する反ファシズム勢力だと認識していたので、ドイツ人全体の集団罪責を問わなかったのだという。実際、モスクワ亡命から帰国したウルブリヒトらにとって、自分たちＫＰＤがＮＳＤＡＰと同じ「ドイツ人」の枠でくくられるのは許し難いことだった。

ただこれは西独社会主義者にも見られた意見である。ノルウェイで抵抗運動を行い、西独ＳＰＤに参加した「ヴィリー・ブラント」ことヘルベルト・フラーム（一九一三～一九九二年）も、ドイツ人全員にＮＳＤＡＰの罪を着せ、ケルスキー族長アルミニウスまで遡《さかのぼ》ってドイツ人の

「国民性」を批判する「ヴァンシッタート主義」を、「ヒトラーの人種論に似ている」と拒絶し、ドイツの領土がバラバラになることを恐れ、当初はエステルライヒの帰属をも住民投票で決めるのが筋だとしていた。終戦前後には、東独のウルブリヒトも西独のブラントも、新しい民主的なドイツはNS政権の罪を継承しないと考えていたのである。

東独の歴史研究も体制の影響を受けたが、「修正による再出発」はここでも発揮された。東独での「修正による再出発」は、ドイツ史のよい側面として独露友好の歴史を積極的に発掘するという流儀を編み出した。創設者のプロイセン王に因む「ベルリン・フリードリヒ・ヴィルヘルム大学」から知識人の兄弟に因む「ベルリン・フンボルト大学」へと改称したベルリン大学では、かつて保守派歴史家としてロシア帝国を論じ、ソヴィエト連邦との友好にも努めていた東欧史教授オットー・ヘッチュ（一八七六〜一九四六年）が教職に復帰し、ロシア史を扱う「東欧史講座」に重きが置かれるようになった。ヘッチュはドイツ帝国時代から、ドイツ国内のロシア批判を抑制する議論を展開してきた人物である。ロシアと多くのドイツ諸国とがナポレオンを打倒した諸民族会戦百四十周年を記念して、一九五三年にはライプツィヒで祝典が挙行された。

ロシアではなくソヴィエトとドイツとの折衷《せっちゅう》もあった。国旗は、西独と同じくヴァイマール共和国の黒赤金横三色旗が引き継がれたが、槌《つち》・コンパス・麦という社会主義的国章が付された。

東独では、ロシアやソヴィエトに直接関係なくとも、ドイツ史の人物や事件が進歩的と思われるものから徐々に復権していった。ゲーテ、ミュンツァーと農民戦争は、東独で早くから称揚された。一九八〇年にはベルリン大学前のフリードリヒ大王騎馬像が復元され、一九八三年にはルター生誕五百年が祝われ、一九八五年には歴史家エルンスト・エンゲルベルク（一九〇九〜二〇一〇年）の『ビスマルク』の刊行が始まった。

東独の歴史学界は、「保守的」「帝国主義的」とされるドイツ史の一面を果敢に攻撃した。東独では西独に先駆けて、抑圧的なポーランド政策におけるドイツ側の加害を扱い、ソヴィエト連邦やポーランドによる一九四五年のドイツ東部領占拠を学問的に正当化していった。東独学界は、西独学界にNSDAP関係者が多く残っており、「帝国主義的」歴史学に固執していると非難した。

「ベルリンの壁」構築でドイツ再統一が困難だという見方が強まると、東独でもそれを歴史的に正統化する研究が登場した。東独アカデミーの中世史家エックハルト・ミュラー＝メルテンス（一九二三〜二〇一五年）は、「ベルリンの壁」構築で統一が遠のいた一九七〇年、著書『ドイツ王国』を発表し、ドイツ国民意識がカロリング朝後期に形成されたと見る西独のマールブルク大学教授（元NSDAP党員：一九四五年までライプツィヒ大学教授）、ヴァルター・シュレジンガー（一九〇八〜一九八四年）らと対峙した。ミュラー＝メルテンスは、「ドイツ」という呼称がイタリア側の認識に由来し、ドイツ人自身のドイツ国民意識の形成が遅かったことを指摘して、ドイツ国民意識の断念を求める国内外の時流に同調したのだった。

3　ドイツ的過去の封印

ドイツ語圏の運命

ヒトラーの大ドイツ帝国は、エステルライヒ、ポーランド、チェキア、フランス、ベルギー、デンマークの一部に及んでいた。さらにリヒテンシュタイン、ルクセンブルク、エルザス、ロートリンゲン、シュヴァイツ、南ティロル、ジーベンビュルゲン、バルト諸国などもドイツ語圏であり、これらを広義の「ドイツ」の一部と見ることも、一九四五年まではあり得た。敗北したドイツが世界から糾弾の嵐に晒されるなかで、こういった地域はどのような運命をたどったのであろうか。

エステルライヒ

エステルライヒはかつてドイツの中心であった。新井《あらい》白石《はくせき》は『西洋紀聞《せいようきぶん》』で、「ゼルマアニヤ」あるいは「ドイチ」の国都は「ビエンナ」（ヴィーン）だと記している。エステルライヒ国家宰相メッテルニヒは、ライン川とモーゼル川とが合流するコブレンツで生まれたが、父とともにヴィーンに向かったのは、帝国官吏としてローマ皇帝に仕えるためだった。音楽家ヴォルフガング・A・モーツァルト（一七五六〜一七九一年）は、現在エステルライヒ共和国に属するザルツブルクの出身だが、当時のザルツブルク大司教領はバイエルン帝国管区にあり、生まれからいうとモーツァルトは、ドイツ人、バイエルン人、ザルツブルク人ではあっても、エステルライヒ人ではなかった。そのモーツァルトも、活動の場を求めてヴィーンに向かい、エステルライヒ人になった。一八六六年にエステルライヒがドイツの枠組みから排除され、ベルリン中心・プロイセン中心のドイツ帝国ができたことは、あたかも皇室や豊臣家もろとも関西地方が日本の枠組みから排除され、江戸中心・徳川家中心の小日本国家が誕生するかのような、国のイメージを変える大転換であった。

それでもいったん生じた事実には規範力が生まれ、エステルライヒは脱ドイツ化＝多民族国家化していった。皇帝フランツ・ヨーゼフ一世は、ドイツ連邦議長の役割を失った後半生には、領内各民族を尊重しつつ、国家統合を維持しようとした。一八六七年にハンガリー王冠領に自治を認めるアウスグライヒ体制を構築した皇帝は、ブダ（ドイツ語ではオーフェン）のマーチャーシュ教会でハンガリー王としての戴冠式を行ったが、プラークでベーメン王としての戴冠式をやることも考えた。ハンガリー王冠領以外のハプスブルク諸領邦に通用する国家基本法第一九条一項には、「国家の全ての民族（Volksstämme）は平等であり、どの民族も、その国民性及び言語を維持し涵養《かんよう》する不可侵の権利を有する」と明記された。

民族平等原則はこのような逸話を生んだ。あるとき皇帝フランツ・ヨーゼフ一世は、ベーメン王国のピルゼンでビール醸造所ピルスナー・ウルクヴェルを視察して、用意された文書に署名する際、うっかり「フランツ」と書き始めたが、途中で気付いて「フランツィシェク」とチェキア語で書き直した。ヴィーンで反ユダヤ主義を掲げるキリスト教社会党の人気者K・ルエーガーが市長に当選すると、皇帝は彼の任命を何度も拒んだ。

だが多文化共生は活力の源泉でも混乱の原因でもある。一八六六年までのエステルライヒ帝国は、ドイツ人君主が統治し、ドイツ人が政治的にも経済的にも文化的にもほかの多くの民族に対して優位に立つドイツ国家だった。だが一九世紀後半、君主による国家統合には限界が見えてきた。非ドイツ諸民族は発達していくにつれ、ドイツ人に対する劣位を甘受できなくなっていった。帝国の行政的基盤となっていたのはドイツ語だが、それを帝国全域で徹底することは不可能になっていた。ドイツ語は帝国軍の指揮語・服務語として残ったが、それにもハンガリーなどから不満の声が漏れた。

帝国内諸民族は絶えず自立性を強めようとし、帝国政治は混乱した。ハンガリー王冠領以外の諸領邦の代表が集まるヴィーンの帝国議会では、各民族議員が通訳もなく自国語で演説し、楽器まで用いて議事を妨害した。リンツからヴィーンに出てきて、帝国議会の傍聴をもしていた青年ヒトラーは、多民族共存は混乱のもとだという発想を得て、ドイツ人勢力を糾合する全ドイツ主義運動に傾斜していった。

とはいえ誰がドイツ人なのかは曖昧で、本人の認識次第というのが実情だった。歴史家ハインリヒ・リッター・フォン・スルビク（一八七八〜一九五一年）は、チェキア人に対抗意識を燃やす熱烈なドイツ・ナショナリストで、ハプスブルク勤皇派だったが、父方からチェキア系の家名「スルビク」を受け継いでおり、それが発音できないと周囲から苦言を呈されていた。またチェコスロヴァキア建国の父トマーシュ・マサリク（一八五〇〜一九三七年）は、父とはスロヴァキア語で、母とはドイツ語で会話して育ち、ドイツ語もチェキア語も不十分と批判されながら、徐々にチェキア人という自覚を形成していったのである。

一九一八年のハプスブルク帝国崩壊は、全ドイツ主義者に思わぬ好機を与えたかに見えた。ドイツ帝国でもハプスブルク帝国でも君主制が崩壊したために、王朝の体面を気にせずに、民族ごとに国家を形成しやすい環境が生まれたのである。おおむね今日のエステルライヒの領域に、ベーメン・メーレンや南ティロルなどを加えた「ドイツ系エステルライヒ」は、憲法制定議会を開いて小ドイツ（のちのヴァイマール共和国）への合流を志願し、小ドイツ側も歓迎した。だが戦勝国は、敗北したドイツ人への民族自決原則の適用を拒み、サンジェルマン条約で「ドイツ系エステルライヒ」という名称も小ドイツへの合流をも禁止し、またベーメン・メーレン・南ティロルとの一体性をも否定した。ただしドイツ語系住民の多い西ハンガリーは、新たにブルゲンラント州としてエステルライヒに編入された（もっともプレスブルクは、ドイツ語系住民が多かったにもかかわらず、ブルゲンラントに入れられずにチェコスロヴァキアに併合され、ス

図55　エステルライヒ「祖国戦線」の集会（1936年）

ロヴァキアの中心都市ブラティスラヴァとされた）。

一九三八年の独墺合邦は、ドイツNS政権による主権国家エステルライヒの征服だった。キリスト教社会党の指導者で、イタリア・ファシズムに倣った「祖国戦線」による権威主義体制を構築していた連邦宰相エンゲルベルト・ドルフスは、蜂起したエステルライヒNSDAP党員に暗殺され、それを継いだクルト・シュシュニック（一八九七～一九七七年）もヒトラーに恫喝《どうかつ》された。ミュージカル映画『サウンド・オヴ・ミュージック』（一九六五年）などで描かれたトラップ家も、合邦を嫌ってアメリカに亡命したのである。

ただ独墺合邦そのものは、両国民の多くにとって一九一八年以来、いや一八六六年以来の悲願であった。合邦にはエステルライヒの社会民主党もカトリック教会も賛成で、NS政権のドイツとの合邦に反対するドルフス、シュシュニックも、エステルライヒをもう一つのドイツ国家だと認識していた。ヴィーンに進駐し宮城バルコニーで演説したヒトラーは、熱狂した群衆に迎えられ、独墺両国民の合邦に関する国民投票も、驚異的な支持率を誇った。トラップ家でも、執事はNSDAP党員であった。エステルライヒのドイツ指導の歴史を書いて独墺一体化を希求していたヴィーン大学教授スルビクも、合邦に喝采した。民族自決という自分たちが掲げた原則に沿った行為であるだけに、英仏も独墺合邦を阻止しきれなかった。ヒトラーは独墺一体化を示すべく、ナポレオン戦争以来ヴィーンに避難していた神聖ローマ帝国の帝国宝器を、その旧来の保管地の一つで、NSDAP党大会の地でもあるニュルンベルクに移すよう命じた。帝国宝器は、ヴィーン宮城宝物館の目玉展示物だったが、それは本来エステルライヒの財産ではなく、選挙君主制を採っていたドイツ王国、神聖ローマ帝国のものであったから、ヒトラー

図56　リンツ新大聖堂に残るドルフス慰霊碑（教会の支持表明ではないと付記あり）［2018年８月15日著者撮影］

図57　ヴィーン宮城で演説するヒトラー

の措置には歴史的正統性があった。

ドイツ総統となったヒトラーは自分の故郷を尊重しなかった。ドイツ政府はエステルライヒを「オストマルク」と改称し、のちに複数の帝国管区に分割して首都ベルリンから統治した。大ドイツ帝国は実現したが、かつて青年ヒトラーをその都市景観で魅了したヴィーンは、ドイツの一地方都市に成り下がった。これは後述のように、ドイツ帝国が威信をかけて近代化したシュトラスブルクが、フランス共和国に編入されて一地方都市ストラスブールに成り下がったことを想起させる。新領土を従来の国家領域と一体化させる戦略としては、エステルライヒの分割統治は目的合理的だったのかもしれない。なおヒトラーが少年期を過ごしたリンツには、郊外のハルトハイム城に障害者を安楽死させる施設が設けられ、マウトハウゼンには強制収容所が建設された。

敗戦でエステルライヒおよび首都ヴィーンが米英仏ソ四か国に占領され、独墺合邦の無効が宣言されると、エステルライヒは東西ドイツとは別の道を歩み始めた。エステルライヒは占領軍に臨時政府形成を許され、主権を恢復した一九五五年の国家条約では永世中立を宣言した。

二大政党であるエステルライヒ社会民主党およびエステルライヒ国民党は、ドイツ国民とは違う「オーストリア国民」意識を育成しようとした。一九四六年には、モーツァルト作曲とされる新国歌も制定された。エステルライヒの歴史学界でも、スルビクが世を去ると、まるで初めからドイツ史とは別個の「オーストリア史」があったかのように説く人々が擡頭した。一九八〇年代にはチェコスロヴァキアやハンガリーなど社会主義諸国で、ソヴィエト離れの一環として、ハプスブルク領時代を懐かしむ風潮が生まれた。ドイツ人支配の表現として忌避されていた「中欧」理念が復権していき、「ハプスブルク帝国」を多文化共生の理想郷だったかのように描く歴史学派も現れた。一九九〇年に東西ドイツが再統一をしたとき、エステルライヒの合流をも求める運動はもう盛り上がらなかった。このときエステルライヒにも注意を向けたのは、キール大学歴史学教授カール・D・エルトマン（一九一〇～一九九〇年）など僅《わず》かだった。

エステルライヒ共和国は国際化を志向し、英語文化に接近しつつある。インターネット時代になると、エステルライヒは略称（トップ・レヴェル・ドメイン）を、ドイツ語名エステルライヒ（Österreich）ではなく、英語名オーストリア（Austria）に由来するatとした（ドイツの略称は英語のジャーマニー〔Germany〕ではなく、ドイツ語のドイチュラント〔Deutschland〕に由来するde）。ヴィーンは国際原子力委員会（IAEA）など国際機関を誘致し、国際都市として自己を演出している。

それでもエステルライヒにおけるドイツ史は、隠蔽しきれるものではない。憲法が定めるエステルライヒの国家語は「ドイツ語」であり、「オーストリア語」ではない。中世・近世ドイツの象徴物である帝国宝器は、いま再びヴィーン宮城宝物館で保管されている。ヴィーン中心街にあるドイツ騎士団本部や巨大なゲーテ像は、エステルライヒがドイツの一部でもあったことをいまに伝えている。ザルツブルク大司教は、いまも「ドイツ首座」（ラテン語でGermaniae

Primas）を名乗っている。同国第三党のエステルライヒ自由党は大ドイツ主義の系譜を引き、最近は反ＥＵ、反移民・難民を掲げ、保守系のエステルライヒ国民党と連合して政権を獲得することもある。ブラウナウにあったヒトラーの生家や、レオンディングにあった彼の両親の墓には、参拝客が絶えないので、これを快しとしない人々は、それらを解体・撤去してドイツ的過去を封印しようとした。

リヒテンシュタイン

リヒテンシュタイン侯国（「侯国」は Fürstentum の和訳で、Herzogtum〔公国〕とは区別される）は、ハプスブルク家の重臣リヒテンシュタイン侯爵家が、ファドゥーツ伯領およびシェレンベルクを基盤として、常設帝国議会に議席を獲得したことで生まれた。家名の由来であるリヒテンシュタイン城はヴィーン郊外にあり、侯家の主な領地はメーレン・ベーメンにあり、侯家の活動拠点はヴィーンだが、侯国はシュヴァイツ・エステルライヒ間のアルプス山中にあるという変則的状況が、一七一九年に生じた。

リヒテンシュタイン侯国はナポレオンの意向で主権国家になった。侯国はライン同盟に編入されて神聖ローマ帝国から分離され、のちにはドイツ連邦に属した。侯国内ではエステルライヒの影響を脱しようとする意味もあって、一八四八年などには民衆の間でドイツ国民意識の昂揚が見られ、フランクフルト国民議会に代表を二人送った。リヒテンシュタイン侯は、自国にはほとんど姿を見せずヴィーンなどに居住し、ハプスブルク廷臣としてエステルライヒとの連帯を重視した。侯はエステルライヒの民刑事法を導入し、エステルライヒと関税同盟を結び、エステルライヒの度量衡や通貨を使用した。ドイツ連邦崩壊でエステルライヒがドイツ統一の枠組みから排除されたため、リヒテンシュタインも運命を共にした。一八六六年、侯国は侯の命令でドイツ戦争（普墺戦争）に不本意ながら分担兵力を出さざるを得なかったが、終戦後の一八六八年、リヒテンシュタイン議会は侯の反対を押して軍隊を廃止した。国防をしなくてもこの山国に危機は来なかったが、第一次世界大戦中の一九一六年には、イタリア統一戦争以来領土を失っていたローマ教皇に、リヒテンシュタイン侯国を献上して、教皇領を再建するという構想が、ドイツ帝国の中央党政治家マティアス・エルツベルガー（一八七五〜一九二一年）から提起されたこともあった。

ハプスブルク君主制が一九一八年に崩壊すると、家臣のリヒテンシュタイン家は単独で君主国維持を試みることになった。侯国はシュヴァイツへの依存を深めていき、シュヴァイツ・フランク（仏語ではスイス・フラン）を通貨に採用し、国防をもシュヴァイツに委《ゆだ》ねることになった。シュヴァイツ民主主義の影響を受けたキリスト教社会人民党が生まれ、これに対抗してエステルライヒ志向の保守派が進歩市民党を結成した。

ドイツのNS政権成立で、リヒテンシュタイン侯国は難しい舵取《かじと》りを迫られた。侯国は富裕層から高額の料金を徴収して国籍を付与する財政帰化制度を採っていたため、ユダヤ人などがこれを利用する傾向があり、また銀行業が発達していたため、租税回避地になっているとの非難の声がドイツなどから上がった。独墺合邦でドイツが隣国になると、国内でもリヒテンシュタイン・ドイツ民族運動が擡頭し、一揆によるドイツとの一体化が企画された。一九三八年に元首となったフランツ・ヨーゼフ二世（一九〇六〜一九八九年）は、ここで侯国内への移住を決断し、大権で選挙を封じて親独派の顕在化を防いだ。また政府は国家主権を誇示しつつ、ドイツとの友好に努め、親独派をも政権に取り込むなど柔軟な対応で独立を維持した。ドイツNS政権側もリヒテンシュタインを、国際的に承認された永世中立国シュヴァイツと一体で考え、急いで併合する必要はないと考えていた。

リヒテンシュタイン侯国は、戦後になると親独国家だったと非難された。チェコスロヴァキアは国内の侯家資産を、ドイツ人がチェキア人から掠奪したものだとみなして没収し、ソヴィエトは親独・反共派ロシア人を国内に庇護していた侯国に不信感を懐き、シュヴァイツやイギリスでは侯国の親独的過去への批判が高まった。このため侯国は、まるでもともとドイツとは別な国だったかのように、自分たちのドイツ的過去を否認し、リヒテンシュタインの歴史的独自性を主張するようになる。リヒテンシュタイン国歌（イギリス国歌と同じ旋律）には、「ドイツのライン川の上流で」「祖国ドイツにある故郷の地」という一節があったが、議会が一九六三年の決議で別の単語に置き換えた。

リヒテンシュタインとドイツとの関係はいまも緊張している。二〇世紀のドイツ国籍者は、政情不安を恐れてよくリヒテンシュタインの銀行口座に資産を移した。後述の西独ブラント政権誕生の際にも、社会主義圏への急接近を恐れてこの動きがあった。ドイツには以前からリヒテンシュタインを租税回避・資金洗浄天国とする批判があったが、ドイツ検察がリヒテンシュタイン侯家の保有・主宰する銀行から不法に複写された情報を購入して、ドイツ・ポスト会長クラウス・ツームヴィンケルの脱税を摘発した事件（二〇〇八年）では、両国間で一九三〇年代以来の激しい非難の応酬が展開された。

南ティロル

ティロルはクーフシュタインからブレンナー峠《とうげ》を越えてリヴァに至る地域で、首都はメラン（イタリア語ではメラーノ）、のちにはインスブルックであった。神聖ローマ帝国末期には、「世俗化」されたトリエント司教領、ブリクセン司教領がハプスブルク家のティロル伯領に統合され、一八〇四年に「領邦フォルアルルベルクおよびティロル侯格伯領」が成立した。この地域は、ナポレオン戦争でいったんバイエルンに割譲されたが、解放戦争で再びハプスブルク領となり、ドイツ連邦に属した（一八六一年以降は「ティロル侯格伯領」）。ティロルはブレンナー峠で南北に分かれるが、北ティロルおよびザルルン（イタリア語ではサロルノ）以北の南ティロルはドイツ人が多く、ザルルンからトリエント（イタリア語ではトレント）、アルコ、リヴァまでは「ロマンス系ティロル」（Welschtirol）と呼ばれ、イタリア人が多かった。

イタリアが統一されると、南ティロルを「未回収のイタリア」として併合を求めるイレデンタ運動が起こった。一八八二年に独墺伊三国同盟が結ばれると、この件は棚上げされたが、第一次世界大戦が始まると、イタリアは中欧列強から距離を置き、エステルライヒに加勢の条件として領土を要求した。エステルライヒはロマンス系ティロルを提供したが、イタリアは一九一五年四月二六日、英仏露と秘密裡《ひみつり》にロンドン条約を結び、戦勝の暁《あかつき》には南ティロル全域のみならず、トリエステを含むイストリア、ダルマティアなどをも獲得する約束をして、協商国側に立って同年五月二三日にエステルライヒに宣戦布告した。イタリア軍を相手に、高地に陣取る独墺軍は善戦したが、一九一九年のサンジェルマン講和条約で南ティロル全域がイタリアに割譲されることになり、住民の自決権も無視された。

イタリア王国、特にムッソリーニ政権は南ティロルのイタリア化政策を進め、宗教教育を除くドイツ語使用に厳しい制限を加えた。一九三八年の独墺合邦で、南ティロルではドイツによるドイツ系住民救援への期待が高まったが、ファシスト政権と連携していたNS政権は、一九三九年に彼らに大ドイツへの帰化かイタリア化の受忍かを求め、自党内にも不満を残した。一九四三年にイタリアが日独伊三国同盟から脱退すると、ドイツ軍が南ティロルを占領して住民から解放者として歓迎されたが、同地はドイツに併合されず、作戦区域アルペンフォルラントとしてムッソリーニのイタリア社会共和国に留まった。そこではドイツ語がイタリア語と並ぶ公用語となり、イタリア語に加えドイツ語・ラディン語（レト・ロマンス語の一種）の地名表記も復活したが、ユダヤ人・障害者移送も行われた。

終戦後もファシスト時代の行政官が多く残存したので、ドイツ系住民は南ティロル人民党を結成して、再建されたエステルライヒ共和国との一体化を目指し、ソヴィエトもそれを求めた。だがエステルライヒがソヴィエトの影響下に入ることを予想した米英は、エステルライヒに南ティロルを返還することを忌避した。米英はまた、南ティロルを喪失したイタリアの政局が流動化して、イタリア共産党が擡頭することを恐れた。一九四六年九月のパリ墺伊協定により、南ティロルはイタリア領内の「トレンティーノ＝アルト・アディジェ自治州／南ティロル自治州」とされ、イタリア語・ドイツ語・ラディン語が公用語とされた。

エステルライヒと一体化できなかったドイツ系住民の不満は、やがて火を噴いた。協定通りに自治が与えられないことに苛立った住民の一部が、一九六〇年代にテロリズムに訴えた。その結果、連合国（UN）での論議を踏まえて状況が改善され、一九九二年に紛争終結が宣言された。一九九五年のエステルライヒのEU加盟で、ドイツ語圏相互の自由通行が可能になった。南ティロル人民党は、自治州北部のボルツァーノ自治県（首都ボーツェン）で政権を担っている。

北ティロルを領有するエステルライヒでは、いまも南ティロルとの連帯意識が消えていない。二〇一二年に開業したヴィーン中央駅は、別名を「南ティロル広場駅」という。この地名は一九二七年に誕生した。二〇一七年に連邦宰相ゼバスティアン・クルツ（一九八六年〜）は、南ティロルのドイツ語・ラディン語系住民にエステルライヒ国籍付与を提案している。ただ一九四五年以降、南ティロル問題はイタリア・エステルライヒ間の案件になった。ドイツがドイツ系住民保護に本格的に乗り出すなら、国際世論を刺戟し、反撥が起きるかもしれない。

ルクセンブルク

ルクセンブルク（仏語ではリュクサンブール）大公国は、勢力均衡の産物である。ハプスブルク家領オランダに属した同地は、一七九四年にフランスに征服された。ヴィーン会議ではハプスブルク家がイタリアでの領土獲得のため同地を断念し、プロイセンが意欲を示したのをイギリスが抑えて、ルクセンブルク大公国が誕生した。同国はドイツ連邦に属し、ヘッセンやナッサウをプロイセンに譲ったオランダ王が、ルクセンブルク大公を兼ねた。住民の大半は「ルクセンブルク系ドイツ語」を話し、一部の村では仏語を話していた。行政と裁判では上流階級で好まれた仏語が、カトリック教会や報道機関ではドイツ語が用いられた。小学校では仏語および（標準）ドイツ語が学ばれ、両言語で法律が制定された。一八三〇年のオランダからのベルギー独立にはルクセンブルクでも参加する動きがあったが、列強の裁定で仏語地域のみベルギー王国に移管され、残りの地域はオランダとの同君連合に留まりつつ、独自の大公国政府を持つことになった。

ルクセンブルクは自立性を模索した。一八四八年の革命では、大公国政府はフランス、ベルギーの革命に距離を置き、国旗とともにドイツ連邦旗を掲げ、こう宣言した。「ドイツとの内なる一体性は、我々の権利、義務、幸福である」。「我々はその本性を否定できない。我々はドイツ人である」。だが大公国は、フランクフルト国民議会に三人の代表を送りつつ、国家主権を維持しようともした。ドイツ連邦崩壊後の一八六七年、ルクセンブルクは独仏緩衝地帯の永世中立国と決められ、ドイツ帝国には参加しなかった。ルクセンブルクは一八九〇年にオランダとの同君連合を解消し、一八六六年にプロイセンに敗れてヘッセン＝ナッサウ公位を失っていたナッサウ＝ヴァイルブルク家がルクセンブルク大公家となった。

二度の世界大戦を通じて、ルクセンブルクの人々は反独意識を強めていく。第一次世界大戦時、ドイツ軍が中立国ルクセンブルクに進駐し、大公国には敵対しないと宣言したが、帝国指導部は併合をも検討していた。当時はベルギー亡命政府もルクセンブルク併合を公式に標榜しており、フランス戦争評議会などはすでに一九一二年に大公国への予防的攻撃を認可していた。上層市民は親仏的で、大公国政府はドイツ軍進駐に抗議したが、ドイツの要求で英仏およびベルギーの大使を追放し、マリー・アーデルハイト大公（一八九四〜一九二四年：仏語ではマリー・アデライド）は、皇帝ヴィルヘルム二世を大本営に訪ねた。一九一八年末、ドイツ語圏で君主制崩壊が相次ぐなか、ルクセンブルク大公国でも共和制論者が擡頭し、大公は妹シャルロッテに譲位してバイエルンの女子修道院に入った。第二次世界大戦が始まると、シャルロッテ大公（一八九六〜一九八五年：仏語ではシャルロット）は、再び侵攻したドイツ軍に抵抗し、カナダに亡命した。ルクセンブルクではドイツ化政策が行われ、また同地でアメリカ軍とドイツ軍との激しい戦闘が行われ、戦争は負の過去として記憶された。シャルロッテ大公は終戦後、帰国して、一九六四年まで君臨した。

戦後のルクセンブルク大公国は脱ドイツ路線を採っている。仏語を上等視する以前からの傾向が強まり、大公国の行政では仏語が用いられ、家系上はドイツ系であるはずの大公たちも、「リュクサンブール大公アンリ」などと名乗っている。また一九八四年、大公国は「レッツェブエシ語」（レッツェブエシとは「ルクセンブルク」の現地語発音）を新たに独仏語と並ぶ第三の公用語に認定し、ドイツ語の一方言とされてきた民衆の話し言葉を、別個の一言語だと主張するようになり、書き言葉としての使用も強化された。（標準）ドイツ語は依然として公用語だが、カトリック教会でも使用が減り、軽視される傾向にある。

エルザス・ロートリンゲン・ブルグント

エルザス（仏語ではアルザス）、ロートリンゲン（仏語ではロレーヌ）、ブルグント（仏語ではブルゴーニュ）は、神聖ローマ帝国領だったが、膨脹するフランス王国に併合された。フランス支配下でもエルザスなどはドイツ語圏であり続け、ストラスブール（ドイツ語ではシュトラスブルク）の大学には、ゲーテやメッテルニヒも通ったが、フランス革命後はドイツ語圏としての性格が徐々に薄れていった。

一八七一年に成立したドイツ帝国は、当時なおドイツ語系住民が残るアルザス、ロレーヌを奪還し、帝国領エルザス＝ロートリンゲンとした。フランス帝国の周縁になっていたこの地方に、ドイツ帝国は大規模な投資をして近代化させ、首都シュトラスブルクにドイツ気鋭の若手学者を集めた「皇帝ヴィルヘルム大学」を創立した。しかし百年以上もフランス支配下だった同地には、ドイツへの帰属を快く思わない住民もおり、フランスへの脱出者も出た。元来中国の一部である香港が、阿片戦争から百五十年ほどイギリスに占領され、中国に返還されたときにはイギリスに傾倒する住民もいて、中華人民共和国の指示に従わないというのと、類似の現象だろう。ドイツによる近代化政策は、ソフト・パワーでもフランスに勝とうとする試みであった。だがエルザス＝ロートリンゲンをプロイセンなど周辺の大領邦に併合せず、帝国領としてひとまとめにし、近代的な独自領邦へと発展させようとしたことは、むしろ反ドイツ的意識を残す契機になったと見られている。帝国領エルザス＝ロートリンゲンは、一九一八年のドイツ敗戦でフランスに占領され、第二次世界大戦でまたドイツに占領されたが、その敗戦で再びフランスに占領されて今日に至っている。

図58　ストラスブール市内の仏語・エルザス語地名併記［2020年１月29日著者撮影］

　エルザスおよびロートリンゲンを奪還したフランスは、ヒトラーのオストマルク政策と同じ手法で統合し、ドイツ的過去を消そうとした。つまり、この地域をフランス革命時に倣い「オ・ラン県」「バ・ラン県」「モゼル県」「ヴォージュ県」などという行政区画に細分化して、当初はアルザス、ロレーヌという仏語表記での区画すら止めさせた。そして首都パリから中央集権的に統治し、現地のゲルマン語系文化を尊重しなかった。二〇世紀後半のフランス分権化改革のなかで、アルザスのゲルマン語系文化は復権したが、重視されたのは「ドイツ語」ではなく「エルザス語」であった。つまりルクセンブルクの「レッツェブエシ語」と同じく、ドイツ語の一方言とみなされてきた現地民衆の話し言葉を、(標準)ドイツ語と並ぶ別の言語だと主張することで、ドイツとの近接性を隠そうとしたのである。ストラスブール市内には、いまこの「エルザス語」の地名表記を見ることができるが、(標準)ドイツ語表記はなく、エルザスやロートリンゲンのドイツ的過去は、いまだ封印されたままの状態だといえる。

ちなみにフランスは、第二次世界大戦後、エルザスやロートリンゲン以外にも、ライン川左岸に領土を拡大しようとし、とりわけザール地方を望んだが、住民の反対で失敗した。

ベーメン・メーレン

神聖ローマ帝国に属し、ルクセンブルク家、ハプスブルク家によるドイツ人支配が続いたベーメン・メーレンは、ドイツの一地方になっていた。リヒテンシュタイン家は広大な所領を有し、メッテルニヒはメーレンのブリュン(チェキア語でブルノ)郊外に埋葬され、グレゴール・

メンデル（一八二二～一八八四年）はブリュンの修道院で遺伝研究を行っていた。エステルライヒがドイツ帝国と並立するようになっても、ベーメン・メーレンはドイツ語圏の文化交流のなかにあった。

だが一九世紀後半にチェキア人が自意識を強め、ハンガリー人のようにハプスブルク帝国内での自治を目指すようになる。このためドイツ語圏最古の大学だったプラーク・カール・フェルディナント大学は、ドイツ系プラーク・カール・フェルディナント大学とチェキア系プラハ・カレル大学とに分裂した。官庁の使用言語は当初ドイツ語のみだったが、一八八〇年のターフェ言語令では、官庁の窓口対応でのドイツ語・チェキア語の対等化が図られ、一八九七年のバデーニ言語令では、官庁内業務でも両言語対等化が図られ、ドイツ人・チェキア人対立をさらに激化させることになった。

第一次世界大戦の結果、チェコスロヴァキア共和国が建国されると、一転して多数派になったチェキア人は主導権を握り、ドイツ系少数派、スロヴァキア系少数派、ハンガリー系少数派は、抑圧されていると感じるようになった。ドイツ系住民が多い山間部のズデーテン地方では、ドイツ人の自立運動が起きた。この運動と連繫したドイツのNS政権は、一九三八年のミュンヒェン会談で、英仏伊三国にズデーテン地方のドイツへの併合を認めさせ、翌年チェコスロヴァキアを解体して、帝国保護領ベーメン・メーレン、スロヴァキア独立国とした。ベーメンのテレジエンシュタット（チェキア語でテレジーン）には、ユダヤ人ゲットーなどが設けられた。

ベーメン・メーレン保護領副総督（実質的には総督）だったハイドリヒがプラークで暗殺された際には、その実行犯を匿《かくま》ったとされる村が、NS政権に殲滅されるという事件も起きている。

第二次世界大戦が終わると、復活したチェコスロヴァキア共和国ではドイツ人やハンガリー人の追放を命じるエドヴァルト・ベネシュの大統領令が出された。リヒテンシュタイン侯家は、侯国が大戦で中立を維持したにもかかわらず、本拠地フェルツベルク宮殿を含むベーメン・メーレンの不動産を、「ドイツ人」の資産として没収され、社会主義体制を経てチェキア共和国になったいまでも奪還できていない。ドイツおよびエステルライヒはこのベネシュ布告を廃止するよう求めているが、チェキア共和国は応じていない。

プロイセン東部州

プロイセンは、ドイツ騎士団がポーランド王の要請でキリスト教化した地域である。この地にドイツ騎士団国が建設されると、ポーランドとの抗争が始まった。タンネンベルクの戦いで敗れたドイツ騎士団国はポーランド王の宗主権を認め、宗教改革でルター派に改宗してプロイセン公国となり、ブランデンブルク辺境伯領と同君連合（ブランデンブルク＝プロイセン）になっても、しばらくはポーランド王の宗主権が続いた。ドイツ騎士団に叛旗を翻したドイツ系都市や聖俗諸侯は、「暴力・不正に対する同盟」（プロイセン同盟）を結んでポーランドに与《くみ》し、「王領プロイセン」をなした。モンゴル来襲による荒廃からの復興のため、ポーランド西部に

図59　ヤン・マテイコ「プロイセンの臣従」（ドイツ騎士団総長アルブレヒトのポーランド王ジグムント１世への忠誠宣誓の光景，1882年）

はドイツ騎士団以外にも、ドイツ人が神聖ローマ帝国から多く招聘され、定住していた。

ブランデンブルク゠プロイセンは強大化してポーランドから自立し、逆にそれを分割した。一七〇一年に成立したプロイセン王国は、ロシア、エステルライヒと一七七二年、一七九三年、一七九五年にポーランド分割を行った。またプロイセンがそれ以前にエステルライヒから奪取していたシュレジエンにも、一部にポーランド人が住んでいた。ナポレオン戦争で三分割支配は中断し、フランスに従属するワルシャワ公国が設けられたが、ナポレオン敗退後は三分割支配が戻った。プロイセン領ではポーランド人とドイツ人とが混住し、プロイセン王国の東プロイセン州、西プロイセン州、ポーゼン州、シュレジエン州となった。ヴィーン会議の規定に基づき、当初はポーランド人の自治が模索されたが、一九世紀に民族対立が激化し、またプロイセン王国が北ドイツ連邦、ドイツ帝国に属すると、プロイセン政府はポーランド人の自立運動を抑え込む方針を明確化した。

ポーランド三分割支配は第一次世界大戦で終わり、今度はポーランド共和国がドイツ系少数派を抱えることになった。プロイセン東部州のうち、ポーゼン州の大部分、シュレジエン州の一部、西プロイセン州は、再建されたポーランド国家に属した。東プロイセン州はドイツ領に残ったが、一部をリトアニアに割譲し、ドイツ本土から「ポーランド回廊」で隔てられた。西プロイセン州の港町ダンツィヒは、自由都市国家となった。再建されたポーランド国家では、ポーランド支配を嫌うドイツ系住民が流出し、ポーランド政府は残留したドイツ人の自立運動を抑制しようとした。

ドイツはポーランドにドイツ系少数派の保護を要求し、民族紛争はやがてNS政権のポーランド侵攻の原因ともなった。ドイツに占領されたポーランドでは、ドイツ人入植のためにポーランド人が追われる事態が起きたが、ポーランド人がドイツ人と連携してユダヤ人を殺害するという事件も起きた。アウシュヴィッツ゠ビルケナウ収容所は、クラクフ郊外のオシフィエンチムに建設された。

第二次世界大戦でドイツが敗れると、ポーランドからドイツ系住民が追放された。ソヴィエト連邦が開戦前のポーランド東部を獲得したため、代償としてポーランドはドイツ東部を獲得することになった。ドイツ諸国の領土としての歴史が長い東プロイセンやシュレジエンも、ポーランドとソヴィエトとで分割された。ドイツ系住民の一部はまずソヴィエト軍来襲で逃亡したが、残った人々もやがて組織的に移送された。

ポーランドやロシアは、獲得した領土のドイツ的過去を消し去ろうとした。東プロイセンの首都ケーニヒスベルクはカリーニングラードとロシア風に改称され、ロシア人入植によるロシア化が図られた。ポーランド王領のドイツ系都市トルンの天文学者だったニコラウス・コペルニクス（一四七三～一五四三年）は、ドイツ語母語話者だったと推定されているが、カトリック司祭だったこともあって、トルンがポーランド領になると、ポーランド人の英雄として称揚された。

バルト諸国

ドイツ騎士団、次いでその分枝の帯剣騎士団（リーフラント騎士団）が占領したバルト海沿岸地域は、ドイツ系住民（バルト＝ドイツ人）が支配層をなす地域（リヴォニア）であった。リヴォニアには、宗教改革以後はプロテスタンティズムが普及した。やがてスウェーデン、ついでロシアがリヴォニアの支配者になっても、ドイツ系支配層は自治を認められ、ロシア皇帝に多数の軍人や官吏を提供した。乃木希典《のぎまれすけ》の率いる日本軍第三軍を旅順《りょじゅん》要塞で迎え撃った陸軍中将アナトリイ・M・ステッセリ（ドイツ語ではシュテッセル：一八四八～一九一五年）、内務大臣ヴャチェスラフ・K・フォン・プレーヴェ（一八四六～一九〇四年）、白軍司令官ピョートル・H・ヴラングリ（ドイツ語ではヴランゲル：一八七八～一九二八年）男爵などがその例である。

図60　リガの街並み［2016年９月25日著者撮影］

図61　レヴァルの塔「のっぽのヘルマン」［2016年９月26日著者撮影］

エストラント（英語ではエストニア）のドルパート大学はドイツ語圏の有力大学の一つであり、レットラント（英語ではラトヴィア）のリガもブレーメン出身の司教が築いたハンザ都市である。

ロシア帝国領バルト諸州とドイツ連邦、ドイツ帝国との間には、ドイツ語圏同士での頻繁な人的交流があった。R・ヴァーグナーはリガの劇場にいたことがあり、A・ハルナックはドルパート大学教授の息子としてエストラントで生まれている。ロシア帝国バルト諸州にいたドイツ人は、必ずしもバルト州出身ではなく、ドイツ本土から来ている場合もあった。

だがロシア帝国末期、ナショナリズムの激化によりロシア人とバルト＝ドイツ人との共生が困難になっていく。帝国末期のロシア化政策の進行で、ドイツ人自治は失われていった。一九一八年三月、ブレスト＝リトフスク条約でバルト諸州はロシアから分離され、親ドイツ的なエストニア、ラトヴィア、リトアニアが建設された。このバルト三国は、ドイツが敗戦してもドイツ義勇軍が防衛し、ソヴィエト＝ロシアからの独立を保った。

バルト＝ドイツ人の歴史を終わらせたのは独ソ不可侵条約（一九三九年）だった。ポーランド共同占領を前に結ばれたこの条約の秘密議定書で、ソヴィエト連邦によるバルト三国の併合およびバルト＝ドイツ人のドイツ勢力圏への移住が決められた。彼らの移住地確保のため、先住していた東方ユダヤ人の追放が必要になったことは、ホロコーストの一因ともなった。ソヴィエトはバルト三国を自国内の社会主義共和国とし、ロシア人入植を進めた。一九九〇年のソヴィエト連邦崩壊を前に、バルト三国は再び独立したが、ドイツ系住民の姿はもうなかった。いまバルト三国でドイツの痕跡《こんせき》といえば、リガやレヴァル（エストニア語ではタリン）の北ドイツ風の街並みと、プロテスタント教会に多数残るドイツ語の碑文くらいである。

日本

なお余談だが、日本のようなドイツの同盟国でも、敗戦後はドイツ的過去が不都合となった。

一九四五年五月、東京永田町のドイツ大使館ではヒトラー総統慰霊祭が挙行され、鍵十字の半旗を掲げて、ヴァーグナー「ジークフリート牧歌」が演奏された。在日ドイツ人社会（一九四〇年段階で二千六百人余り）には、反NS体制の外交官や民間人もいた。だがいずれにせよ、このような親独国家日本でも、米軍進駐によって状況が一変した。

一八八三年創立の「獨逸學協會學校」は、すでに一九一四年の日独開戦で困難に直面していたが、一九四五年の日独敗戦では存亡の危機に陥った。そこで同校は「学校法人独協学園」を名乗り、アメリカ独立宣言を連想させる「独立協和」なる新しい校訓を打ち出し、「独協」をその省略形だと主張せざるを得なかった。「独協学園」が「獨協学園」と表記を変更し、日独文化交流の懸け橋だった誇りを取り戻すのには、やや時間が必要であった。

戦後民主主義運動は、近代日本のドイツ的過去を嫌悪した。東京大学東洋政治思想史教授の丸山眞男《まるやままさお》は、M・ヴェーバーやC・シュミットなどドイツの学者から多くを学んだ政治学者だった。ところが敗戦後の丸山は、「ドイツ国家学」の影響を政治学から一掃せよと息巻き、アメリカを範とする「科学的」政治学を称揚した。この「ドイツ国家学」というステレオタイプは、丸山以上に政治学のアメリカ化を求める人々によって、いまでも日本学界で用いられている。

ドイツという穢れの忌避

ドイツと深い縁があった人々まで、一九四五年の敗戦後は反ドイツの世界的風潮に直面して、自分たちはドイツとは関係ないと挙《こぞ》って強弁した光景は、福音書のあの場面を連想させる。イエスは最後の晩餐のあと、明朝鶏《にわとり》が鳴くまでに弟子ペトロが三度イエスを知らないと言うだろうと予言した。ペトロは驚き、自分が師を否認することなどあり得ないと反論した。だがその直後にイエスが捕縛され、彼の弟子たちにも追及の手が及ぶと、ペトロは怖気《おじけ》づいて三度イエスを知らないと述べ、自分だけ逃れようとした。みながドイツを憎悪する世界では、自分たちはドイツとは関係ない、そんな国は前から嫌いだったと言わなければ、発展が見込めないばかりか、非難攻撃の標的になるかもしれない。こうしてドイツを穢《けが》れとするエンガチョの遊びが始まったのである。

4　「六八年世代」と「破壊による再出発」

ドイツ人の自己否定

このような閉塞状況のなかで、ドイツ人が自らドイツの過去を積極的に否定するという「破壊による再出発」が始まる。学生叛乱が最高潮となった一九六八年は、この発想を象徴する年となった。それは戦後体制が許容する範囲でドイツ「固有」を擁護した先行世代を、後続世代が背徳的・自己欺瞞《ぎまん》的な教養市民層だと指弾したからである。この「破壊による再出発」の唱道者を、本書では広く「六八年世代」と呼ぶ。

この「破壊による再出発」という発想には、四つの含意があったように思われる。

第一は、発想転換による苦痛緩和である。国民国家理念に依拠している限り、ドイツの敗戦後体制は耐え難い屈辱だった。欧州各地でドイツ系少数派が迫害を受け、ドイツは領土を削減され、残りのドイツの領域でも二重の建国を強要され、「主権恢復」後も米英仏ソ四か国軍が常駐している。「アウシュヴィッツ」を動かぬ証拠と突きつけられ、「ドイツ人＝ナチス＝犯罪者」という先入観にも反論を許されない。そうした状況でドイツ人は、もともとドイツ国民国家などないほうがよかったのであり、なくなったことを嘆く必要はない、ドイツは後れた劣等国なのだから、欧州覇権はもちろん、周辺国との対等化すら身のほど知らずだった、欧州統合による国家解消によりよい未来を見出すべきだ、と思うことにしたのである。

第二は、慣性的平和主義である。やっと平和になったのだから、いまさら歴史をたどって、何が公平かを問い直し、紛争を蒸し返す必要はない。差別的取り扱いを受けても、ともかく平和はドイツ人にとっても有益であり、自由民主主義も悪くはなく、経済復興で潤っている。失った人や土地のことを嘆いても、戻ってくるわけではないから生産的でない。若い世代には特に加害者としてのドイツの過去を教え、被害者としての過去を見せないことで、敗戦後秩序への疑問が生じないようにしよう。末席に控えて上席者の指示を待ち、頑張りすぎないで世渡りするのも楽でよい、というわけである。

第三は、避けがたいグローバル化＝アメリカ化への順応である。敗戦国のみならず世界のあらゆる地域は、二〇世紀後半に英語圏の同質化圧力に晒された。社会主義圏でもイスラム圏でも、男も女も、ジーンズにTシャツを着てロックンロールに夢中になるのが若者らしいとされた。アメリカのソフト・パワーは強烈で、欧州近代の産物であるオペラやバレエも存続はしているが、もはや若者が足を運ぶことは少ない。生活のあらゆる局面で現代アメリカのものが世界標準だとされ、各国文化人によって国内に輸入されるので、各地域で「固有」なるものは「普遍」化の障害物でしかないという時代になったのである。

第四は、道徳論の形態をした下剋上である。「過去の克服」は、西独左派や東独が西独右派に、生徒が教師に、子が親に、信徒が聖職者に振るう「道徳の棍棒《こんぼう》」（Moralkeule：後述のM・ヴァルザーの言葉）となった。この「道徳の棍棒」を用いるときは、差別、暴行、脅迫、破壊であっても義挙だとみなされる。それはいじめだと非難されることのない、安心安全ないじめである。いじめとは、相手の主体性を挫《くじ》くために反復される攻撃をいう。ドイツ人の自己批判のように見える「過去の克服」は、個人レベルで見ると実は他者批判だったのであり、権力闘争でもあったからこそ、舌鋒《ぜっぽう》が鋭くなったのである。「道徳の棍棒」を振りかざした下剋上というのは、人間社会にはよくあることで、前述の宗教改革や、幕末日本の尊王攘夷運動などもその例である。

図62　ユルゲン・ハーバーマス

「破壊」を求める人々

「破壊による再出発」にきっかけを与えたのはマルクス主義知識人だった。フランクフルト大学社会研究所では、アメリカ亡命から帰国したテオドル・アドルノ（一九〇三〜一九六九年）、マックス・ホルクハイマー（一八九五〜一九七三年）、ヘルベルト・マルクーゼ（一八九八〜一九七九年）らが、西独体制批判を通じて「過去の克服」を理論的に準備した。一九二三年創立の同研究所は、NSDAP期にはアメリカへ移転して対独戦争、特にPW（心理戦）に奉仕し、いかにNS体制を崩壊に導くかを提言していた。戦後に社会研究所はフランクフルト大学に戻り、「カフェ・マルクス」と呼ばれ、哲学者マルティン・ハイデッガー（一八八九〜一九七六年）の「過去」を告発して名を挙げたユルゲン・ハーバーマス（一九二九年〜）という若手論客を迎えた。この社会研究所の人々に、マールブルク大学政治学教授のヴォルフガング・アーベントロート（一九〇六〜一九八五年）、アドルノらの支援でフランクフルトにジークムント・フロイト研究所を設立した心理学者アレクサンダー・ミッチャーリヒ（一九〇八〜一九八二年）らが合流し、社会主義圏とも社会主義政党とも異なる「新左翼」の知的発信源をなしたのである。

　東独など社会主義圏も、西独をNS体制の後継国家だとし、その国際社会での声望を貶《おとし》めようとした。東独は、西独政権幹部の経歴を暴露した。連邦宰相アデナウアーがドイツ騎士団の名誉騎士に叙任された（かつてポーランドと争ったドイツ騎士団はいまカトリック系修道会・福祉団体として存続している）、アデナウアー政権の官房長官ハンス・グロプケ（一八九八〜一九七三年）がニュルンベルク法の起草者・解説者を務めた元NSDAP党員だった、連邦大統領ハインリヒ・リュプケ（一八九四〜一九七二年）が強制収容所の建築担当者だったなどという具合にである。東独はまた西独内急進左派を支援し、西独国内に工作員を送り込んだ。さらに東独は、戦争中に中立を保った教皇ピウス一二世が、実は大のドイツ贔屓だったという暴露を行い、西独内にもロルフ・ホッホフート（一九三一〜二〇二〇年）の『代理人』（一九六三年）のような同調を得た。

図63　裁判に臨むアイヒマン

イスラエルやアメリカも、ドイツの過去の糾弾者であり続けた。ユダヤ人移送の責任者アドルフ・アイヒマン（一九〇六〜一九六二年）の裁判（一九六一年）は、終戦から十五年も経ってから、イスラエル諜報《ちょうほう》機関モサドが欧州から遠く離れた亡命地アルゼンチンで潜伏生活を送っていた本人を拉致《らち》し、戦後建国したイスラエルの法律で死刑にするという異例のもので、自国での裁判を主張する西独政府の要請は無視された。アメリカNBC放送のテレビ映画『ホロコースト』（一九七八年）は、人気女優を用いてホロコーストの悲劇を描いた八時間の大作で、アメリカに続いて西独でも放送されて論議を呼んだ。それ以外にも、『スター・ウォーズ』『インディアナ・ジョウンズ』『ダイ・ハード』のように、ドイツ人やそれを連想させるような悪党が登場し、成敗されるという痛快娯楽映画が、アメリカでは無数に作られた。それが全世界の視聴者に提供され、いつの間にかドイツ人への反感や軽蔑を広めていったのである。そしてそれを咎める声は、どこからも上がらなかった。

西独歴史学の敗戦後体制への順応

一九六〇年前後から、定着した敗戦後秩序に準拠するような形で、歴史像を改訂しようとする試みが続出した。その際議論が白熱したのは、NS政権期よりも前の時代をめぐってだった。というのも、NS政権期についてはすでに肯定が難しい状況になっていたが、それ以前、特にドイツ帝国については、「古き良きドイツ」として擁護する声がなお少なからずあったからである。

「遅れてきた国民」論

一九五九年、ゲッティンゲン大学名誉教授ヘルムート・プレスナー（一八九二〜一九八五年）

が『遅れてきた国民――政治的に誘惑されやすい市民精神の性格について』を刊行した。プレスナーはヴェーバー・クライスにも出入りした哲学者、社会学者、人類学者で、アドルノらと密接に交流していた。プレスナーは一九三五年、亡命先のオランダでの講義を基に、同年ツューリヒから『その市民的時代の終わりに際してのドイツ精神の運命』を刊行していたが、二十年以上経ってから新たな序文を付け、改題して再刊行したのである。

プレスナーの議論は西欧対ドイツの白黒図式である。彼の見立てによれば、西欧と違ってドイツでは国民統合が遅れた、西欧と違ってドイツは人道主義に背を向けた、西欧と違ってドイツでは民主主義が戦い取ったものではないため根づかなかった、西欧と違ってドイツではルター精神がカルヴィニズムや啓蒙主義への心服を阻止した、という。これは、ベーメン出身のシオニストで、アメリカに渡ってナショナリズム研究者になった、同世代のハンス・コーン（一八九一～一九七一年）の二元論にも通じる。プレスナーは、「修正による再出発」の特徴である良いドイツと悪いドイツとの区分を戒め、最良のドイツが悪魔の姦計《かんけい》にかかって悪しきものになったと説いた。なおプレスナーは、「西欧とドイツ」以外の世界には興味が薄く、たまに社会主義圏に触れるときには、軽蔑的な口調に終始していた。

ヴェーバー論争

一九五九年、のちにデュッセルドルフ大学教授になるヴォルフガング・J・モムゼン（一九三〇〜二〇〇四年）は、博士論文「マックス・ヴェーバーとドイツ政治」で近代ドイツ最大の社会科学者を批判した。法学者・経済学者・社会学者だったヴェーバーは、「ハイデルベルクのミュトス」と崇《あが》められ、ヴァイマール憲法の起草者としても崇敬されていた。ヴェーバーのドイツ政治批判は、日本の大塚久雄《おおつかひさお》や後述のH＝U・ヴェーラーのように、西欧の理想に照らして自国の未熟さを批判する論者にとっては、論拠の宝庫であった。だがモムゼンは、ヴェーバーが倫理による歯止めがないドイツ・ナショナリズムを信奉していた、学問に価値判断はできないとして民主主義を当然の前提とはしなかった、帝国主義的理想を懐いていたなどと指摘した上で、ヴェーバーの指導者民主主義論がヴァイマール共和国の直接公選大統領制を生み、それが意図せずしてヒトラー政権を生んだのだと批判して、カール・レーヴェンシュタイン（一八九一〜一九七三年）らヴェーバー・クライスの生き残りを憤慨させたのだった。

フィッシャー論争

同じ頃、第一次世界大戦におけるドイツの役割をめぐって激しい論争が起きた。西独歴史学界は、NS政権とは違ってドイツ帝国指導部は侵略主義的ではなかったと弁護してきた。これに対しハンブルク大学教授フリッツ・フィッシャー（一九〇八〜一九九九年）は、外交史料を精査した研究『世界大国への挑戦』（一九六一年）、ドイツ帝国の社会構造分析『幻想の戦争』（一九六九年）を通じて、同国の国内的抑圧性が対外的攻撃性をもたらしたと主張し、大きな論争になったのである。この論争でフィッシャーに反論し、開戦のドイツ単独責任説を否定し続けた最晩年のG・リッターは、自己批判を知らぬ不道徳な歴史家の代名詞として、フィッシャー派から揶揄の対象となった。この頃から、すでに激減した保守陣営に代わり、自由主義陣営を「保守派」扱いする用語法が普及していった。

中世・近世史研究の脱国民史運動

ダルムシュタット工科大学教授（現代史）・マインツ欧州史研究所普遍史部門長のオットマール・フォン・アレティン男爵（一九二三〜二〇一四年）は、神聖ローマ帝国の再評価によってプロイセン中心の小ドイツ主義的歴史像に挑戦した。プロイセン史学では、エステルライヒが主導した神聖ローマ帝国はドイツの停滞期であり、それを挽回したのがプロイセン主導のドイツ帝国だとされていた。これに対しアレティンは、政治過程の丹念な描写によって、近世の旧帝国が機能した政治共同体だったことを示した。バイエルン貴族であるアレティンは、「第三のドイツ」、とりわけダールベルクら聖界諸侯が唱えた「ドイツの自由」の理念を重視した。ただアレティンは、エステルライヒのドイツ指導への批判的評価をプロイセン史学から継承しており、親皇帝派だった帝国都市を重視しなかった。なお、アンドレアスやリッターら先行世代がフランス革命の暴走を批判したのに対し、アレティンはライン同盟をフランスの援助によるドイツの政治的近代化の契機だったと肯定した。こうしたライン同盟再評価は、ザールラント大学教授となったエリザベート・フェーレンバッハ（一九三七年〜）などによって深められた。ボン大学中世史教授ハインツ・トーマス（一九三五年〜）は、ドイツ国民の歴史が長く確乎《かっこ》たるものであるという思い込みに挑戦した。トーマスは、東独のミュラー＝メルテンス『ドイツ王国』に示唆を得て、同大学の恩師ヘルムート・ボイマン（一九一二〜一九九五年）とともに中世ドイツ国民意識の共同研究「ナティオーネス」を率いていたW・シュレジンガーを攻撃した。トーマスによれば、アルヌルフ・フォン・ケルンテン（八五〇頃〜八九九年：カロリング朝）の東フランク王推戴時点（八八七年）で、すでにドイツ国民意識が生まれていたというシュレジンガーの説は誤りであるという。トーマスの議論は、一見すると学問的厳密さから、政治化したシュレジンガーの国民史学をたしなめているように見える。だがトーマスの側も、東西ドイツ分断を肯定する時代の潮流から影響を受け、ナショナリズム批判を歴史学に導入していたのである。

ドイツ社会史派

やがて「ドイツ社会史派」を名乗る戦後派近代史学者たちが現れた。その旗頭だったのが、ビーレフェルト大学近代史教授ハンス＝ウルリヒ・ヴェーラー（一九三一〜二〇一四年）である。ヴェーラーは、NS体制下では少年団ユング・フォルクの一員だったが、敗戦後のアメリカ留学で「社会科学」、「社会史」の手法に目覚めた。ヴェーラーはその手法を用いて執筆した浩《こう》瀚《かん》なアメリカ帝国主義論、ビスマルク論を執筆し、ともに教授資格論文として提出したが却下され、三度目の正直でようやく合格になるという屈辱を味わった。

新設のビーレフェルト大学で教職を得たヴェーラーは、「歴史家ツンフト」打破の情熱に燃え、新しい「社会史」研究を構想した。ヴェーラーの編み出したのは「社会構造史」、つまり「経済」「社会的不平等」「支配」「文化」という四つの「枢軸」から構成する「総合」的歴史叙述である。伝記研究などの「実証主義的精密作業」を揶揄し、構造論的叙述を目指した点で、ヴェーラーはマルクス主義に近接していたが、経済還元主義には距離を置いていた。

実はドイツにおける「社会史」研究は、ヴェーラーが初めてではなく、その起源は二〇世紀前半の「民族＝民衆史」（Volksgeschichte）に遡る。当時の愛国的歴史家たちは、国境に収まりきらないドイツ民族＝民衆の歴史を表現して、ドイツ人に民族自決原則を認めないヴェルサイユ体制に抗議したのだった。その流れをくみ、西ドイツ歴史学界で指導的になったオットー・ブルンナー（一八九八～一九八二年）、ヴェルナー・コンツェ（一九一〇～一九八六年）、ラインハルト・コゼレック（一九二三～二〇〇六年）、ゲルハルト・エストライヒ（一九一〇～一九七八年）らは、「社会史」を政治史、外交史、軍

図64　ハンス＝ウルリヒ・ヴェーラー［dpa／時事通信フォト］

事史、法制史を越えた全体的歴史叙述の試み、権力中枢に限定されない広い社会階層の描写と理解していた。

だがヴェーラーら「ドイツ社会史派」は、これとは別な政治色を帯びていた。彼らは英米から国家・社会の二項対立論を学び、「社会史」研究を反権力、反国民国家の政治運動に変え、政治外交史・法制史を官憲国家礼讃の歴史叙述だとして打倒しようとした。「ドイツ社会史派」の手法は、「帝国主義」を資本主義諸国の「普遍」現象と見るマルクス主義とは異なり、西欧的＝「普遍」的価値の正統からドイツが逸脱したとする「ドイツ特有の道」批判であり、ドイツ国民国家理念を否定し、東西ドイツ分断や西欧統合を歴史学的に正当化するものだった。

ただヴェーラー世代の「ドイツ社会史派」は、のちに後続世代の社会史家から不十分だと批判された。ヴェーラーらは反エリート主義を掲げ、労働者や社会民主党に共感したが、女性や移民など各種「マイノリティ」への関心がまだ乏しかったというのである。

学生叛乱がもたらした文化大革命

西独学界の変容に続いたのは学生叛乱だった。この運動は、「バート・ゴーデスベルク綱領」（一九五九年）によるSPDの「国民政党」化戦略、つまり脱「労働者階級政党」化による支持拡大戦略を拒否した同党下部組織の「社会主義ドイツ学生同盟」（SDS）などに率いられ、しばしば暴力化した。彼らは現存する社会主義体制には距離を置くが、マルクス主義・毛沢東《もうたくとう》主義にはいまだ固執する「新左翼」で、ファシズムと社会主義とを同じ「全体主義」の範疇《はんちゅう》で語ることを拒否し、ヴェトナムの対米戦争に共感した。

ドイツの学生運動家は、連邦宰相クルト・G・キージンガー（一九〇四〜一九八八年）にNSDAP党歴があったこと、SPDがキージンガー政権に加わり本格的野党が連邦議会にいなくなっていたこと、「ネオナチ」と称された「国民民主党」（NPD）が勢力を拡大していたことを問題視した。キージンガー政権の非常事態法制に対する抗議行動（一九六八年）が、学生叛乱のクライマックスだった。

図65　グラフィティの描かれた「ベルリンの壁」跡［2014年９月７日著者撮影］

またドイツの学生運動家は、「アメリカ帝国主義」を憎悪したものの、皮肉なことにアメリカ文化帝国主義の尖兵《せんぺい》となった。彼らは「シット・イン」「ゴー・イン」など、アメリカの抗議文化を輸入し、ドイツ「固有」とされたものを破壊して回ったので、ドイツ社会に「文化大革命」を起こした。大学では、教授たちがターラール（ガウン）姿で参列する式典が実施困難になった。運動家の価値観に合わない授業は、破壊工作に晒された。武勇、忠義、祖国愛を表現したドイツの民謡は、学校から姿を消した。ドイツ語圏の文芸や歌劇にも登場する狩猟《しゅりょう》は、動物愛護派の妨害に遭った。ドイツ語圏学生文化を受け継ぐ学生組合は、偏狭な団体として危険視された。グラフィティと呼ばれる落書きが町中に溢《あふ》れ、空き家を不法占拠するヒッピーが増え、婚姻登録なき同棲《どうせい》が流行し、性風俗が公然化し、自虐趣味や加虐趣味、同性愛や小児愛などが登場した。「アメリカ帝国主義」の走狗とされた「ドイツ連邦共和国」は、反体制派の立場から否定的含意を込めてBRDと呼ばれた(「ドイツ民主共和国」の略称DDRは公式のものだが、連邦共和国の体制派は自国をBundesrepublikと呼ぶ)。

反体制運動だった学生叛乱は、結果として「過去の克服」の体制思想化を実現した。彼らが掲げたマルクス主義の理念は、後年のドイツにはほとんど何も残らなかった。だが学生叛乱が自由、平等、民主主義、平和主義の価値基準で、ドイツ社会の「権威主義的」遺風を糾弾したことが、のちのドイツ政治の基盤となったと、その信奉者はいまも胸を張る。ただマクロにみると、その過程は西欧的=「普遍」的価値の拡大という、二〇世紀世界史の潮流の一環をなしていたのである。そして従来のドイツ社会のあり方を変革するのに用いた理論的武器が、「過去の克服」だった。ドイツ「固有」の文化的基盤を否定することで、それを担ってきた、自分たちにとって妨げになる先行世代から、政治的・文化的主導権を奪取したのである。

左派政党の隆盛

この頃、ドイツ政党政治も転機を迎えていた。一九六六年に成立したキージンガー政権では、

CDU／CSUが十分な議席を確保できず、W・ブラントの率いるSPDとの大連合を余儀なくされていた。一九六九年、キージンガー内閣の外相だったブラントは、第一党派のCDU／CSUを差し置いて、自らを連邦宰相とする中道左派政権（SPD・FDP）を組み直すことに成功し、西独建国以来の保守万年首班体制を打破した。SPD首班体制は、続くヘルムート・シュミット（一九一八〜二〇一五年）の政権と合わせて連続一三年におよび、ドイツ政治に変化をもたらした。

また一九八〇年に「緑の党」という新しい左派政党が生まれた。この党は正確には「緑の人々」と称し、「党」を名乗らずに既成政党と一線を画し、男女平等、環境保護、平和主義など、学生運動家たちが重視した価値を継承した。緑の党は一九八三年には連邦議会にも進出して、当選した議員たちは示威的に長髪、髭面《ひげづら》、セーターで議場に現れた。

ブラント政権の新東方政策

SPD首班体制は、その「新東方政策」を通じてドイツ連邦共和国に「過去の克服」を根付かせた。一九六三年、ブラントの側近で外務省政策企画部長に抜擢されたエゴン・バール（一九二二〜二〇一五年）は、トゥツィング講演で「接近による変化」という構想を提唱し、社会主義圏への歩み寄りがその軟化をもたらすとの見通しを示した。連邦宰相となったブラントは、一九七〇年一二月にポーランドとワルシャワ条約を結び、従来西独が領有権を主張していた東プロイセンやシュレジエンなどの旧ドイツ東部領の恢復を事実上断念した。この条約を締結する際、ブラントはワルシャワ・ゲットー記念碑を訪れて献花し、その前で跪《ひざまず》いて世界に衝撃を与えた。これでドイツ連邦共和国の政治家が自国の「過去」の罪について率先して語り、周辺国に首《こうべ》を垂れるという流儀が始まった。敗戦後秩序や米ソ緊張緩和を受け入れたブラントには、一九七一年にノーベル平和賞が授与された。

西独ブラント政権は敵対関係にあった東独とも和解し、一九七二年一二月に東西ドイツ基本

図66　西ベルリン市長時代のヴィリー・ブラント（右）

図67　エーリヒ・ホーネッカー

条約を結んだ。すでにキージンガー政権は、ハルシュタイン原則を破棄して東独への歩み寄りを模索していた。東独政府では、SED第一書記ウルブリヒトが、西独との接近に前向きだったのに対し、「ベルリンの壁」構築者のエーリヒ・ホーネッカー（一九一二〜一九九四年）は、経済力のある西独に東独が飲み込まれるのではと恐れ、ソヴィエト連邦に訴えてウルブリヒトの解任を画策し、ウルブリヒトは老齢を理由に引退した。だがホーネッカーは一九七一年にSED書記長になると、ウルブリヒトの東西ドイツ接近政策を踏襲することになる。この条約の結果、一九七三年に東西ドイツは連合国（UN）に加盟し、日米なども東独を国家承認した。ブラント政権は「一国民二国家」論を掲げ、ドイツ人の一体性に固執したが、東独政府はこれを契機に「二国民二国家」論を採り、もはやドイツ人は存在せず、西ドイツ人と東ドイツ人とは別だと主張するようになる。東独国歌は、その一節が「ドイツ、一つの祖国」となっていたため、もはや歌われなくなり、吹奏されるだけとなった。

一九七二年一一月の連邦議会選挙ではSPDが大勝し（二三〇議席）、ブラント外交を売国的と非難するCDU／CSU（二二五議席）を初めて上回った。それから一〇年後、一九八二年に宰相ヘルムート・コール（一九三〇〜二〇一七年）が就任し、CDU／CSUが政権に返り咲いたとき、外交の変容はもはや不可逆の既成事実となっていた。

5　歴史家論争から憲法愛国主義・多文化主義へ

コール政権の成立と潮流変化の兆し

一九八二年一〇月、経済不振にあえぐ西独で、進歩中道のシュミット政権（SPD・FDP）は「建設的不信任」によって、保守中道のコール政権（CDU／CSU・FDP）と交代した。これで西独社会が保守化するのではないかという不安が、進歩派言論人の脳裡をよぎった。実際シュミット政権末期の西独では、「六八年世代」の同質化への憤懣《ふんまん》があちこちで、例えば教会や歴史学界でくすぶっていた。

カトリック教会

カトリック教会では一九六二年から一九六五年まで、教皇ヨアンネス二三世、パウルス六世が第二ヴァティカン公会議を開催し、ドイツ語圏の神学者が中心になって現代化が試みられ、「ラインの水はテヴェレに注ぐ」といわれた。典礼語は引き続きラテン語を基本としつつも、現地語の使用が認められ、カトリック信仰の正統性が確認されつつも、他宗教・他宗派（特に正教会）との共存が模索され、教皇や司教の権威が確認されつつも、信徒との協働が求められるようになった。だが一度打ち出された改革は、さらなる急進的改革要求を生んだ。ラテン語典礼は現地語典礼に圧倒され、典礼では聖職者が神ではなく信徒の側を向くようになり、女性司祭導入、聖職者独身制廃止、人工妊娠中絶容認、性教育導入が求められ、教会のドイツNS政権に関する「過去」が暴露されて、教会の体面を損なうようになっていく。

学生叛乱に見舞われたテューービンゲン大学カトリック神学部には、ハンス・キュング（一九二八〜二〇二一年）、ヨーゼフ・ラッツィンガー（一九二七年〜）という二人の教授がいた。彼らは公会議で活躍した改革派神学者だった。シュヴァイツ出身のキュングは、時流に合った教会の姿を求め、教皇が聖座から発した教義に誤謬《ごびゅう》はないとする教皇不可謬論を批判し始めた。彼は、中南米で社会主義勢力との連携を図る「解放の神学」や、新たに擡頭したフェミニズム神学とも連携を模索した。だがバイエルン出身のラッツィンガーは、相次ぐ変化が教会を動揺させることを危惧するようになっていった。また彼は、神の教えであるカトリック信仰が、時流に従っていくらでも変えられるという発想が、曲学《きょくがく》阿世《あせい》だと感じるようになった。ラッツィンガーらの意見に基づき、教皇庁は一九七九年にキュングの神学教授免許を撤回した。レーゲンスブルク大学教授になっていたラッツィンガーは、一九七七年にミュンヒェン＝フライジング大司教および枢機卿に抜擢され、聖母マリアを女性の理想と説き、聖体拝領の秘蹟《ひせき》を重視する司牧者とな

図68　ヘルムート・コール

っていた。彼は一九八一年にはローマ教皇庁の教理省長官に登用され、その保守強硬路線から「甲冑《かっちゅう》枢機卿」と呼ばれるようになる。

プロイセン展覧会

一九七七年、西ベルリン市長ディートリヒ・シュトッベ（一九三八〜二〇一一年：SPD）は、同市でプロイセン展覧会の開催を提案した。この展覧会は、「ベルリンの壁」際にあるマルティン・グロピウス館で開催され、五巻本の解説が販売された。この解説は、展示品を紹介するだけでなく、プロイセンの社会史を概観し、プロイセンの啓蒙や民主主義を語り、映画や文芸で描かれたプロイセンを紹介した。一九八一年八月一五日に展覧会が開会したとき、市長はリヒャルト・カール・フォン・ヴァイツゼッカー男爵（一九二〇〜二〇一五年：CDU、のち連邦大統領）に交代していた。

このプロイセン展覧会は「破壊による再出発」への異議申し立てだった。「ドイツ社会史派」が描くプロイセン像は、占領軍がプロイセン解体のときに打ち出した後進的「軍国主義」国家というイメージを踏襲していた。それに対しこのプロイセン展覧会は、手放しの礼讃ではなく、否定的先入観を打破してプロイセン史の、いやドイツ史の多様な理解を促すものだった。こうした試みは、「六八年世代」には（NS体制の）「過去」から人々の目を背けさせる「保守派」の陰謀として理解された。

ニッパーダイ

歴史学界で「ドイツ社会史派」の好敵手として登場したのが、ベルリン自由大学歴史学教授トーマス・ニッパーダイ（一九二七〜一九九二年）である。ニッパーダイは、宗教改革やプロイセン改革を称揚する社会史家だった。彼はNS政権を生き延びたユダヤ系の労働法教授ハンス・C・ニッパーダイ（一八九五〜一九六八年）を父とし、急進派プロテスタント神学者ドロテー・ゼレ（一九二九〜二〇〇三年）を妹とする、ケルン出身のSPD党員であり、新東方政策の支持者であった。だがベルリン自由大学哲学部長として、学生叛乱に毅然と対処しない大学に憤慨した彼は、ミュンヒェン大学へと移った。なおニッパーダイの夫人ヴィグディス（一九四四年〜：旧姓ヘンツェ）はCDU党員で、のちCSUの村議会議員となっている。

ニッパーダイは、国民国家を「欧州標準」（europäische Normalität）だとし、「ドイツ人は一つの国民であることを望み、一つの国民であることを許される」のだと説いた。ヴェーラーの概説書『ドイツ帝国』（一九七三年）が、あまりに一方的なドイツ批判になっていると憤ったニッパーダイは、フランス革命から始まる概説『ドイツ史』（刊行されたのは三巻）を書き始めた。これに対抗して、ヴェーラーは近世から

図69　トーマス・ニッパーダイ［Portal Rheinische Geschichte］

図70　エルンスト・ノルテ［AFP＝時事］

始まる浩瀚な『ドイツ社会史』（刊行されたのは五巻）を書き始めた。ニッパーダイ対ヴェーラーの概説合戦が、一九八〇年代のドイツ歴史学界の見せ場となった。

ノルテ

ニッパーダイのベルリン自由大学時代の盟友に、歴史哲学者のエルンスト・ノルテ（一九二三〜二〇一六年）がいた。彼の本領は普遍史的イデオロギー分析である。彼は国民社会主義をドイツ「固有」の現象ではなく、フランス「アクシオン・フランセーズ」、イタリア・ファシズムに続く時代精神の急進的形態だと考えた。また彼は、マルクス主義もファシズムも自由世界への敵対思想だったとする「欧州内戦」論を唱えた。晩年の彼は、自由世界に対する第三の脅威として「イスラム主義」に注目し、「欧州内戦」論を拡充した。なお学生叛乱が研究を脅かすことを危惧したノルテは、ニッパーダイや哲学者ヘルマン・リュッベ（ツューリヒ大学教授：一九二六年〜）らと、一九七〇年に「学問の自由同盟」を結成している。

一九八六年六月六日、ノルテは『フランクフルター・アルゲマイネ・ツァイトゥング』に論文「過ぎ去ろうとしない過去――書かれたが行われなかった講演」を寄稿した。この論文の主題は、フランクフルトでの講演会の企画者が設定したものである。ここで彼は、「ドイツ人の罪」を論う流儀が、NS体制が「ユダヤ人の罪」を論い、赤色テロが「ブルジョワの根絶」を目指したのに似ていると指摘した。また彼は、二〇世紀の民族大虐殺として、オスマン＝トルコのアルメニア人殺戮がホロコーストに先行していたことを挙げた。さらに彼は、NS体制が「「アジア的」蛮行」に及んだのは、自分たちがソヴィエトの「「アジア的」蛮行」の被害者になりかねない状況だと認識したからではないかと述べ、ボリシェヴィキの階級殺戮からNS体制の民族殺戮へという因果連関の存在を示唆した。

ハーバーマス

これらの議論に対し、一九八六年七月一一日にハーバーマスが『ディ・ツァイト』に「一種の損害補償――ドイツ現代史叙述の弁護論的傾向」を発表した。ハーバーマスは、昨今の歴史家がドイツ国民国家の弁明を行っている、ホロコーストを社会主義体制の虐殺と比較することで「相対化」したと批判して、ノルテ、ミヒャエル・シュトゥルマー（一九三八年〜）、アンドレアス・ヒルグルーバー（一九二五〜一九八九年）、クラウス・ヒルデブラント（一九四一年〜）を名指しした。このハーバーマスとノルテらとの間で行われた、歴史学の政治的役割をめぐる議論は、のち「歴史家論争」と呼ばれることになる。

ハーバーマスは、西独が自らを「西欧の政治文化」に「無条件に開いた」ことを、「戦後の偉大な知的業績」だと評価した。ハーバーマスは、血統や文化といったドイツ「固有」のものではなく、基本法に記載された西欧的＝「普遍」的価値を国家の共通基盤とするという、「憲法愛国主義」（Verfassungspatriotismus）を唱えるに至った。この概念は、フリードリヒ大王の国を選んで自らプロイセン人になったT・アプトを念頭に、愛国心をドイツ国民国家から切り離し、西欧的＝「普遍」的価値に依拠した基本法に結びつけるという、政治学者ドルフ・シュテルンベルガー（一九〇七〜一九八九年）の構想を継承するものである。

ハーバーマスの学友でもあったヴェーラーは、これを機に歴史学界に残るナショナリズムを打倒しようとした。一九八八年に『ドイツの過去の処分？』で、ヴェーラーはこの論争を「ノルテ、ヒルグルーバー、シュトゥルマーがその同盟者たちと広く公共空間で企てた政治的・学問的攻勢」だとし、ハーバーマスが始めたものではないと主張した。ヴェーラーはノルテらの議論を、NS政権の「過去」を相対化し、ドイツの国民的アイデンティティを模索する試みだとし、歴史学の作法を弁《わきま》えない解釈による修正主義だったと結論付けた。そしてそうした攻勢によって「防衛されるべき西独の自己批判的合意」が崩れることはないと宣言したのだった。

ドイツの左派歴史家たちは一斉にハーバーマスへの連帯を表明した。現代史研究所所長のマルティン・ブロシャート（一九二六〜一九八九年）はハーバーマスに加勢し、シュトゥルマー、ヒルデブラントら「歴史家ツンフト」を揶揄しつつ、ノルテが歴史学を侮辱したと非難した。フライブルク大学正教授ハインリヒ・アウグスト・ヴィンクラー（一九三八年〜）は、「歴史に学ぶ」よう訴え、ドイツの（国民国家という）「普通」への回帰を否定した。ボン大学政治学教授カール・ディートリヒ・ブラッハー（一九二二〜二〇一六年）は、西独を「ポスト・ナショナルな民主主義国家」と呼び、国民国家との訣別《けつべつ》を訴えた。

これに対し、ノルテらを擁護する声も上がった。ニッパーダイは、「学問的発言はその政治的機能によって評価されてはいけない」とし、「疑惑の支配」（ヘーゲル）を生み出したハーバーマスらのノルテ攻撃を不幸とした。ニッパーダイ門下生のエルランゲン＝ニュルンベルク大学教授ホルスト・メラー（一九四三年〜）は、議論がますます感情的になっているとして、冷静に物事を見るよう訴えた。メラーは啓蒙主義者フリードリヒ・ニコライ（一七三三〜一八一一年）に関する博士論文を書いた歴史家で、プロイセン展覧会の解説でもプロイセン啓蒙の記述を担当していた。またミュンヒェン連邦軍大学教授ハーゲン・シュルツェ（一九四三〜二〇一四年）は、ハーバーマスの攻勢が歴史学の多様性を損なう危険を指摘し、また国民アイデンティティを否定しては国民の道義的責務も存在し得ないという見方を示した。シュルツェは、ヴァイマール共和国期のプロイセン自由国首相オットー・ブラウン（一八七二〜一九五五年）に関する教授資格論文を書いた歴史家で、プロイセン展覧会の解説でもプロイセンの労働運動の発展を描いていた。

この論争には「イギリス社会史派」も参戦した。彼らイギリスのドイツ史研究者たちは、マルクス主義の影響を受け、「ドイツ社会史派」がドイツの負の独自性を誇張している、国家権力を過大評価して社会の自立的な動きを見ていないなどと批判していた（特有の道論争）。だが進歩派の彼らは、「ドイツ社会史派」の「歴史家ツンフト」批判には喝采していた。リチャード・J・エヴァンズは、一九八九年の『ヒトラーの影のなかで』で、論争には参加せず外部からの概観に努めるとしつつ、結局は「ドイツの最も有名な哲学者」ハーバーマスへの連帯を表明した。エヴァンズはノルテらをも批判するが、それ以上にシュトゥルマーを危険視し、価値を共有する多様な社会というハーバーマスの理想が、彼ら「新保守派」の唱道するドイツ国民意識や中欧論で台無しにされるのではないかと危惧した。

エヴァンズの発言にも現れているが、憲法愛国主義は多文化社会という現実を受け入れるための論理にもなっていた。西独では経済発展に伴う労働力不足を補うため、トルコ人などを「客員労働者」として時限的に招いていたが、彼らは滞在年限を過ぎても帰国せず、西独国内に定住するようになり、ドイツ「固有」とは程遠いトルコ文化が西独国内に根づき始めた。その象徴である肉料理のドネル・ケバブは、トルコでは皿で提供する料理だったが、ドイツでパンに挟む形態が考案され、トルコに逆輸入された。一九八〇年代の西独には、ピッツァやケバブの軽食堂が増えていく。少子化する先住マジョリティと増大する新参マイノリティとの共生のためにも、西独では前者が後者に配慮して、ドイツ「固有」を自粛することが推奨されたのである。

「歴史家論争」からノルテへの個人攻撃が始まった。一九九一年までベルリン自由大学で教壇に立ったノルテは、自家用車に放火され、暴徒に講演を阻止され、顔に液体をかけられて病院に緊急搬送され、ドイツ語圏の出版業界で村八分になってイタリアでの亡命出版を余儀なくされた。それまで比較ファシズム論に興味を示し、ノルテと交流していた人々も、自分がこのエンガチョの遊びに巻き込まれるのを恐れて逃避し、沈黙した。

ノルテ排除には直弟子も荷担していった。ヴォルフガング・ヴィッパーマン（一九四五〜二〇二一年）は、マールブルク大学、ベルリン自由大学でノルテに学び、彼のもとで博士論文『イデオロギーとしての騎士団国家』を書いた。ヴィッパーマンはノルテ指導下で教授資格も取り、恩師のいるベルリン自由大学マイネッケ研究所で助手、私講師、正教授となった。だが彼は、ノルテのマルクス研究、比較ファシズム研究には依然理解を示しつつも、彼がホロコースト否定論に近接したとして、その排撃に加わるようになる。ヴィッパーマンは、歴史家論争当時は近くから恩師を批判するわけにはいかなかったと弁明しつつ、ノルテは一八〇度変わった、自分は彼に勘当されたなどと主張した。なお前述のプロイセン展覧会の解説では、彼はプロイセンの先駆としてのドイツ騎士団国のイメージが、ドイツ・ナショナリズムの観点から利用されてきたことを批判的に論じていた。

ヴィッパーマンは、道徳を離れて歴史学は成立しないと考えていた。彼は、歴史学の客観性を求める立場を「歴史主義」と呼んで否定し、ユダヤ人虐殺がドイツで無感動、無味乾燥に描かれがちなのは問題だとして、メラーとは逆に、感情的表現が必要なのだとの見解を示した。

この「歴史家論争」は、世界におけるノルテの比較ファシズム研究の評価をも一変させた。これは日本のドイツ史研究界でもいえることだった。

ノルテ（ドイツ現代史研究会訳）『ファシズムの時代』の邦訳者たちは「あとがき」で、ノルテを「学界では国際的にきわめて高い評価をうけている西ドイツの研究者」だと評した。彼らはまた、「戦間期のヨーロッパ全域にわたるファシズム運動についての一つの「百科事典」的性格をもった本書を紹介することが、わが国におけるファシズム研究の歴史的素材を一挙に拡大することに大きく寄与するものと期待した」とも述べている。邦訳者はノルテのファシズム研究について、思弁的で難解であること、自由主義が最終的に勝利したわけでもないのに、マルクス主義を過小評価し、「虚偽」的な西独の「多元的デモクラシー」に立脚していること、欧州外を把握していないことなどを批判しつつも、それは「本書の価値をいささかも減じるものではない」としていた。

ところがハーバーマスの批判以来、日本学界でのノルテ評価は一変した。ノルテはドイツの「過去」を「相対化」した、つまり軽く見せようとした陰謀家だという解釈が輸入された。ハーバーマスの時事評論が集中的に邦訳され、ノルテの学界追放を支持する声が上がった。「歴史家論争」のドイツ語論文集の邦訳が『過ぎ去ろうとしない過去』なる表題で刊行された際には、ハーバーマスやノルテら当事者の論文に加え、ブロシャートやハンス・モムゼン（一九三〇〜二〇一五年：ヴォルフガングとは双子）など、ハーバーマス支持の論文は多数採録されたが、ニッパーダイ、メラー、シュルツェらのハーバーマスに距離を置く歴史家の論文は、「現代の日本の出版事情」に鑑み採録されなかった。

「六八年世代」による同質化

「正しい」価値観は一つであり、それはいつでもどこでも強制されるべきである――こうした「六八年世代」の同質化運動は、のちにドイツ内外に波及していった。

一九八八年、連邦議会議長フィリップ・イェンニンガー（一九三二～二〇一八年：CDU）が辞任に追い込まれる事件が起きた。一一月一〇日、彼は「帝国水晶の夜」五十周年の追悼演説を行ったが、反ユダヤ人暴動の参加者・傍観者の感情を追体験しようと、当時の表現を多く引用した。だがそれが彼自身の意見と区別がつかないとして、不快に感じた緑の党議員に退席者が出た。イェンニンガーは翌日辞任を余儀なくされ、代わりに初の女性議長リタ・ズュースムート（一九三七年～）が就任した。NS政権の意図や心情を理解することが、それの肯定につながるという発想は、ノルテ批判にも通じるものがある。

「六八年世代」の同質化運動は、再統一後の一九九五年五月になって、バイエルン州で十字架論争を引き起こした。バイエルン州は農業地帯だったが、東西分断でベルリンの産業が打撃を受けると、その代わりに商工業が活性化し、万年保守王国となっている。バイエルンのみの保守政党であるバイエルン・キリスト教社会同盟（CSU）は、バイエルン以外のドイツ各州に展開する保守政党であるドイツ・キリスト教民主同盟（CDU）と連邦レベルで共闘しつつ、バイエルン州政、およびミュンヒェンを除く基礎自治体の行政を掌握していた。

バイエルン州は「バイエルン自由国」を名乗り、独立心の強い土地柄である。近代のバイエルンは、エステルライヒ、プロイセンに次ぐドイツの第三勢力だったが、エステルライヒは排除され、プロイセンは解体されて、残ったのはバイエルンだけとなった。「自由国」（Freistaat）とは「共和国」（Republik）のドイツ的表現で、君主から自由な国を指していた。けれどもこの「自由国」は、やがてドイツ中央権力（帝国、連邦）からの自由を指すと、意図的に誤用されることも多くなっていく。官庁が「国家」（Staat）という単語を多用するなど、バイエルンは国家内国家という自己認識を強調している。

ちなみに西独一〇州で「自由国」を称したのはバイエルンだけだった。「自由ハンザ都市ブレーメン」、「自由・ハンザ都市ハンブルク」はあったが、それ以外は「州」（Land）とのみ名乗っている。東独六州が再建されると、ヴァイマール共和国時代の「ザクセン自由国」が復活し、新たに「テューリンゲン自由国」も生まれたが、いまでも「自由国」というとやはりバイエルンの印象が強い。

バイエルン自由国には国歌もある。現行の一九八〇年版の第一節を引用しよう。「バイエルン人の地、ドイツの大地、祖国よ、神が爾《なんじ》と共に在らんことを！　爾の幅広い諸地域に、神の祝福の手が及ばんことを。神が爾の農地を守り、爾の町々の建設を庇護せんことを。而《しか》してその空の色たる白と青を、爾バイエルンの許《もと》に留めんことを！」

ここにも表れているように、バイエルンはキリスト教信仰を重視し、全ての公立学校の教室に十字架を掲げることを州法で定めていた。この十字架は、かつてNS政権が教室からの一掃を図り、信徒の反撥で果たせなかったものである。キリスト教は人道主義の基盤であり、NS政権への抵抗の砦にもなったと、バイエルンでは説かれていた。

だが多文化主義の波がバイエルン「固有」の伝統ともぶつかった。この十字架掲揚に異論を唱えた父母が訴訟を起こし、連邦憲法裁判所は宗派学校以外でもそれを義務化した州法を違憲とした。この事件では、信仰の自由を認めつつ教会との政教協力をも規定するという基本法の両義性が問題となり、判決は前者を重視する形となったのである。判決に憤ったバイエルン首相エドムント・シュトイバー（一九四一年～）は、ドイツ連邦共和国からの独立すら示唆したが、結局バイエルンは連邦に留まって州法の該当部分を廃止した。だがバイエルンの公共施設にはいまも十字架や磔刑像《たっけいぞう》が多く残っており、毎年初夏のカトリック教会の聖体行列とともに、多文化主義的同質化への抵抗のシンボルとなっている。

二〇〇〇年年頭、エステルライヒ共和国でシュッセル政権が成立し、ドイツ連邦共和国では批判の声が上がった。ヴォルフガング・シュッセル（一九四五年～）は、エステルライヒ国民党の党首だったが、このときエステルライヒ自由党と連立を組んでいたのである。国民党は社会民主党と頻繁に大連合を組んできたが、一九七〇年以降の連邦宰相はいつも社会民主党出身だった。自由党と組むことで、シュッセルは三十年ぶりの国民党出身の連邦宰相となったのである。ところが当時自由党は、ケルンテン州首相イェルク・ハイダー（一九五〇～二〇〇八年）の指導下で、移民排斥の傾向を強めていた。

当時は左派政権だったドイツ連邦共和国では、シュッセル政権成立を許すなとの声が上がった。ドイツのシュレーダー政権を含むEUの諸政権は、挙ってシュッセル政権に対する制裁を口にした。シュッセルは、ドイツ公共放送ARDの討論番組「ザビーネ・クリスティアンゼン」に出演し、従来の社会民主党との大連合では改革が一向に進まないことなどを挙げて、組閣への理解を求めた。同時にシュッセル政権は、国内において外国の制裁に対する団結を訴えた。シュッセル政権は二〇〇七年まで存続したが、選挙に敗北して社会民主党主導の大連合政権に回帰した。

この事件には一四年前に前兆があった。一九八六年、エステルライヒ大統領にクルト・ヴァルトハイム（一九一八～二〇〇七年）が就任した。ヴァルトハイムはエステルライヒ外務大臣、連合国（UN）事務総長を務めた政治家だったが、大統領選挙に際して彼がNS政権時代に国民社会主義学生同盟、突撃隊の一員だったことが取り沙汰《ざた》され、不適格だとの声が上がったのである。このときもエステルライヒ国民の多くは、国外の批判を不当な内政干渉だとみなし、ヴァルトハイムを選出したが、彼はアメリカから入国禁止にされるなど、国際的に孤立していった。なおこのヴァルトハイムを、エステルライヒ大統領として他国の元首と分け隔てなく接遇したのが、一九九〇年に平成の即位の礼を挙行した日本だった。

「六八年世代」の同質化運動は二一世紀に入っても続いている。二〇〇八年にバーデン新聞社およびフライブルク大学は、両組織の学術賞である「ゲルハルト・リッター賞」を、今後は「バーデン新聞賞」とすると発表した。この賞は、一九八九年から奨励賞として若手歴史家に授与されてきたが、リッターが「貴族的国制」を志向し、ヴァイマール共和国の弱さを「過剰な民主主義」に見ていたことが問題視されたのである。フライブルク出身の政治学者（ミュンヒェン大学教授）・元バイエルン文相で、「学問の自由同盟」の創設者の一人でもあったハンス・マイヤー（一九三一年〜）は、この報に驚いて同年五月の雑誌『フォークス』第二〇号に反論「耐え難い思い上がり」を掲載した。マイヤーは恩師の一人であるリッターの歴史家としての資質を高く評価しつつ、政治的にもリッターは「学習可能」だったとし、恩師の保守性が誇張されていると憤ったのだった。

第四章

再生

新しい「普遍」支配と「固有」の復権

1990-2021

1　「九〇年世代」の登場

「転換」

一九八〇年代、ドイツ民主共和国は苦境に立たされていた。東独では、越境して届く西独テレビ局の電波がトロイの木馬となり、テレビが映し出す西独の華やかな生活が東独国民を誘惑し続けていた。国民生活の改善に奔走した東独政府は財政危機に陥り、ライバル西独の信用供与で辛《かろ》うじてしのいでいた。

「ベルリンの壁」崩壊からソヴィエト連邦崩壊に至る一連の動きは、ドイツでは「転換」(Wende)と呼ばれる。一九八〇年代のソヴィエト連邦は、アフガニスタン出兵で泥沼に陥り、米レーガン政権との軍拡競争などで財政破綻を来していた。ソヴィエト連邦の共産党書記長ミハイル・C・ゴルバチョフが始めた改革運動ペレストロイカが社会主義圏を動揺させるなか、いち早く複数政党制に踏み出したハンガリーで遂に堤防が決壊した。最後のエステルライヒ皇太子オットー大公だったオットー・ハプスブルク＝ロートリンゲン（一九一二〜二〇一一年）が、一九八九年八月一九日にエステルライヒ・ハンガリー国境で、「汎欧州ピクニック」と呼ばれる交流行事を企画した。その際、東独からの参加者がエステルライヒ領内になだれこみ、亡命するという事件が起きたのである。これを契機に東独国籍者の西独への出国要求が止まらなくなり、同年一一月九日に「ベルリンの壁」が維持できなくなった。

東独崩壊の兆しを見た西独は、ドイツ再統一へと歩み出した。審議の最中に壁崩壊の報を受けたボンの連邦議会では、議員たちが自然発生的に国歌を斉唱し始めた。SPD名誉議長となっていたブラントは、（ドイツ国民という枠組みに）「共に属する者同士がまた一体になる」を合言葉として、ドイツの分断克服の感激を語った。一九九〇年一〇月三日、基本法第一四六条に基づく全ドイツ的憲法制定による新国家成立ではなく、同第二三条に基づく東独六州の西独加盟で、しかも全域がアメリカ傘下の北大西洋条約機構（NATO）の領域となるという形で、ドイツ再統一が実現した。ちなみにこの「再統一」（Wiedervereinigung）という表現は、NS政権がエステルライヒやズデーテンを併合する際に用いた用語でもある。翌年一二月二六日、ソヴィエト連邦が自己崩壊した。

「転換」は「六八年世代」にとって青天の霹靂《へきれき》だった。米ソ緊張緩和や、欧州諸国での社会民主主義の興隆に喝采し、欧州統合や多文化共生を謳ってきた彼らにとって、ドイツ国民国家の復活など起きてはならない出来事だった。知的な人々は統一など望んでいない、国民国家など禍《わざわい》しかもたらさない、東西ドイツ人の「心の壁」をなくすのは大変だなどと、再統一にネガティヴなことを言うのが彼らの習性となった。またマルクス主義の教条的信奉者ではなくとも、その批判精神からエネルギーを得てきた、自由主義＝資本主義圏の全ての左派勢力にとって、社会主義圏の消滅は困惑する事態だった。彼らが称揚してきた緊張緩和が、社会主義圏を温存させ、自由、民主主義、人権の実現を遅らせてきたではないかと、非難されることもでてきた。

左派全体の失速を避けるため、さまざまな弁明が行われた。アメリカが勝ったわけでもあるまい、資本主義が万能なわけでもなかろうという未練がしばしば語られた。SPD支持の運動をしていた作家ギュンター・グラス（一九二七〜二〇一五年）は、ドイツ人は一つの「文化国民」だが、国家は複数であり続けるべきだと説いた。ハーバーマスは、西独の経済力を背景とした傲慢さを「ドイツ・マルク・ナショナリズム」と揶揄した。

一九九〇年一二月二日の連邦議会選挙では、統一の宰相コールの与党（CDU／CSU・FDP）が勝利した。統一反対の緑の党は、東独市民運動と連携して「九〇年同盟・緑の党」を称したが、西独地域では五％条項の制約を乗り越えられず、東独地域でのみ議席を得た。SPDも反国民国家の急先鋒たるザールラント州首相オスカル・ラフォンテーヌ（一九四三年〜）を宰相候補とし、勃興するナショナリズムに正面から抗して大敗した。なお東独政権党のSEDは、「民主的社会主義党」（PDS）へと改名して統一ドイツ政界に残ったため、再統一ドイツの左派票は三つに分断されることになった。

「普遍」「固有」の競演

冷戦終焉は世界中で「普遍」的潮流を加速した。「自由」を掲げる「普遍」的権威であるアメリカ合衆国は、唯一の超大国として絶大な政治的・経済的・文化的影響力を行使するようになった。いまやロシアや中華人民共和国の青年もアメリカ留学を目指すようになり、英語を共通語とする経済・文化のグローバル化が止まらなくなった。多文化主義にせよ、男女共同参画にせよ、環境保護にせよ、アメリカ「リベラル」の価値観が世界標準とされ、各国がその達成度をチェックされることで、知的一極集中が強化されたのである。

同じ頃、欧州でも「普遍」的潮流が加速していた。マーストリヒト条約（一九九二年）で、「欧州共同体」（ＥＣ）は「欧州連合」（ＥＵ）に変貌し、経済統合を経て政治統合へと進んだ。このＥＵも、西欧的＝「普遍」的価値を共通基盤にするというのが建前であった。ＥＵは巨大化したドイツ国民国家の影響力を緩和するための組織であり、西独はドイツ統一の際にその条件として自国通貨マルクの保持を断念し、欧州共通通貨に移行することを約束させられていた。

だが冷戦後には「固有」の復権も目立つようになった。ソヴィエト連邦の「普遍」的支配を脱した東欧諸国では、ナショナリズムが最高潮になり、自国「固有」の伝統の発掘に邁進した。君主制時代を思わせる槍騎兵が行進し、国民的記念碑が修復され、ハプスブルク帝国も懐古されるようになった。東欧諸国にとってＥＵ加盟は、国家主権の克服のためではなく、ソヴィエト＝ロシア的「普遍」と訣別して国威を発揚するための手段だったのである。またバルカン半島で、「ユーゴスラヴィア」という上からの枠組みに反撥した人々は、クロアチア人、スロヴェニア人、セルビア人という、すでに克服されたかにみえた個別アイデンティティに回帰し、イスラム教徒も加わって血みどろの抗争を始めた。

かつての覇権国ソヴィエト連邦でも、「ソヴィエト」（評議会）という抽象的国名が廃止され、ロシアという「固有」名詞が復活した。「ロシア帝国」（ロシア語で Российская империя）という旧国名を想起させる「ロシア連邦」（ロシア語で Российская Федерация）が採用され、帝制時代の白青赤横三色旗が国旗に採用され、対ナポレオン「祖国戦争」時代の制服を着た大統領親衛隊が登場し、ロシア正教会が国教会的地位を取り戻し、ソヴィエト政権に爆破された救世主ハリストス大聖堂が復元されて国家の殿堂のようになり、「サンクトペテルブルク」や「エカテリンブルク」のような聖人・君主の名を冠した地名が復活した。ソヴィエト時代の国歌（歌詞は改変）、「カリーニングラード」「レニングラード州」などの地名も残されたが、それはロシア「固有」の歴史遺産の一端としての保存であって、「普遍」的内実はもうない。

また西欧的＝「普遍」的価値の覇権も、その反動としての「固有」の擡頭を惹起《じゃっき》した。冷戦終焉後は、イスラム圏や中華人民共和国が政治的・文化的主体性を主張し始めた。対米依存が続く日本でも、一九九九年に国旗国歌法が制定され、「美しい国へ」「日本を、取り戻す」を合言葉とする安倍晋三《あべしんぞう》が、内閣総理大臣として最長在職期間を記録した。西欧的＝「普遍」的価値の総本山であったアメリカ合衆国でも、アメリカ「リベラル」の「普遍」路線への反撥としてアメリカ「固有」の析出が図られた。個人の主体性、銃保有、人工妊娠中絶禁止、ユダヤ＝キリスト教文化、性的区分などを重視するアメリカ「保守」の対抗運動が強まり、国内での「リベラル」と「保守」との亀裂が明確化した。

フクヤマとハンティントン

一九九〇年代前半、冷戦後世界を描いた二人のアメリカ人が注目を浴びた。フランシス・フクヤマおよびサミュエル・ハンティントンがそれである。

米国務省に勤めていたフクヤマはその著作『歴史の終わり』で、西欧的＝「普遍」的価値が世界史の到達点であり、世界が共通の価値で統一されるとの見通しを示した。フクヤマは、グローバル化時代に地域の「固有」性は意味をなさなくなると考えたのである。

これに対しフクヤマの恩師であるハーヴァード大学教授ハンティントンの『文明の衝突』は、地域の「固有」性の軽視を戒めた。彼は、「西欧的価値」は「普遍」的ではなく、西欧「固有」のものであると主張した。彼は、「西欧的価値」を別な「固有」性を有する非西欧世界、特に中国やイスラム圏に強要することで、紛争が無限に続くことを恐れた。西欧が「西欧的価値」を守るのはよいとして、他の文明圏には自分たちの価値を押し付けず、それらと協調して共存するべきだと考えたのだった。

「九〇年世代」

こうしたなか再統一ドイツでも、「普遍」的同質化に対抗して、ドイツの「固有」性を再評価し、ドイツの国家権力、経済力、軍事力を再認識しようとする発想が出てくる。こういう運動の信奉者を、本書では「九〇年世代」と呼ぶ。「六八年世代」も「九〇年世代」も、本書では特定の時期に生まれた人々のことではなく、特定の知的潮流を体現した人々を指す。

再統一ドイツでは、自国の進路をめぐって三つ巴《どもえ》の路線対立があった。国民国家死滅論、国民国家復権論、欧州的国民国家論である。

国民国家死滅論

「六八年世代」は国民国家の死滅を予測した。物理学者・平和主義者カール・フリードリヒ・フォン・ヴァイツゼッカー男爵（一九一二〜二〇〇七年：連邦大統領の兄）は、一九六三年の講演でカントに依拠しつつ、グローバル化の時代に国家や国境が意味を失ったとし、従来は国家内政治を意味した「内政」が、いまや世界という枠組みで展開されるという「世界内政」(Weltinnenpolitik) 論を説いた。この「世界内政」論が、冷戦終焉、マーストリヒト条約締結を背景として再び提唱された。最後に国家権力が死滅して理想郷が現れるというのは、マルクス主義を連想させる終末論である。この理念の信奉者は、エルンスト＝オットー・チェンピール

（一九二七～二〇一七年）やディーター・ゼングハース（一九四〇年～）らリベラル派国際政治学者、「リスク社会」の到来を告げるウルリヒ・ベック（一九四四～二〇一五年）ら社会学者、そしてハーバーマスである。

彼ら「六八年世代」の論客たちは、気候変動、金融危機、人口移動、分離運動など、あらゆる機会を捉えて国家の無力を強調し、今日の人々は実際すでにコスモポリタンなのだ、いまやナショナリズムのほうが現実を誤認した理想主義だと主張した。だが彼らは、新自由主義など経済的グローバル化には警戒的で、G８サミットに反対する反グローバル化運動を、公正のための世界市民の連帯だと称揚した。

国民国家死滅論は、あらゆる政治課題に（万能でなくとも）対処しうる主体が、結局は国家であるという現実を変えられなかった。また彼らは、冷戦後に勃興した「固有」復活の機運を無視した。緊張緩和期の平和主義の系譜を引く「世界内政」論は、一時はドイツ外交の基盤となったかにも見えたが、国民国家を無意味化することは不可能だったのである。

国民国家復権論

「九〇年世代」は国民国家の復権を予測した。冷戦期には、ソヴィエト連邦の脅威を前に、「西欧統合」を進めるのは不可避だったとしても、それがドイツ人の国家意識を歪《ゆが》めたことは否めない、戦後ドイツ人は軍事を忘れた平和ボケの国民になってしまった、国民意識は「固有」な基盤に根差すのが常道で、「憲法愛国主義」は非現実的である、再建されたドイツ国民国家は欧州、世界で主体的に活動するべきだとしたのである。

この構想は、まずボン大学教授ハンス＝ペーター・シュヴァルツ（一九三四〜二〇一七年）の『欧州の中央大国——ドイツの世界的舞台への復帰』（一九九四年）で示された。アデナウアー伝記研究で有名なシュヴァルツは、一九八五年に『飼い馴らされたドイツ人——権力執着から権力忘却へ』を発表して、新東方政策への不満を表明していた。シュヴァルツはこの『欧州の中央大国』で、ロシア軍が全面撤退したことにより、再統一ドイツが欧州の中央大国になった事実を、覚悟するべきだとドイツ人に訴えた。彼は、NS政権の人種政策に至る歴史の結果、ドイツで「民族＝民衆」（Volk）の概念が忌避されるようになったことを嘆いた。彼は、「民族＝民衆」にも「国民」（Nation）にも言及せず、「市民」（ラテン語でcivitas）に基盤を置く「憲法愛国主義」を批判した。そしてシュヴァルツは、民主化を求めて「我々が人民だ！」（Wir sind das Volk!）と叫んだ東独民衆が、やがて「我々は一つの民族だ」（Wir sind ein Volk）、「統一祖国ドイツ」（Deutschland, einig Vaterland）を叫ぶようになったことで、国民国家死滅論はもはや否定されたと考えた。彼は、ドイツの大国化を拒否してきた歴史家たちが、再統一で声を失った様子を、ハロルド・ジェイムズ『歴史家論争から歴史家沈黙へ』を援用して揶揄した。

同じく一九九四年、ハイモ・シュヴィルク／ウルリヒ・シャハト編の『自尊心ある国民——

「騒々しくなる山羊《やぎ》の歌」とドイツ論争に関する更なる諸論文』が刊行された。シュヴィルク（一九五二年〜）は西独シュトゥットガルトで生まれ、『ライニッシャー・メルクール』から『ヴェルト・アム・ゾンターク』に移ったジャーナリストで、湾岸戦争の取材で名を挙げた。シャハト（一九五一〜二〇一八年）は、ドイツ人の母が東独女子監獄ホーエンエックで産んだ子で、父はロシア人将校である。国家敵対的煽動を理由に逮捕され、西独に移送されたシャハトは、ジャーナリストとして東独批判を開始した。

この二人は序文で、「自尊心」（Selbstbewußtsein）が損なわれたままでは将来が築けないと主張した。「家族」および「国民」のアイデンティティが大切だ、自己喪失・外部依存の戦後が一九八九年に終わり、「国民」の自尊心という「当たり前のこと」が、再び出発点となったのだという。二人は同書の扉《とびら》に「一九四四年七月二〇日および一九五三年六月一七日の愛国者たちに」との献辞を掲げ、社会主義圏に甘かった「六八年世代」への皮肉を込めた。

この論文集編纂の出発点となったのは、それまで「六八年世代」の一人と見られていた劇作家ボート・シュトラウス（一九四四年〜）が、一九九三年二月に雑誌『デル・シュピーゲル』で発表した「騒々しくなる山羊の歌」である。「騒々しくなる山羊の歌」とは、声高になる「六八年世代」の言動のことだろう。なぜ彼らを山羊という動物に譬えるのかといえば、それは「山羊の歌」が「悲劇」を指すギリシア語の直訳だからである。

この文章でシュトラウスは、彼らが「我々のもの」を嫌悪し、それを破壊する「外国人」などを歓迎していると批判した。また彼らが「リベラル」なのは、「アンチリベラル」を攻撃することで自己顕示欲を満たすためだとし、ハーバーマスらの「啓蒙の高慢」を非難した。シュトラウスは、「右派」という概念を肯定的な意味に用い、「右派であること」を（抽象的な「国家公民」ではなく）「人間」を捉える記憶の優位を体験することだと定義し、その意味での「右派」は、「ネオナチ」とも「フーリガン」ともかけ離れているとした。

ライナー・ツィーテルマン（一九五七年〜）もこの論文集に寄稿した一人である。少年期にはブラント、青年期にはマルクス、レーニン、毛沢東に傾倒したツィーテルマンは、ダルムシュタット工科大学教授アレティンに見出され、ヒトラー思想に関する博士論文『ヒトラー――革命家としての自己認識』（一九八七年）を書いた。歴史学からの価値判断の分離を主張しつつ、ヒトラーがドイツの工業国家化を志向し、アメリカに感激し、労働者の生活改善を考える「革命家」を自負していたと説いたことで、ツィーテルマンは伝記研究者として内外で高い評価を得たが、左派言論人からノルテ継承者との非難を受け、通勤用の自家用車に放火されることになった。ツィーテルマンは、選挙分析の大家であるベルリン自由大学教授（のちドイツ政治学会理事長）ユルゲン・ファルター（一九四四年〜）の助手になり、アデナウアーに抗した西独のドイツ統一主義者について教授資格論文を書こうとし、同時にミヒャエル・プリンツ（一九五二〜二〇一六年）とNS体制の「近代化」作用について理解を深め、冷戦後の世界的民主化待望論を無邪気《むじゃき》だとして批判した。「ベルリンの壁」崩壊に感激したツィーテルマンはますます政治化し、一九九二年三月からウルシュタイン・プロピュレーエン出版社で編集者になった。

この論文集『自尊心ある国民』で、ツィーテルマンは「六八年世代」の同質化運動を批判した。彼は、左派にも民主的左派、非民主的左派（左派過激派）がいるのだから、右派にも「右派過激派」とは異なる「民主的右派」がいてよいはずだとし、右派を「病気」として排撃する「反ファシズム的民主政」ではない「多様な民主政」を提案した。ツィーテルマンは一九九三年にも論文集『西欧結合』を刊行し、ドイツの西欧への傾倒を否定はしないまでも、それを神聖視することを批判する見解を表明していた。

雑誌『ユンゲ・フライハイト』（若き自由：一九八六年創刊）の論客で、論文集『西欧結合』にも参加していたカールハインツ・ヴァイスマン（一九五九年〜）は、『自尊心ある国民』では「写実主義」を掲げて、敗戦後体制の批判というタブーに挑戦した。ブラウンシュヴァイク工科大学で「ドイツ右派の政治的表象」について博士論文を書いた彼は、北ドイツのあるギムナジウム教諭として宗教（プロテスタンティズム）・歴史を教えている。

ヴァイスマンは、冷戦の二極構造が終わって生まれた世界のカオスを、本来の状態への回帰だとし、未来への幻想を持たず冷静にバランスを取るべきだとした。彼は、国民に民主政の基盤を置いたSPD系国法学者H・ヘラーを再評価し、国民国家への攻撃を止めないハーバーマスを批判した。ヴァイスマンは、「伝統的蓄積」の一掃こそ脅威だとして、過激な個人主義に警鐘を鳴らした。彼は、「人間そのものというのはこの世に存在しない」（ドゥ・メーストル）、

「人間を語る者は嘘つきだ」（C・シュミット）といった言葉を援用している。冷戦終焉後の自由主義圏は、社会主義圏という敵を失って、それに対抗する形で団結するということがもうできない。このため今度は、「ポリティカル・コレクトネスという非公式の圧力」に根差した新しい「疑惑の支配」（ヘーゲル）が、新しい全体主義を生み、テロリズムに転化しかねない状況になっているとした。

　ヴァイスマンは、歴史は終わったというフクヤマの見立ては早計だとした。というのも冷戦終焉で「古い普遍主義」が終わって、地球大での「文化闘争」に入ったからだという。彼は、世界が技術面で統一に向かっても、方向性を模索する人々が「錨《いかり》」（拠《よ》り所）を求めるので、具体的利害が絡んで複雑化しつつも、諸「文明」間の差異が拡大していくと見た。また彼は、国際政治には勝者と敗者とがあるのであって、机上の空論で「公正な世界経済秩序」を作ればよいわけではないとした。さらに彼は、アジア・アフリカ諸国にも問題があるとして、移民流入を称揚する「平和的共存のユートピア」論を戒めた。加えて彼は、いまの生活様式を維持するには、より大きな国家が必要であると考えた。ヴァイスマンは、新しい「ドイツ問題」とは、ドイツ国民が世俗の諸問題に取り組む力や意志があるかどうかの問題だとした。

　この『自尊心ある国民』には、ノルテも「左と右——ある政治的選択肢の歴史と現実味」を寄稿していた。他の寄稿が政治的主張を鮮明にしているのに対し、ノルテ論文はより学術的である。ノルテは「左と右」が相対的な概念で、一定の内容を持たず、相手に依存していると説く。例えば「右派」は当初は（自らも啓蒙主義から出発しながら）「反啓蒙主義的」で「体制寄り」だったが、ビスマルク時代に反体制的右派が現れた、一九世紀半ばには熱心な議会政治の唱道者でも、君主制廃止などは想定外だったなどという。また第一次世界大戦、アメリカ参戦、ロシア革命勃発以後は、あらゆる国家の社会民主主義化が進み、またソヴィエトの脅威との対決が重要課題となり、「左と右」は意味が変容したという。そのなかで、大戦中までイタリア社会党の有力者だったムッソリーニが、ヒトラーの尊敬するファシストになったことを指摘する。そして国民社会主義がソヴィエトの脅威への応答として生まれ、左派過激派と右派過激派とが急進化していったというノルテの持論へとつながっていく。ノルテは、西洋世界の優位を打倒せよという「第三世界主義」にも、男性優位を打破せよというフェミニズムにも、環境保護を訴え産業社会を攻撃する「緑」の運動にも、富裕層絶滅を図ったかつてのソヴィエト以来の左派過激派との連続性を見ているのである。

この論集には元連邦宰相ブラントの妻ブリギッテ・ゼーバッハー＝ブラント（一九四六年～）も寄稿していた。ノルテ指導下で博士号を取得した彼女はSPDに勤め、当時妻帯者だった党首ブラントと同棲を始め、その三人目にして最後の妻になった。エーリヒ・オレンハウアー（一九〇一～一九六三年）やアウグスト・ベーベル（一八四〇～一九一三年）などSPD指導者の伝記を刊行したゼーバッハー＝ブラントは、夫ブラントについても、そのドイツ愛国心を強調した伝記を発表した。

その寄稿でゼーバッハー＝ブラントはこう述べている。「『ドイツの自己嫌悪』から、よいものは何一つ生まれない。自らに納得し、民主的秩序の力に根差した民族＝民衆（Volk）だけが、国内でも国外でも友好的になれるのである。そうでなければその民族＝民衆は、道を踏み外さないとしても、遅かれ早かれ特有の道に踏み込んでしまうだろう」。

この論文集の寄稿者としてほかに名を連ねているのは、元KPD党員で、歴史家論争後にノルテ指導下で博士号を取得したクラウス・ライナー・レール（一九二八年〜）、CSU政治家ペーター・ガウヴァイラー（一九四九年〜）、元連邦軍空軍中佐・元緑の党会派連邦議会議員アルフレート・メヒテルスハイマー（一九三九〜二〇一八年）などである。

一九九五年、ドイツ保守思想界の巨匠エルンスト・ユンガー（一八九五〜一九九八年）が、一〇〇歳を迎えてコール独連邦宰相、ミッテラン仏大統領の訪問を受けた。ユンガーといえば、第一次世界大戦に従軍し、「塹壕《ざんごう》世代」の文筆家としてヴァイマール共和国の主要なナショナリストとなった人物である。このユンガーは、シュヴァルツがフライブルク大学時代、アルノルト・ベルクシュトレッサー（一八九六〜一九六四年）の指導下で書いた博士論文のテーマでもあり、シュヴィルクがライフワークとしている伝記研究のテーマでもある。プロテスタントだったユンガーは、カトリシズムに改宗した上で、一九九八年に死去した。

二〇〇〇年には、ビーレフェルト大学名誉教授（ドイツ近代文学）のカール・ハインツ・ボーラー（一九三二〜二〇二一年）が、政治論文集『田舎者根性――形態学的パノラマ』を刊行した。ボーラーはユンガー研究で教授資格を取得し、『フランクフルト・アルゲマイネ・ツァイトゥング』で文芸批評を行ったが、退官後は言論誌『メルクール』の編集長を務めた。ボーラーも、西欧への劣等感に囚われ、自国の主体性を忘れて欧州統合に埋没するドイツ人の精神構造を「田舎者根性」と皮肉り、かつてのベルリンのような堂々たる首都を敗戦後持とうとしなかったことにそれが表れていると見た。ボーラーの批判は、ハーバーマスら左派言論人だけでなく、戦後秩序に順応した右派政治家たちにも向けられていた。

　このように展開された国民国家復権論だったが、これが再統一ドイツの国家的方針となることはなかった。というのも、ドイツ統一実現と組み合わせてコール政権が対外的に約束した欧州統合の深化、ＮＡＴＯ加盟の継続といった方針が、ドイツ国民国家がそのまま復活することを許さなかったからである。またドイツに対する周辺諸国の警戒も解かれなかった。ドイツは日本、インド、ブラジルと連合国（ＵＮ）安全保障理事会常任理事国入りを目指しているが、ドイツのそれにはいまも西洋諸国が反対しており、いつまでたっても実現しないままである。

　国民国家復権論には理論的な曖昧さもあった。「六八年世代」の傲岸《ごうがん》不遜《ふそん》を告発する舌鋒の鋭さに比べると、「国民」「国民国家」「伝統」「右派」といった概念の説明には、具体性が乏しく、それは議論の前提として棚上げしているような印象がある。ノルテのいうように、彼らが糾合しようとする「右派」とは、「六八年世代」ではない人々というだけのことだったのかもしれない。このため、進行する多文化主義的変容と、それを肯定して国民国家を批判する「六八年世代」とに、どう対処するのかという具体的戦略が出せていないように思われる。

この国民国家復権論の論客たちは、すでに西独時代に大学教授だったシュヴァルツ、ノルテ、ボーラーを除いて、いずれも民間文筆家などであり、有名な学術単著書を刊行しても、大学教職を得るには至らなかった。ツィーテルマンなどは実業界に転身し、いまではI ❤ capitalismのTシャツを着たボディービルダーになっている。敗戦後体制を批判すれば、非国民として大学教職から排除されるというのが、「闘う民主制」なのである。

欧州的国民国家論

やがて「六八年世代」と「九〇年世代」とを架橋する国家論が登場した。「歴史家論争」でも登場したH・A・ヴィンクラーは、「ドイツ社会史派」の若手旗手で、「ベルリンの壁」崩壊前後まで統一懐疑派であったが、再統一後ベルリン大学教授に抜擢されたときには、ドイツ国民国家の代弁者となっていた。シュヴァルツもこのヴィンクラーの転向には目を瞠《みは》っている。ヴィンクラーだけでなく、H・シュルツェなども欧州的国民国家論に数えられるが、ここでは前者の論理を紹介する。

ヴィンクラーは、二巻本のドイツ史概説『長かった西欧への道』(二〇〇〇年)で、一九四五年までの非西欧的な「特有の道」、一九四五年から一九九〇年までの非国民国家的な「特有の道」を克服し、ドイツが「欧州的国民国家」なる安定状態に達したと寿《ことほ》いだ。この概念でヴィンクラーは、欧州統合の推進もドイツ国民国家の再建も同時に肯定したのである。冷戦後のヴィンクラーは、国民国家は欧州では普通のことだというニッパーダイの発想を受容し、ラフォンテーヌら「ポスト・ナショナル」派を、再統一前に遡って批判するようになる。ヴィンクラーは、いち早く自国批判を習慣化したドイツによる「ポスト・ナショナル」な発想の押し付けが、国民国家を捨てる意思が全くないフランスなどとの衝突を生むことを恐れていた。彼は「諸国民の欧州」（Europa der Nationen）論を掲げ、欧州統合の成功のためにも、EUが国民国家を「克服」するのではなく、「架橋」することを望んだ。彼は、「諸地域の欧州」（Europa der Regionen）の挑戦、つまりバスク人、カタルーニャ人、スコットランド人、フラマン人などの分離運動を危険視した。

図71　ハインリヒ・アウグスト・ヴィンクラー

ヴィンクラーは、ドイツが国際政治の舞台に復帰することを望んだ。一方で彼は、ラフォンテーヌへの批判で、「欧州的国民国家」になって「西欧的価値」を牽引しつつあるドイツが、他の西欧諸国に対し傲慢になることを戒めた。他方で彼は、C・シュミット『政治神学』の冒頭文「主権者とは例外状態を決める者をいう」を掲げ、敗戦後ドイツが主権なき状況に安住してきたと批判した。コソヴォ戦争（一九九九年）で、連邦軍が初めて攻撃に参加したとき、ヴィンクラーはドイツが西欧諸国の対等な一員として役割を果たしたことを歓迎した。

ヴィンクラーは、ドイツやEUが非西洋世界に振り回されることを恐れた。彼は、二〇〇二年にトルコのEU加盟が論議された際、トルコがEUの攪乱《かくらん》要因になることを恐れた。彼はトルコの問題性を列挙し、加盟ではなく「特権的」協力関係に止《とど》めるべきだとした。二〇一五年のシリア難民危機でも、彼は「古い欧州諸国民は古典的移民社会ではない」と述べ、政治的庇護付与については肯定しつつ、ドイツへの難民流入の加速を警戒した。彼は、共和党のジョージ・W・ブッシュ政権、トランプ政権の単独行動主義には批判を厭わないが、アメリカとの絆《きずな》は強く意識し、「西欧」の団結を重視している。四巻本の浩瀚な『西欧の歴史』(二〇〇九〜二〇一五年)は、ユダヤ=キリスト教を文化的基盤に置いたヴィンクラーの西洋(西欧)中心史観の完成版となった。

2 「六八年世代」によるドイツの大国化

憲法愛国主義というナショナリズム

一九八〇年代に提唱された「憲法愛国主義」は、ドイツ「固有」なるものを否定する点では自己否定だったが、実はドイツ嫌いの時代に対応した新しいドイツ・ナショナリズムの提案でもあったのかもしれない。そもそもドイツに何の未練もない者は、その評判など気にはしない。ドイツの名誉恢復を望めばこそ、そのために「過去の克服」を提唱し、「西欧的価値」への西独（当時）の恭順を説くという必要も生まれる。これは、近代ロシアでスラヴ主義のみならず、西欧主義もまた愛国心の発露だったのと同じ構図である。「憲法愛国主義」が、ナショナリズムの否定であるようで、実はナショナリズムにもなりうるということは、二〇世紀末に徐々に明らかになっていく。

シュレーダー政権の成立

再統一でいったん後退した左派諸政党の反攻は、九〇年代半ばから始まった。東独地域の経済状態が予想外に深刻で、西独地域にも影響が及んだため、統一の宰相コールは国民の信頼を失っていった。一九九四年の連邦議会選挙では、党首ルドルフ・シャルピング（一九四七年〜）を宰相候補とするSPDに押され、コール政権は下野寸前まで追い詰められた。一九九〇年に西独地域で議席を失っていた「九〇年同盟・緑の党」は、一九九四年には全ドイツで議席を恢復した。一九九八年の連邦議会選挙の際、ヴォルフガング・ショイブレ（一九四二年〜）がコールの「皇太子」と目されていた。だがショイブレは、連邦内務大臣在任中に暗殺未遂に遭い、それ以来、車椅子生活となっていた。当時宰相コールは、あと一期務めると統一の宰相ビスマルクの在任期間に並ぶ予定で、ショイブレへの禅譲《ぜんじょう》を躊躇《ためら》った。

図72　ゲルハルト・シュレーダー（右）

図73　ヨシュカ・フィッシャー

一九九八年秋、ドイツ連邦共和国初の本格的左派政権（SPD・緑の党：赤緑政権）であるシュレーダー政権が誕生した。選挙後間もなく、コールもショイブレも闇献金疑惑で党内外の信頼を失った。

シュレーダー政権は、学生叛乱に関与した人々によって構成されていた。それは特に、連邦宰相ゲルハルト・シュレーダー（一九四四年～：SPD）、外務大臣ヨーゼフ（愛称ヨシュカ）・フィッシャー（一九四八年～：緑の党）、内務大臣オットー・シリー（一九三二年～：SPD、元緑の党）、財務大臣オスカル・ラフォンテーヌ（SPD、のち脱党）といった猛者《もさ》たちである。フィッシャーは破壊活動にも荷担した革命家で、シュレーダーやシリーは左派テロリストを担当した弁護士だった。

シュレーダー政権は「六八年世代」の理念を着々と実現した。それは、従来の血統主義原則に「西欧的」な「属地主義」（血統とは関係なく国内出生児に国籍を付与する方針）を加えた新「国籍法」の制定（一九九九年）、脱原発の宣言（二〇〇〇年）、外国人IT技術者を呼び込むためのグリーン・カード制度の創設（二〇〇〇年）、ドイツを「移民国」と公式に認定する「移民法」の制定（二〇〇五年）、ベルリンでのホロコースト警鐘碑の建設（二〇〇五年）などを実現した（もっともホロコースト警鐘碑はコール政権からの懸案だった）。

これらの政策は、「六八年世代」の理念を体制思想として定着させ、ドイツ連邦共和国を西欧的＝「普遍」的価値の学習国から牽引国にすることに決定的に貢献した。二〇〇〇年五月一二日、フィッシャー外相はベルリン大学で講演「国家連合から連邦へ」を行い、「中核的欧州」と呼ばれる指導的諸国が牽引して、最終的には欧州連邦国家を目指すべきことを説いた。この発言にはフランスから、ドイツは「ドイツ国民の神聖ローマ帝国」を再建する気なのかと憤慨する声が上がった。この事件は、欧州統合推進の主導権がドイツにあることを印象付け、ドイツによる欧州の「道徳的征服」を予感させるものとなった。

シュレーダー政権はその閣僚の生活スタイルでもドイツ社会の変化を印象付けた。宰相シュレーダーは在任当時、四人目の妻と一緒だったが、退任後に韓国人女性と五度目の結婚をして、近年はベルリンでの従軍慰安婦像建立運動を援護射撃している。フィッシャー外相も、在任当時四人目の妻と生活していたが、のち離婚した。ラフォンテーヌ財相も、在任中は三人目の妻と生活していたが、のちPDSのスター政治家ザーラ・ヴァーゲンクネヒト（一九六九年〜）と恋仲になって離婚した。国防大臣シャルピングは、長年連れ添った妻と多くの娘を儲《もう》けていたが、フランクフルト・アム・マイン在住の某伯爵夫人と逢瀬《おうせ》を重ねるようになり、しかもマリョルカ島での逢引の際には連邦軍機を利用していた。環境大臣ユルゲン・トリッティン（一九五四年〜：緑の党）は、党創成期に小児愛を肯定していたことが、退任後に問題になった。かつてブラントもその女性関係を問題視されたことがあったが、シュレーダー政権幹部の状況はそれとは別次元だった。

シュレーダー政権閣僚の生活態度は、西洋社会の家族観の変化に沿うものだった。のちドイツの連邦大統領ヨアヒム・ガウク（一九四〇年〜）も、牧師出身だが妻以外の女性と同棲中で、就任時には誰が「ファーストレディ」かで論争が起きている。一九九八年の連邦議会選挙では、コール政権の閣僚たちは自分たちが妻子と健全な家庭を営んでいることをアピールしていた。コール政権が擁立した憲法学者出身の連邦大統領ローマン・ヘルツォーク（一九三四〜二〇一七年）も、専業主婦の妻が料理番組を持ち、彼女が病死した際には同情を買った。だがすでにそのコール政権において、一九九四年の改正民法典第一三五五条で、一家同姓を原則としつつも、別姓・結合姓をも許可する方針に転じていた。また再統一に伴い、人工妊娠中絶が条件付きで解禁された。中絶容認に転じた東独に対し、政教協力体制を敷く西独では刑法で堕胎《だたい》罪が設けられていたが、中絶禁止を女性の自己決定権を否定するものだとし、中絶経験を公言する女性も現れていた。コール政権はこの件では西独方式による一本化を断念し、堕胎罪を維持しつつも、相談所で翻意を促しても妊婦の意志が固い場合には中絶を認める方針に転換した。

さらにシュレーダー政権は二〇〇一年、同性愛者のための準婚姻制度である「人生パートナー」制度を導入した。これにはカトリック教会が猛反撥したが、逆にこの制度も同性婚を認めていない点で不十分だという批判も上がった。ドイツ政界では、ギド・ヴェスターヴェレ（一九六一〜二〇一六年：連邦外相・FDP党首）、クラウス・ヴォヴェライト（一九五三年〜：ベルリン市長・SPD）、オレ・フォン・ボイスト男爵（一九五五年〜：ハンブルク市長・CDU）のように、同性愛を告白する有名政治家も相次いだ。

とはいえシュレーダー政権は多くの困難に遭遇した。「六八年世代」の諸政策には、各州で政権を握るCDU／CSUが、連邦評議会で逐一反対した。それ以上に深刻だったのは、コール政権以来の経済不況をシュレーダー政権も克服できないことだった。二〇〇二年の連邦議会選挙では、連邦宰相シュレーダーはCDU／CSUの連邦宰相候補シュトイバー（CSU）との厳しい競争をしなければならなかった。バイエルン首相だったシュトイバーの保守色・バイエルン色が強すぎたこと、シュレーダーが折からのエルベ川洪水対策やイラク戦争への不参加表明で存在感を高めたことで、赤緑連合が黒黄連合（CDU／CSU・FDP）を僅差《きんさ》で上回り、シュレーダーは政権を維持できた。

第二次シュレーダー政権はさらに大きな困難に遭遇した。経済浮揚のために「アジェンダ二〇一〇」で社会保障を整理して雇用形態を自由化するという、かつての労働者政党としては異例の政策を取ったことで、SPDは分裂した。シュレーダーが貧しい母子家庭の出身ながら、弁護士として成功し、葉巻を吸い金持ち風の身なりをしていたことも、党支持層の反撥を買った。ラフォンテーヌら最左派は脱党し、東独中心のPDSと合併して、東西両地域にまたがる

の連邦議会選挙で、メルケル政権が誕生した。

なおシュレーダー政権は「六八年世代」を軟化させた面もある。「六八年世代」は連邦共和国やCDU／CSUへの叛逆者として出発し、ドイツ再統一にも反対し、コール政権がドイツの国際貢献拡大を図った際にも、アウシュヴィッツで犯したドイツの罪を援用してドイツの世界進出に抵抗した。だがシュレーダー政権の成立で、SPDや緑の党は外交や防衛に責任を負うことになり、野党時代のような反権力的主張を貫くことができず、態度変更を余儀なくされた。一九九四年の村山富市《むらやまとみいち》政権成立時に、日本社会党が直面したのと同じ状況である。緑の党政治家にも背広を着る者が現れ、ハーバーマスも連邦軍のコソヴォ派兵を、人道のための介入として支持するに至ったのである。

二〇〇五年に成立し、一六年に及んだメルケル政権は、SPDとの連立が多く、CDU主導政権でありながらシュレーダー政権との連続性が大きい。メルケルは、いったん打ち出した保守政党らしい方針を、突然撤回して進歩派の喝采を浴びるという行動様式を繰り返した。同政権は当初、従来通り徴兵制維持の方針を採っていたが、二〇一一年に突然財政状況を理由に徴兵制停止を打ち出した。同政権は、シュレーダー政権が打ち出した脱原発路線を見直すと発表したが、二〇一一年に福島第一原発の事故のあとで突然脱原発への回帰を表明した。同政権は、「統合」重視の立場から移民の同化政策を進め、後述のザラツィン論争では宰相本人が「多文化主義は失敗だ」と述べていたが、二〇一五年にシリア難民が欧州に殺到すると、難民申請受入を表明した。そして、宰相本人は結婚とは男女間のものだと考えていたにもかかわらず、二〇一七年に連邦議会選挙を前にしたＳＰＤの熱望で、同政権は同性婚制度化に道を開いた。

こうしたメルケル政権の政策は、ＣＤＵ／ＣＳＵの「現代化」として歓迎する側と、保守政治の抛棄を批判する側とに、党支持層を分断したが、ドイツの国際的立場の強化には有益だっただろう。その一六年間に、ドイツは西欧的＝「普遍」的価値の牽引国としての立場を確立した。とりわけ環境保護政策は、アメリカや中華人民共和国が不熱心で、日本も本腰を入れられないなか、シュレーダー・メルケル政権によって、ドイツの世界戦略にとって格好の理論的武器となったのである。環境保護および「過去の克服」は、いまやもうドイツ的＝「普遍」的価値になったといってもいいだろう。

メルケルはドイツ政界の鵺《ぬえ》である。プロテスタント牧師の娘として西独に生まれ東独で育ったが、学校では優等生で、ロシア語も堪能な物理学者になった。「ベルリンの壁」崩壊で市民運動に荷担したかと思うと、一転して再統一を先導するＣＤＵに入った。「コールの女の子」と呼ばれ、お飾りの東独出身女性大臣かと思われたが、やがて頭角を現し、恩人コールが危機に陥るといち早く見捨てた。メルケルは女性だがフェミニストぶりを顕示することもなく、東独出身だが東独人と連帯することもない。自分の擡頭を自分の帰属集団の勝利だと考える、アメリカのヒラリー・ロダム＝クリントンやカマラ・ハリスとはその点で違う。優勢なライバルだったショイブレやシュトイバーの失墜、シュレーダーの不人気という幸運にも恵まれ、メルケルは連邦宰相になり、明確な敵を作らないまま連立相手を変えて政権を維持してきた。党是にこだわらない時流への順応は、「白色革命家」ビスマルクにも通じるものがある。メルケルはアンリ四世にも似て、分断した社会をまとめるには適した人物だったと言えよう。

だがメルケル政権は、近いうちに誕生する緑の党首班政権への一里塚にすぎない。ドイツ左派の主導権は、もはやSPDから緑の党に移った。緑赤政権ができれば、それは欧州に冠たるドイツの地位を確立し、世界の「道徳的征服」を目指す権力主体となるだろう。

3　国民的尊厳の再構築

新しい自尊心を求めて

コール政権、シュレーダー政権、メルケル政権の三一年間は、再統一したドイツが新しい国民的自尊心を確立していく過程でもあった。新しい国民的自尊心は、何より西欧的＝「普遍」的価値に準拠したものだったが、そこではドイツ「固有」の過去との連続性も意識されていた。

新首都建設

ベルリンへの連邦首都移転決定（一九九一年）は、再統一ドイツが単なる西独の継続ではないことを示した。ボーラーが示唆したように、ワシントン、モスクワ、ロンドン、パリ、ローマ、東京、北京《ペキン》といった壮大な首都が発展を競う世界で、ボンのように小さい田舎町を首都にしたのは、西独の対外的低姿勢の表現でもあった。これに対し、ビスマルクやヒトラーが統治したベルリンに首都を戻したことは、再統一ドイツの「権力への意志」を内外に印象付けた。多くの西洋都市が、その豊かな歴史遺産ゆえに模様替えができないなか、ベルリンでは戦災や分断が不幸中の幸いとなって、新しい都市計画が可能であった。ガラス張りの現代的な連邦宰相府や中央駅、ユダヤ系アメリカ人建築家の改修による新旧混合様式の「帝国議会」が、いま新欧州首都ベルリンのランドマークとなって、訪問者を威圧している。ドイツが変わっていくのではないかという、予想される周辺国の憂慮に備えて、連邦国防省やアレクサンダー・フォン・フンボルト財団など、一部の公共機関をボンに残したのも巧妙であった。

ベルリンはボンではない。新しい首都で心機一転、再出発した再統一ドイツは、西独時代の政治的原則を守りつつも、より積極的に国家運営をするようになっていった。そのなかで、ドイツの歴史認識にはさまざまな変容が見られるようになったのである。

現代史研究所をめぐる闘争

一九九二年、ミュンヒェンの現代史研究所の所長に、パリのドイツ史研究所長だったメラー

図74　ホルスト・メラー

が就任した。このポストは、前所長ブロシャートが死去した一九八九年から空席だった。現代史研究所は、ドイツの国立歴史学研究所とでもいうべきもので、連邦政府と各州政府との共同出資で運営されている。ＮＳＤＡＰ研究機関として出発し、裁判で歴史問題に関する鑑定書を出すこともあるこの研究所は、政治的役割も強い。ただ当初は、現代史研究という分野の地位が歴史学界では低いという問題もあった。

この現代史研究所の所長に誰がなるかは、ドイツ政治の関心事の一つである。前述のように、ブロシャートは「歴史家論争」におけるハーバーマスの援護者だった。だがメラーは、ハーバーマスには批判的な人物だった。ベルリン自由大学でニッパーダイの助手であったメラーは、コール政権の指南役となり、のちにはバイエルン首相フランツ・ヨーゼフ・シュトラウス（一九一五～一九八八年）の伝記を書いている。メラーは一九九二年からレーゲンスブルク大学教授を兼ねたが、一九九六年に移籍してミュンヘン大学正教授を兼ねた。前任者ブロシャートと違って、メラー以降は研究所長が大学正教授を兼ねることになり、研究所（あるいは現代史研究そのもの）のドイツ歴史学界における地位が向上したことを表した。

メラーは、二〇〇〇年春にノルテがＣＤＵ系「ドイツ財団」のコンラート・アデナウアー賞を受けたとき、「個人として」その顕彰役を引き受けた。この賞は米軍将官、保守系の政治家・学者などに授与されていたが、ノルテへの授与は彼の名誉恢復を意図したものだったのだろう。だが前年のショイブレ受賞では顕彰演説を行っていたCDU党首メルケルが、この年は「受賞者との個人的関係」を理由に演説を拒否し、メラーが依頼された。メラーは顕彰演説で、ノルテの歴史哲学者としての業績を称え、ノルテは戦後の規範に適う道徳主義者だと説明した。ただメラーは、NS政権をソヴィエト共産党に引き寄せるノルテの解釈には反対した。メラーの思惑に反して、ノルテは受賞演説「歴史修正主義とは何か?」で意気軒高に持論を繰り返した。ただメラーとノルテとに共通するのは、ホロコーストを理由にドイツ史解釈を制約するのではなく、事件を合理的に「理解」しようとする姿勢である。合理的「理解」とは正当化ではないかという疑いを、彼らはともに退けたのだった。

　メラーの擡頭に危機感を懐いた「六八年世代」は、彼や現代史研究所への攻撃を開始した。その先頭に立ったのが、かつてメラーのベルリン自由大学での同僚で、ライバルだったヴィンクラーである。ソヴィエト軍の迫る故郷ケーニヒスベルクから逃れた体験があるヴィンクラーは熱心な反共主義者で、代表作『長かった西欧への道』でも、ヒトラーの反ボリシェヴィズムは西欧で反響を得たが、それはスターリンの大粛清やコミンテルンの内戦プロパガンダへの応答だったと述べ、またヴィッパーマンのようにアウシュヴィッツを絶対視すると、「共産主義」の人権侵害が免罪されてしまうと危惧するなど、その議論はノルテに近似している。だがヴィンクラーは、ノルテが「過去の克服」の相対化を図ったと非難し、その顕彰者メラーを攻撃した。ヴィンクラー、ヴェーラー、ユルゲン・コッカ（一九四一年～）、ヴォルフガング・ベンツ（一九四一年～）、ノルベルト・フライ（一九五五年～）らは、メラーの所長辞任を求め、新聞雑誌も「歴史家論争の再来」だと注目した。だがメラーは、二〇一一年の退官まで現代史研究所長・ミュンヒェン大学教授に留まり、後任の所長・同大学教授には門下生のアンドレアス・ヴィルシング（一九五九年～）が就任し、研究所副所長にも門下生のマグヌス・ブレヒトケン（一九六四年～）が就任した。

メラー時代の現代史研究所はNSDAP研究の色彩を薄めていった。いま同研究所は担当領域として、（一）「二〇世紀の独裁」、（二）「民主主義諸国とその歴史的自己認識」、（三）「最近の現代史における諸変容」、（四）「国家間・国家超越的諸関係」を掲げている。（一）はドイツNS体制のみならず、イタリア・ファシズム、スターリン体制、そして「ドイツの第二の独裁」たる東独を含んでいる。（二）はドイツ連邦共和国史の回顧だが、そこでは学生叛乱に続く左派テロリズムを、民主制への脅威として扱っている。（三）は権威主義体制から民主制への変容（あるいは両者の混合政体）、性的意識や環境意識の変化などを対象にしている。（四）は世界大戦、冷戦、南北問題、グローバル化などを包含している。

歴史博物館の建設ラッシュ

ドイツ連邦共和国の歴史政策というと、「過去の克服」、つまりNS体制への積極的自己批判が高く評価されることが多い。「六八年世代」は、「過去の克服」こそが現代ドイツ人の自己認識の拠り所になっていると力説する。確かに「過去の克服」は、いまでも再統一ドイツの一つの有力な歴史政策であり続け、対外的にも理論的武器になっている。

ところが再統一ドイツでは、それと並行して、それと必ずしも矛盾しないもう一つ別の歴史政策も展開されている。それは、ドイツの国民的自尊心を再建するための博物館建設である。一方で「過去の克服」への積極的取り組みを示し、例えば日本との差異化によって、国際的評価を得ようとするが、他方で歴史博物館を建設して、ドイツの国民的自尊心を恢復しようとするというのが、再統一ドイツのヤヌス的（双面的）性格である。国民的自尊心の再建は五つの手法で行われた。

第一の手法は、西独史の称揚である。一九九四年、ボンに完成した「ドイツ連邦共和国歴史館」は、終戦から再統一に至る西独のサクセス・ストーリーを描き、戦後ドイツ人を慰労している。栄光の歴史を牽引したホイス、アデナウアー、ブラント、シュミット、ヴァイツゼッカーら政治指導者の個人崇拝が始まり、近年ドイツ各地でその名前が、かつての君侯や軍人と同じく、地名や施設名に使用されている。彼らを顕彰する切手発行、伝記研究、全集出版、記念館建設なども相次いでいる。

第二の手法は、前近代史の発掘である。ドイツ各地を旅行すれば分かることだが、「過去の

図75　リューネブルクの空襲被害説明板［2016年3月25日著者撮影］

克服」とは関係のない郷土史・教会史の博物館も、以前からドイツには無数に存在している。一九九四年にベルリンのプロイセン軍武器庫だった建物で開館した「ドイツ歴史博物館」は、先史時代から東独時代までを幅広く扱い、NS政権以外のさまざまな時代に大半の説明を割いている。

第三の手法は、被害者としてのドイツ人への注目である。敗戦の結果、一九四五年前後に東欧各地の故郷から追放されたドイツ難民の運動は、一九六〇年代まで連邦・州政府や左右各政党の後援を受けていた。連邦大統領を選出する連邦集会は、一九六九年までベルリンの「東プロイセン・ホール」で開催されており、西ベルリン市長だったブラントも、被追放民同盟との連帯を強調していた。だが新東方政策によって、ドイツ連邦共和国と東欧諸国との和解が進むと、ドイツ難民運動はナショナリズムの強硬な主張者、報復を唱える緊張緩和の攪乱者として、迷惑がられるようになっていく（いわゆる「被追放民の追放」という現象）。ところが冷戦終焉で社会主義圏批判が解禁されると、NS政権に関するドイツの責任を意識し、また世界の多様な難民問題との並行性に触れた上で、ドイツ難民の被害が再び想起され、連邦政府の後援を得るようになる。

二〇〇八年に連邦立およびベルリン市立「ドイツ歴史博物館」傘下の財団「逃亡・追放・和解」が発足し、メラー門下生のマンフレート・キッテル（一九六二年〜）が初代総裁に就任した。二〇二一年六月二一日、宰相メルケルの臨席のもと、ベルリン中心街の「ドイツ館」で「ドキュメントセンター　逃亡・追放・和解」が開館した。このセンターでは、オスマン＝トルコのアルメニア人・ギリシア人抑圧も、ソヴィエトの富農・正教会への抑圧も、ドイツ人の東方からの追放も、過去の悲劇として併記する方針をとっている。

第四の手法は、東独の否定である。東独の独裁的性格を強調することは、間接的に西独および再統一ドイツを肯定することになり、また独裁はNS政権だけではなかったと印象付けることにもなる。一九九九年開館の「現代史フォーラム」（ライプツィヒ）、二〇一一年開館の「涙の宮殿」（ベルリン）、保存された「ベルリンの壁」などは、東独体制の恐怖をいつまでも想起させ、ドイツ連邦共和国に生きる有難さを実感させるための施設である。

第五の手法は、軍事史の復興である。軍事博物館は愛国心を喚起する施設であり、いまでは平和主義的但書《ただしがき》が付されることがあるとしても、自国の栄光や将兵の武勇を称揚するという本質は変わらない。ロンドンの「帝国戦争博物館」、パリの「陸軍博物館」、ヴィーンの「陸軍史博物館」などはその典型であるが、二〇一一年にはドレスデンに「軍事史博物館」が開館した。かつて「ザクセン王国陸軍博物館」、東独「国民的人民軍博物館」だった建物を、改修してドイツ連邦軍の博物館にしたもので、古典建築に現代的要素を加味するという、現代ドイツで流行の建築様式である。

ドレスデン「軍事史博物館」は異なる要素の複合体である。建物の周囲には戦車やロケット砲が並び、一階には夥《おびただ》しい数の銃砲・刀剣・甲冑・鉄兜・制服・ラッパ・軍旗、軍人・貴族・君侯などの肖像画、疾駆する中世騎士や突撃する近世兵士たちの絵画などが展示されている。フランス軍のドイツ侵攻、ライン同盟諸国のフランス従属、ドイツ統一戦争の説明もある。だが二階以上では軍事を考察する展示が続いている。戦争での肢体喪失の展示もあるが、「戦争に動員された動物」「軍隊と音楽」「軍隊と玩具《がんぐ》」など非政治的展示もあり、国防軍将校のヒトラー襲撃、ドレスデン空襲、東独「国民的人民軍」の展示もある。売店で販売されるカタログは、二階以上の紹介を重視していて、知識人が購入することを意識している。軍事ファンのためには、別に写真集や絵葉書などが多数販売されている。

図76　ドイツ軍事史博物館の展示品（1階）［2017年8月31日著者撮影］

ドイツ史の再評価

歴史学説も国民国家復活に呼応して、「ドイツ特有の道」批判の枠組みを乗り越え始めた。

アウクスブルク大学教授ヨハンネス・ブルクハルト（一九四三年〜）は、神聖ローマ帝国を形骸化したとされてきたヴェストファーレンの講和を、「近世最大の平和構築」だったと称揚した。ミュンヒェン大学計画外教授ヴォルフガング・ブルクドルフ（一九六二年〜）は、『帝国憲法と国民』（一九九八年）で、旧帝国と近代ドイツとの連続性を主張した。ブルクドルフはドイツの国民意識や立憲主義が、フランス革命以前から始まっていたとし、皇帝の選挙協約を近世ドイツ憲法として編纂・刊行した。イエナ大学教授ゲオルク・シュミット（一九五一年〜）も、その『旧帝国の歴史』（一九九九年）で、帝国国法学から政治評論、民衆歌謡までを分析して、近世には貴族から民衆までを包含する「ドイツ国民」の観念があったことを説いた。ユニヴァーシティ・コレッジ・ダブリン教授ロベルト・ゲルヴァルト（一九七六年〜）は、中途半端だと軽視されてきたドイツ革命を、少ない流血や短い期間で君主制を打倒しボルシェヴィズムを退け、男女平等や性の解放などを実現した「最も偉大な革命」だったと絶讃している。

4　甦る君主制・教会・軍隊の伝統

保守的過去の復権

再統一ドイツでは、西欧的＝「普遍」的価値とは結びつかない過去も、NS政権に関わらない範囲で復権していった。それはとりわけ、君主制、教会、軍隊に関してのことである。再統一前には、それらをできるだけNS政権と結びつけて、排除しようとする「六八年世代」が強力であった。彼らは再統一後もまだ同じ主張をしているが、それでも「破壊による再出発」から「修正による再出発」への回帰が起こりつつある。

貴族のいる共和国

ドイツ連邦共和国には、いまでも貴族の称号を正式に名乗る人々がいる。貴族の称号を全廃したエステルライヒ共和国とは異なり、ヴァイマール共和国ではその一部を戸籍名として残す決定がなされ、ドイツ連邦共和国にも引き継がれた。このためドイツでは、政治的・経済的特権を伴う貴族制度はないが、「ラムスドルフ伯爵」「シュタウフェンベルク伯爵」「グッテンベルク男爵」「ヴァイツゼッカー男爵」などの称号、あるいは「フォン」「ツー」などの称号を、戸籍に登録することはできる。ドイツ語圏の貴族の称号は家族全員に受け継がれ、また活用もする。

例えば、「伯爵」(Graf)と結婚した女性は「伯爵夫人」(Gräfin)となり、娘が生まれると結婚で改姓するまでは「伯爵令嬢」(Gräfin)として戸籍に記載される。「男爵」(Freiherr)と結婚した女性は「男爵夫人」(Freifrau)となり、娘は「男爵令嬢」(Freiin)と呼ばれる。

また戸籍上許容されていない「トゥルン・ウント・タクシス侯爵」(Fürst)や「バイエルン

公」（Herzog）などの高位貴族の称号も、実際には使用されることがある。ドイツ語圏の各種式典ではいまでも「殿下」（Königliche Hoheit）などの敬称が聞かれる。例えばヴィッテルスバッハ家（バイエルン王家）家長フランツ（一九三三年～）は、戸籍上は「フランツ・フォン・バイエルン王子」だが、父アルブレヒトの死で家長となってからは「フランツ・フォン・バイエルン公」を名乗り、いまもニュンフェンブルク宮殿に居住している。ヴィッテルスバッハ家の人々は、君主制廃止後にバイエルン自由国が補償のために作った財団から、毎年約一四〇〇万ユーロ（約十七億円）の年金を受領していると、二〇一六年二月六日の『南ドイツ新聞』は報じている。こうした君主制時代の残滓が、再統一ドイツではしばしば顕在化するようになってきた。

老フリッツの帰宅

一九九一年、プロイセン王フリードリヒ二世（老フリッツ）がポツダムに改葬された。飼犬とともに埋葬されたいという本人の願いに反して、彼の棺《ひつぎ》は一七八六年から一九四三年までポツダム衛戍《えいじゅ》教会に安置されていたが、その後空襲を避けるため鉱山などを転々とし、戦後はマールブルクのエリザベート教会を経て、一九五二年からは西独南部のホーエンツォレルン城に安置されていた。ポツダムはソヴィエト占領地区に、そしてドイツ民主共和国になったので、棺が帰還することはなかった。

再統一後、コール政権の決定により、フリードリヒ二世は一九九一年八月一七日にポツダムのサンスーシ宮殿の中庭に、遺言通り犬とともに埋葬された。その際、フリードリヒ二世の改葬が連邦軍儀仗兵を伴った形式で行われ、コール連邦宰相が参列したことが論議を呼んだ。

王宮の復元

君主制関連の建造物も次々に復活した。戦災復興の過程で、西独ではすでにミュンヒェン王宮など多くの歴史的建造物が（簡略化した形態の場合も多いが）復元されていた。東独でも、ツヴィンガー宮殿、ドレスデン王宮、ベルリン大聖堂などは復元が着手されていたが、復元が見送られた建築物も多かった。だが再統一後に反東独感情が強まると、歴史的建造物の復元がブームになった。東ベルリンのライプツィヒ通にあったプロイセン王国貴族院は、改装されて「連邦評議会」議事堂として再利用された。ポツダム王宮は、かつて閲兵式などが盛んに行われた地で、東独時代には復元されなかったが、二〇一四年に外見の復元が完成し、内部はブランデンブルク州議会議事堂として再利用されている。

君主制復権の最大のイベントはベルリン王宮の復元である。この王宮はドイツ帝国の象徴だったが、戦災で痛手を受けたまま、東独政府により爆破され、跡地に「共和国宮殿」が建設された。再統一後もしばらく王宮復元構想はなかったが、近隣の東独外務省が撤去され、「共和国宮殿」も石綿除去作業のため立入禁止になった。一九九九年の連邦首都移転で、新首都の真ん中にある「共和国宮殿」の廃屋が目立つようになり、連邦宰相シュレーダーのようなSPD政治家までもが、美観の観点からベルリン「市宮殿」復活を希望するようになった。近隣の博物館、軍司令部、国立図書館といった歴史的建造物が次々と復元されていくなかで、遂に二〇一三年にベルリン王宮もその外見の復元が始まり、内部用途が判然としないまま工事が進んだ。王宮は二〇二〇年に「ベルリン王宮――フンボルト・フォールム」なる名称で竣工《しゅんこう》し、同年一二月から美術館などとしてのヴァーチャル開館が始まった。そして通常開館は二〇二一年七

図77　東ドイツ共和国宮殿（1986年）

図78　復元されたベルリン王宮（2020年）

月二〇日、国防軍将校のヒトラー暗殺未遂事件の記念日に始まった。

緑の党、左派党など王宮復元反対派は、この工事を座視せず、その最終過程でも一矢《いっし》報いようとした。彼らは、王宮西側のエオザンダー礼拝堂の丸屋根にある十字架や銘文が、ドイツの植民地支配を肯定しているとの批判を提起した。この丸屋根は、一八四〇年代にフリードリヒ・ヴィルヘルム四世によって、王権神授説の表現として追加されたもので、その銘文は、イエスに帰依する以外に救いはないという趣旨の新約聖書の一節である。それはキリスト教信仰への確信を表現したものではあるが、植民地支配と直接の関係はない。この王宮が欧州外の文物の博物館になったので、その屋上でキリスト教への確信を説くことを咎めたのだろうか。だがその主張は通らず、建築は復元を旨として予定通り続行され、建物内部に植民地支配の警鐘モニュメントを付加することでバランスがとられた。直前には不審火にも見舞われたが、二〇二〇年五月末、黄金の十字架が丸屋根の頂点に設置され、王宮は「戴冠」した。聖書の一節を記した金文字も姿を現した。

教会堂の復元

再統一ドイツでは教会堂の復元も著しい。一九世紀のケルン大聖堂の完成もそうだったが、壮大な教会堂の建設は信仰心の表現とは限らない。社会主義体制の反宗教政策が功を奏して、キリスト教徒がかなり減少した東独で教会堂復活が相次いだのは、社会主義的過去と訣別し、失われた歴史を取り戻すためである。また復元に際しては、和解の表現としてドイツ側と旧敵国側との共同作業が重視された。

一九九八年、ケーニヒスベルク大聖堂が復元された。一九四四年八月にイギリス軍の爆撃を受けた東プロイセンの首都ケーニヒスベルクは、ソヴィエト占領下でカリーニングラードと改称され、旧市街は社会主義圏の二〇世紀的街並みへと変貌した。プロイセン王たちが戴冠式を行い、カントの霊廟があった大聖堂も廃墟となった。だが冷戦終焉後、東プロイセンのドイツ系難民団体、教会、ケーニヒスベルク市継承団体などは、ロシア連邦政府などと協力して、一九九二年に大聖堂の復元工事を始めた。大聖堂はいま、プロテスタント教会および正教会によって使用されている。

ちなみにカリーニングラード大学は、構内にカントの銅像を立て、「インマヌエル・カント・バルト連邦大学」を名乗るようになり、カリーニングラード自体も、サンクトペテルブルクやエカテリンブルクの例に倣って、ケーニヒスベルクに地名を戻す（あるいは新名称にする）ことを検討しているが、実現はしていない。

二〇〇五年、ドレスデンの聖母教会が復元された。一九四五年二月にイギリス軍の爆撃で壊滅したこの教会は、東独時代には積み上がった瓦礫《がれき》が戦争警鐘碑とされていた。だが東独末期から始まったバロック的都市景観を復興する動きが、再統一後は同教会を戦争警鐘碑のままにするべきだとの声を凌駕《りょうが》した。教会堂復元に当たっては、瓦礫も再利用可能なものは、でき

図79　復元されたドレスデン聖母教会［2017年8月30日著者撮影］

るだけ元の位置で使用する工夫がなされた。頂点の十字架はイギリスから寄付され、王族のケント公爵が持参し、教会ではいまも毎月第三日曜日に、英国国教会による英語礼拝が行われている。

二〇一七年には、ポツダム衛戍教会の復元も始まった。この教会は、かつてフリードリヒ二世の霊柩《れいきゅう》が安置されていた場所である。一九三三年三月二一日の「ポツダムの日」には、国会開会式の場となり、ヒンデンブルク大統領、ヒトラー宰相らがこの霊柩の前で、国民的連帯を演出した。霊柩はすでにサンスーシ宮殿に埋葬されていてもう戻らないが、その教会堂は復活することになったのである。

ヴィルヘルム大帝の再登板

君主の記念碑の復元としては、コブレンツの「ヴィルヘルム大帝騎馬像」の例が挙げられる。モーゼル川、ライン川が合流する三角洲である「ドイツの角」（かつてドイツ騎士団の病院があったことに由来）には、一八九七年以来ドイツ皇帝ヴィルヘルム一世の巨大な騎馬像があったが、戦災で台座を残すのみとなっていた。一九八九年に地元紙『ライン新聞』社主が復元のため三〇〇万マルクの寄付を申し入れたとき、ラインラント＝プファルツ州首相ベルンハルト・フォーゲル（一九三二年～：CDU）はこれを拒否した。ところが統一後に潮流が変化し、次の同州首相カール＝ルートヴィヒ・ヴァーグナー（一九三〇～二〇一二年：CDU）が寄付を受諾して、騎馬像は一九九三年九月二日に復元された。ちなみにこの日は「ゼダン記念日」、つまり独仏戦争の帰趨《きすう》を決めたスダンの戦いの記念日であった。

図80　復元されたヴィルヘルム大帝騎馬像［2008年8月31日著者撮影］

図81　元皇太子オットー大公の霊柩を護衛するエステルライヒ連邦軍

王侯儀式の放送

近年相次ぐのが、旧君主関係行事の公共放送での中継である。君主制が廃止されて久しい独墺でも、旧君主家系の冠婚葬祭は国民の関心事であり続けている。

二〇一一年七月四日、ミュンヒェン郊外ペッキングの自宅で、ハプスブルク家の元皇太子オットー大公が世を去った。帝室の伝統に従った埋葬行事は、バイエルン放送、エステルライヒ放送で中継された。まずミュンヒェンのテアティーナー教会（七月一一日）で見送りがあり、バイエルン首相ホルスト・ゼーホーファー（一九四九年〜）らが参列し、会葬者一同がハイドンの皇帝讃歌を歌って送り出した。続いて旧帝国各地で行事があり、ヴィーンのシュテファン大聖堂（七月一六日）で葬儀が行われ、今度は各国元首など参列者が皇帝讃歌を歌った。葬列には、エステルライヒ連邦軍の儀仗隊、旧帝国各地を代表する人々が従った。

テレビカメラが中継するなか、オットー大公は帝室の慣習に従い、ヴィーンのカプチン会霊廟に埋葬された。葬列が修道院前に着くと、侍従が杖で扉を叩き、皇太子の各種称号を全て読み上げるが、修道士たちは「そういう人は知らない」として入れない。次に欧州議会議員など職歴を読み上げるが、同じ反応である。三度目に「オットーという、死を免れなかった、罪深い人間です」とだけ名乗ると、ようやく扉が開くのである。なおオットーの心臓は取り出され、別個にハンガリーのベネディクトゥス会修道院に埋葬された。後述の教皇ベネディクトゥス一六世からは、「帝国・王国オットー・フォン・エステルライヒ大公殿下」の業績を称える弔辞《ちょうじ》が送られた。

二〇一一年八月二七日には、プロイセン王家で婚姻があった。ホーエンツォレルン家長のゲオルク・フリードリヒ・フォン・プロイセン王子（一九七六年〜）が、ゾフィー・フォン・イーゼンブルク侯女（一九七八年〜）と、ポツダム平和教会で結婚式を挙げたのである。シルクハットの王子は新妻と周囲を馬車で行進したが、その模様がベルリン・ブランデンブルク放送で中継された。この婚礼には、ブランデンブルク州首相マティアス・プラツェク（一九五三年〜：SPD）など地元政治家も参列した。

残った「帝国議会」

ベルリンの連邦議会議事堂は、いまでも「帝国議会」（Reichstag）と呼ばれ続けている。Reichstag はヴァイマール共和国の「国会」とも解釈できるが、その起源はドイツ帝国の「帝国議会」にある。いまの議事堂は一八九四年に竣工し、一九三三年に前述の放火事件に遭い、戦争で廃墟になったが、ずっと Reichstag と呼ばれ続けていた。だが一九九九年にボンから連邦議会が移ってきたとき、この建物を「帝国議会」と呼び続けることには、例えばヴィンクラーは異論を唱えていた。これに対しハンス・モムゼンらは、NS政権に対峙したヴァイマール共和国の「国会」を想起して、Reichstag という呼称の維持を訴えた。結局誰が決めるともなく、Reichstag という言葉は残った。

だが再統一で消えた「帝国」もあった。「ドイツ帝国鉄道」（Deutsche Reichsbahn）がそれである。Deutsche Reichsbahn は一九二〇年に誕生した組織で、「ドイツ国有鉄道」と訳すこともできる。Deutsche Reichsbahn はNS政権期を生き延び、東独国鉄もこの名称を保存した（略称DR）。これは東独が全ドイツ（特に全ベルリン）の鉄道運営権を主張するための措置だった。西独国鉄は、新たに「ドイツ連邦鉄道」（Deutsche Bundesbahn：略称DB）と名乗った。ドイツ再統一後、東独国鉄と西独国鉄とは三年ほど同一国内で併存していたが、一九九四年一月に一体化・民営化され、「ドイツ鉄道」（Deutsche Bahn：略称DB）が発足した。そしてこのとき、Deutsche Reichsbahn も消滅したのだった。

軍事祭典の公然化

再統一後の連邦軍はドイツ国民の眼前に出てきた。トルーピング・ザ・カラー（イギリス王の誕生祝の軍事祭典）やミリタリー・タトゥー（エディンバラ城で行われる軍楽隊の祭典）、革命記念日、対独戦勝記念日といった軍事祭典を毎年盛大に開催し、それでも軍国主義の誹《そし》りを受けない西洋諸国の傍らで、ドイツのみが自己抑制を続けるのは困難だった。特にドイツ連邦軍が一九九九年からNATO域外に展開され、戦死者まで出すようになると、危険な任務をさせながら社会的に承認しないわけにもいかなくなり、軍事祭典が公然化した。さらに YouTube のように、いつでも誰でも見られるメディアが生まれたことで、ドイツに限らず軍事祭典は国民に身近な存在となった。

一九九九年七月二〇日（一九四四年国防軍将校によるヒトラー暗殺未遂事件の日）、ベルリンでの連邦軍新兵宣誓式が行われ、以後毎年恒例の国家行事となった。この儀式を準備したのはコール政権だったが、結果的にSPD・緑の党のシュレーダー政権下で始まった。新兵宣誓式の場所もベンドラー・ブロックや帝国議会前広場など、ベルリン中心街が用いられ、テレビで生中継されている。新兵宣誓式を軍国主義として批判する運動もあり、第一回には裸の運動家が飛び出すなどの妨害行為もあった。抗議行動はその後も続いているが、第二回以降は式典会場から完全に排除されている。

図82　大ツァプフェンシュトライヒ

連邦軍の松明行列である大ツァプフェンシュトライヒも公共の場で盛んに行われ、その都度《つど》テレビ中継されている。国防大臣ペーター・シュトルック（一九四三〜二〇一二年：SPD）は、大ツァプフェンシュトライヒは軍国主義ではないかという批判を退け、「ナチスとは無関係なプロイセンの古い伝統」だと反論した。

戦没兵士の慰霊

冷戦終焉後、ドイツ連邦軍は戦闘参加で戦死者を出すようになると、この戦死者をどう帰国させるかという、新しい課題に直面した。連邦軍は、戦没兵士の棺を黒赤金の連邦旗で包み、「私には一人の戦友がいた」の一節で知られる古い兵士追悼歌「良き戦友」（一八〇九年）をラッパで吹奏して迎えることにした。こうした追悼の光景は、NS政権期にも見られたもので、ドイツ軍の歴史的連続性を示すものである。近年では、連邦大統領や外国賓客《ひんきゃく》が慰霊碑に花輪の贈呈を行う際にも、この「良き戦友」を吹奏するのが通例になっている。

戦没兵士慰霊碑も整備されてきた。NS政権までの戦没兵士慰霊碑だったベルリン中心街ウンター・デン・リンデンの「新衛兵所」が、東独政府に使用されたため、西独では両大戦戦没者兵士の慰霊碑として、エーレンブライトシュタイン要塞（陸軍）、フュルステンフェルトブルック（空軍）に慰霊碑が新設されていた。海軍はNS政権が一九三六年に建設したバルト海岸のラボーの慰霊碑を継続して使用した。

二〇〇九年、ベルリンのベンドラー・ブロックに新しい慰霊碑が建設された。それは兵士個人の名前を刻まず、従来の戦士崇拝とは異なると、公式には説明されている。ベンドラー・ブロックはヒトラー暗殺を試みたシュタウフェンベルクら国防軍将校が処刑された場所であり、国防軍の反ヒトラー精神を引き継ぐという連邦軍の意志が示されている。二〇一九年には、ポツダム郊外ゲルトーに国外での戦没兵士の慰霊施設「記憶の森」が新たに完成し、連邦大統領フランク＝ヴァルター・シュタインマイヤー（一九五六年～）らが臨席して開場式典が挙行された。

二〇一三年、ライプツィヒ郊外の「諸民族会戦記念碑」が修復を終えて披露された。これは会戦百周年の一九一三年に建立された巨大な石造記念碑で、二百周年を機に修復されたのである。周辺では「諸民族会戦」が再演され、この対仏戦勝が想起されたが、それは後述する対独戦勝を祝う諸式典への対抗物のようでもある。

図83　エーレンブライトシュタイン要塞のドイツ軍顕彰碑［2008年８月31日著者撮影］

国防軍展覧会

ドイツ軍をNS政権と切り離して肯定する潮流に、「ハンブルク社会研究所」のヤン・フィリップ・レエムツマ（一九五二年〜）が「国防軍展覧会」で対抗した。レエムツマは煙草《たばこ》業で財を成した億万長者で、ドイツ学、哲学を研究し、一九九〇年に設立した「ハンブルク社会研究所」を通じて、アドルノやヴァルター・ベンヤミン（一八九二〜一九四〇年）の全集刊行を後援した。このレエムツマの研究所が一九九五年から展開したのが、「国防軍展覧会」である。この展覧会は、ドイツ国防軍をNS政権と別扱いすることを批判し、国防軍も残虐行為に荷担していたことを示すためのものだった。

国防軍の犯罪を広く知らせようとするこの展覧会は各地を巡回したが、国内外からの賛否両論に晒された。ナショナリズム団体の暴力的抗議もあったが、それより痛手だったのがポーランド人歴史家ボグダン・ムシアウ（一九六〇年〜）の批判である。ムシアウは国防軍の犯罪として示された写真に、ソヴィエト内務人民委員部のものなどが混入していると指摘したのだった。この指摘は現代史研究所長メラーによって強調され、同展覧会は学問的信憑性を失い、いったん休止する事態となった。ヴィンクラーは、同年刊の『長かった西欧への道』で国防軍の絶滅戦争への関与を強調し、展覧会批判はメラーら保守派歴史家の戦略だったと批判している。

ちなみに二〇一一年七月一日、第二次メルケル政権の連邦国防大臣カール・テオドル・フォン・ウント・ツー・グッテンベルク男爵（一九七一年〜）は、ドイツ徴兵制を「停止」した。徴兵制は「制服を着た市民たち」なる標語の下、軍隊と市民社会とをつなぐ紐帯《ちゅうたい》だとの理由で、CDU／CSU、SPDの支持を得てきた。徴兵制「停止」は社会における軍隊の存在感を弱めるものであり、前記の軍事祭典の公然化とは逆の動きである。だが冷戦が終焉し、欧州各国で徴兵制が廃止されていくなかで、徴兵制を残してはドイツも欧州指導ができないという面があっただろう。とはいえドイツも徴兵制を「廃止」したわけではない。ロシア脅威論が再燃するなかで、二〇一八年にスウェーデンが徴兵制を復活させ、フランスでもマクロン政権がそれを検討するなかで、ドイツも徴兵制や一般労働義務を復活させる可能性がなくはない。

ドイツ人教皇の誕生

二〇〇五年四月二日、ローマ教皇ヨアンネス・パウルス二世（日本でいうヨハネ・パウロ二世）が世を去った。日本ではこの教皇は、「悲劇の民族」ポーランドの出身で、親しみやすい好々爺《こうこうや》として紹介された。だが欧米では、彼は熱狂的マリア崇敬者で、急進派キュングを切り捨て、頑迷な教理省長官ラッツィンガーを重用した保守派教皇というのが定評だった。ヴァティカンの首席神学者を務め、教皇庁批判の矢面に立ってきたラッツィンガーは、枢機卿団長としてヨアンネス・パウルス二世の埋葬式を取り仕切った。

教理省長官ラッツィンガーは、西欧的＝「普遍」的価値に二通りの対応をしていた。一方でラッツィンガーは、教皇不可謬性、位階制度、聖職者男子独身制を擁護し、教会の運営に西欧的＝「普遍」的価値を導入することを拒否した。信仰とは神への帰依であって、その時代の民意の反映ではないという。他方でラッツィンガーは、西欧的＝「普遍」的価値の根源にキリスト教信仰があるとして、ハーバーマスら左派言論人とも連携しようとした。キリスト教信仰という「政治以前の文化的基盤」がなければ、自由な民主主義は機能しないと訴えたのである。

ラッツィンガーが二〇〇五年四月一九日に教皇ベネディクトゥス一六世として登位したとき、彼の母国ドイツは二通りの対応をした。

一方でドイツ人教皇の選出は、史上まれにみるドイツの名誉だと考えられた。ドイツ選出の教皇というのは、ハドリアヌス六世（在位一五二二〜一五二三年：ユトレヒト〔いまはオランダ〕

出身）以来のことで、その前はヴィクトル二世（在位一〇五五～一〇五七年：カルフ出身）だった。連邦宰相シュレーダー（SPD）や連邦大統領ホルスト・ケーラー（CDU）は、ドイツ人教皇誕生を国の誇りと称え、ドイツ連邦共和国は新教皇を二〇〇五年、二〇〇六年、二〇一一年に迎えた。教皇のような「普遍」的権威の地位に、道義的負い目があるドイツ人が選ばれたことで解放感を懐いたのか、大衆紙『ビルト』は選出を報道するに際して、第一面で「我々は教皇だ！」と表題をつけた。ラッツィンガー自身は、自分をもっぱら「バイエルン人」と呼ぶ人物だが、熱狂するドイツ人たちにとって、それはどうでもよいことだった。

他方でドイツの知識人たちは、多くの場合キュングらカトリック急進派の支持者であったから、ラッツィンガーの教皇選出には冷ややかな対応をとった。彼らは教皇のドイツ訪問があると、侮蔑的な示威行進で抗議した。ラッツィンガーも、教理省長官時代の方針を教皇としても貫いたので、教皇の一挙手一投足は左派運動家の、あるいはイスラム急進派の暴力的抗議行動を呼び起こした。二〇一三年の異例の生前退位は、最高潮に達した教皇庁への批判を鎮静化させるため、あるいは教皇自身が闘争に疲弊したためだったと思われる。

ドイツ人教皇の誕生は、ドイツ人の本格的な世界再進出の先駆となった。二〇一三年には、国際オリンピック委員会（IOC）委員長に、西独のフェンシング選手だったトーマス・バッハ（一九五三年～）が就任し、二〇一九年には、EU委員長にドイツ国防相だったウルズラ・フォン・デル・ライエン（一九五八年～）が就任した。従来こうしたまとめ役は、小国出身者の固定席だったが、いまやそこにもドイツ人が入ってきたのである。二〇二〇年には、ドイツ連邦共和国から四人目の国際司法裁判所判事に、ベルリン大学国際法教授のゲオルク・ノルテ（一九五九年〜：エルンストの息子）が当選した。ドイツ人であることがもはや負い目とはみなされなくなり、彼らが「普遍」を担う時代がまたやってきたのだった。彼ら現代ドイツのエリートたちは、英語を使いこなし、ドイツらしさを極力出さない人々である。

5　「知的戒厳令体制」への反抗

知的戒厳令体制

「六八年世代」はドイツ社会に言論自粛を求めた。彼らは国民国家を否定し、「過去の克服」や多文化主義を義務とし、それ以外の考えの併存を許さない。「ドイツ社会史派」はドイツを「オリエント」とみなすオリエンタリズムを醸成し、ノルテやイェンニンガーの排斥は「六八年世代」に敵視された者の末路を示した。このように特定の道徳主義が、個々人の自発的道徳感情の表出以前に義務化され、相互言論統制へと変容した状況を、本書では「知的戒厳令体制」と呼ぶことにする。

知的戒厳令体制は選挙で顕在化した。連邦議会選挙では、各党の「宰相候補」を囲んでの大集会が主要都市で順々に行われる。一九九八年連邦議会選挙でのこと、マンハイムおよびハイデルベルクで、コール連邦宰相を招いてのCDUの集会が行われた。旧市街の広場には上品に衣装を整えた中高年夫婦が数多く集まってきた。やがて予定の時間きっかりに、行進曲を背にコール夫妻が登場した。演説と喝采のあと、集会は国歌斉唱で終わった。ところが規制線の外側では、無数の左派運動家が口笛、ラッパ、太鼓を鳴らし、初めから終わりまで集会を妨害した。これに対し近隣で開かれたSPD（ルートヴィヒスハーフェン）、緑の党（マンハイム）、PDS（オッゲルスハイム）など左派政党の集会で、妨害工作を行う人々は見られなかった。一九九一年五月一〇日にはハレで、コールが街頭で生卵をぶつけられ、相手につかみかかるという事件も起きた。在職一六年の連邦宰相であっても、保守派であるがゆえに黙れ、失《う》せろといわれ、それでいて「熟議民主主義」が謳歌されるというのが、二〇世紀末ドイツの現実だった。

　CDUですらこの扱いであるから、急進ナショナリズム政党の「国民民主党」（NPD）、「共和党」（Republikaner）、「ドイツ民族同盟」（DVU）などは、より苛酷な扱いとなる。こういった政党の選挙ポスターは、掲示した途端に叩き壊されるので、それを避けて夜間に街燈の高いところに掲示される（ドイツでは指定の選挙掲示板がない）。それでも州議会、基礎自治体議会には、こうした政党が進出することもあり、開票時のテレビ討論会には進出した全政党の代表が呼ばれる。だが急進ナショナリズム政党の代表に対しては、番組司会者が冷笑的な質問をし、しかも代表が答えようとすると、他の政党代表は抗議してスタジオを去ってしまう。代表が応答中に、撮影中のカメラの前をわざと横切ることもある。二〇一三年には遂に現職大統領ガウクが、政治的庇護に反対するＮＰＤを「気違い」（Spinner）と呼ぶ出来事があった。ＮＰＤがこれを、特定政党の不利益取り扱いで、大統領の越権行為だとして憲法訴願を提起したが、翌年連邦憲法裁判所はこれを退け、大統領は党派中立的である必要はないとした。なお急進ナショナリズム政党だけでなく、旧東独政権党である左派党も、反体制派としての扱いを受けることがある。

このように、「正しい」意見以外は口にするなというのが、ドイツ連邦共和国の政治的風土だった。これは公共放送が全政党に一定の時間を与え、内容を問わず政見放送を流し、選挙ポスターも破壊されない日本とは大いに違う。

ヴァルザー＝ブービス論争

ところが特定の政治的・道徳的姿勢を強制するという風潮は、やがてそれを振り払おうとする動きを生んだ。論争を巻き起こしたのはマルティン・ヴァルザー（一九二七年〜）である。西独の左派知識人で、ハーバーマスの親友だったヴァルザーは、やがて「過去の克服」が片言《へんげん》隻語《せきご》を捉えて他者を陥れる気風を生んだと批判するようになった。このヴァルザーが、一九九八年一〇月一一日にフランクフルトのパウル教会で、「ドイツ書籍業平和賞」受賞演説のなかで用いたのが、「道徳の棍棒」という概念である。道徳論の権力闘争への濫用を問題視したこの発言には、「過去の克服」への冷笑を招きかねない「精神的放火」だと反撥する声が、ドイツ・ユダヤ人中央評議会議長イグナッツ・ブービス（一九二七～一九九九年）から上がった。この事件はノルテのように、ヴァルザーの社会的抹殺に終わるかに思われたが、仲介があってヴァルザーとブービスとが和解し、そうした事態にはならなかった。

ユダヤ人団体がドイツ言論界の圧力団体として反撥を浴びることは多い。ドイツのシナゴーグの前には、よく警備の警察車輛《しゃりょう》が止まっている。前議長ハインツ・ガリンスキ（一九一二～一九九二年）の墓が、一九九八年に何者かによって爆破され、恐れをなしたブービスは、自分をイスラエルに葬《ほうむ》るよう遺言して、翌年死去した。

メレマンのイスラエル批判

同じ頃、FDP政治家ユルゲン・メレマン（一九四五～二〇〇三年）のイスラエルに関する言動が話題となっていた。コール政権で副宰相・経済大臣を務めたメレマン（FDP、かつてCDU）は、ドイツ＝アラビア協会総裁を務めたこともあって、イスラエルのパレスティナ政策など、ユダヤ人の自己中心主義への批判を繰り返し、反ユダヤ主義的だとの非難を浴びていた。対立するイスラエル・アラブ諸国とどう関係を結ぶかは西独時代からの難問で、一九八一年にシュミット政権がサウジアラビアに西独製戦車を売却した際にも、イスラエル首相メナヘム・ベギンが宰相シュミットを、ヒトラー総統に忠誠を誓った元国防軍将校だと罵ったことがある。党争や汚職疑惑もあって孤立したメレマンは、二〇〇三年六月五日に兵役以来の趣味だったスカイ・ダイビングを行い、パラシュートが開かずに墜落し死亡した。この事件の真相が自殺か他殺か事故かは、いまなお判明していない。

ザラツィン論争

二〇一〇年、ティロ・ザラツィン（一九四五年〜）の著書『ドイツは自滅する』が話題を攫《さら》った。これは、多文化主義の是非をめぐる論争が再燃したものだが、指導的なSPD政治家によって提起されたところに新しさがあった。

ザラツィンはベルリン市長ヴォヴェライトの下で市財務参事官（州財務大臣）を務めた経済専門家で、のちドイツ銀行理事に転じていた。このザラツィンが同書で、ドイツ社会に馴染まないイスラム系移民が増加し、少子化が進むドイツ人がドイツ国内で少数派に転落する恐れがあると警鐘を鳴らしたのである。彼はまた、「過去の克服」のためドイツでは人口政策の議論ができなくなっていると苛立った。ザラツィンはたちまち囂々《ごうごう》たる批判を浴び、ベルリン＝ノイケルンで小学校教諭をしていた妻ウルズラとともに、身の危険を感じる状態に陥った。だがザラツィンを擁護する声も上がり始め、擁護者には元連邦宰相シュミットやドイツ工業家連盟（BDI）元会長ハンス＝オラフ・ヘンケル（一九四〇年〜）が名を連ねた。

『ドイツは自滅する』は大ベストセラーとなり、『我々はユーロを必要としない』など多数の続編、夫人が職場で経験した学級崩壊や、夫妻へのいじめの体験を記した『魔女狩り』も話題となった。

ザラツィン論争の頃から、伝達手段の多様化による新しい言論状況が現れた。Blog、Twitter、Facebook、YouTubeなど各種投稿サイトは、インターネットにアクセスできる全ての人に匿名でどんな意見でも表明する機会を与えた。旧来の伝達手段である新聞や雑誌は、

図84　ティロ・ザラツィン

編集者が価値ありと認めた文章しか掲載しないので、掲載されない意見はこの世に存在しないかのような扱いになっていた。編集の過程で不正確な情報や無責任な誹謗中傷などが除去できる場合もあるが、採否の判断には審査者の主観が混入するため、党派性、先入観、恩顧縁故が効いてくる。だがインターネットの発達で、党派や人脈が支配する新聞や雑誌と、誰もが発信できる媒体とが併存するようになった。こうなると「民衆の代弁者」を自負する新聞・雑誌・知識人と、実際の民衆との関係が可視化されてしまう。

トランプ米大統領当選の頃から、反対派によって「ポスト真実の政治」（英語でPost-truth politics）を嘆く議論が出された。ドイツでも司法・消費者保護大臣（SPD）ハイコ・マース（一九六六年〜）が、二〇一七年にSNS規制法を制定するという策に出た。この「ポスト真実」という表現に滲《にじ》み出た、エリートの民衆に対する否定的先入観が、かえって民衆の反知性

主義を喚起するという循環構造が、ドイツにも見られるのである。

ドイツのための選択肢

二〇一三年二月六日、「ドイツのための選択肢」（ＡｆＤ）という新政党が旗揚げした。この政党は欧州債務危機で、共通通貨ユーロを維持するためにドイツが過大な負担を強いられているという不満が渦巻くなかで、ハンブルク大学教授（マクロ経済学）ベルント・ルッケ（一九六二年～）、ＢＤＩ元会長ヘンケルらを中心に誕生した。二〇一三年九月の連邦議会選挙で、早くも議席獲得目前の得票率五％弱に達した同党は、のち各州議会選挙で次々と議席を獲得した。その過程でユーロ批判から移民批判に主張の重心を移し、ルッケやヘンケルら経済関係者が離党したが、敗戦後ドイツの自虐批判という観点では党の方針が一貫している。二〇一七年九月の連邦議会選挙では、同党は第三党（二〇一八年三月の第四次メルケル内閣成立で野党第一党）になった。

ＡｆＤの奔流は知的戒厳令体制の堤防を乗り越えた。これまで急進ナショナリズム政党は、知的な論客を揃えることができず、党首アレクサンダー・ガウラント（一九四一年～：二〇一九年から名誉党首）のような武骨な男性が目立った。だがＡｆＤの宰相候補だったアリス・ヴァイデル（一九七九年～）は、経営コンサルタント出身の女性で、冷笑的な番組共演者とやり合うだけの頭脳を備えていた。ＡｆＤの選挙ポスターは、二〇一三年選挙ではよく叩き壊され

図85　フライブルク市内で叩き壊されたAfDのポスター［2013年9月9日著者撮影］

ていたが、二〇一七年選挙ではあまりに大量なため、もはや叩き壊されることもなく、街中に展開していた。同年九月にエルフルト大聖堂前で、ＳＰＤ宰相候補マルティン・シュルツ（一九五五年〜）の演説会が開かれたときには、急進左派とともにＡｆＤも妨害にやってきた。ＡｆＤ議員がテレビに映ることも増えている。二〇一九年、テューリンゲン州で第二党になったＡｆＤは、翌年二月それまで与党だった第一党の左派党を抑え、ＦＤＰ（第五党）、ＣＤＵ（第三党）と連合して州政府与党となった（州首相はFDP出身）。それまで諸政党は自分たちを「民主的政党」と呼んで、ＡｆＤとのいかなる協力も拒否していたが、ＡｆＤが住民の大きな支持を集めるという現実を前に、態度を改めたのである。だがこの政権は、全ドイツ的反撥にあって一か月で退陣し、左派党首班の左派三党政権と交代した。コロナ危機でメルケル政権が主導権を発揮すると、ロックダウンに反対するＡｆＤの勢いはやや衰えた。

ペギーダ

二〇一四年、ドレスデンで「ペギーダ」（西洋のイスラム化に抗する愛国的欧州人）運動が始まり、ドイツの諸都市に広がった。この運動は、「六八年世代」の理念を逆手に取った抗議行動である。それはドイツ・ナショナリズムを唱えず、欧州諸国の同志との連携を目指している。キリスト教を欧州「固有」の文化的基盤と考えるが、その際「ユダヤ＝キリスト教」と表記して、ホロコーストを意識している。政治・宗教難民庇護の義務を訴えるのは、経済難民の拒否を含意している。宗教的急進主義や女性蔑視を批判し、性的自己決定を求める点も、左派の主張を受容している（もっともペギーダは、同時に「ジェンダー・メインストリーミング」（男女平等化）批判をもしているのだが）。難民の収容所での集中管理を批判したのは、分散による欧州社会への同化を促すつもりだろう。

なお西欧的＝「普遍」的価値に基づく移民・難民の忌避、「ユダヤ＝キリスト教」的起源の強調というのは、ペギーダのような大衆運動に限定された発想ではない。ヴィンクラーは類似の発想をしており、アメリカ「保守」などとも連続性がある。

連邦軍将校の要人暗殺計画

二〇一七年、シリア難民危機の余波によって動揺するドイツで、今度は連邦軍将校による前代未聞の事件が起きた。連邦刑事庁によると、連邦軍中尉フランコ・ハンス・Aが軍事物資を横領し、前連邦大統領ガウク、連邦法相マース、左派党議員（女優・声優）アンネ・ヘルム（一九八六年～）らの暗殺を準備していたとして、ヴィーン空港にピストル携行で現れたところ逮捕されたという。Aは、フランス留学で人種主義的・反ユダヤ主義的思考を帯びるに至ったとされる。Aはまた、アラビア語話者でもないのに、シリア難民として庇護申請をして受理されており、難民に紛れたテロリストによる犯行を装ったと見られる。事件は組織的なものではないとされたが、連邦軍の政治的体質があらためて議論になった。

『我が闘争』をめぐる闘争

一大転換はドイツ現代史研究でも起きた。ヒトラー『我が闘争』の再刊がそれである。同書の著作権はヒトラーの死後、アメリカ軍を経てバイエルン政府に移行したと考えられており、それも二〇一五年末で終了すると考えられてきた。バイエルン政府はその再刊を一切許可してこなかったが、『我が闘争』は各国語で刊行され、インターネット上でドイツ語原文を入手することも可能になっていた。現代でも私蔵されている『我が闘争』がなおも存在するといわれるが、ドイツの図書館では通常の著作のように、誰でも書架で手に取れる状態にはなっておらず、一般には閲覧が制限されていて、書庫に眠り注文しても出てこない場合もあった。

だが現代史研究所は、ヒトラーの政権獲得前の演説・命令、ゲッベルスの日記などの刊行に続き、この『我が闘争』の刊行を目指した。著作権終了後は『我が闘争』を誰でも刊行できるようになるが、そのまま市井《しせい》に流布すると思想が独り歩きするので、それが欺瞞《ぎまん》に満ちた著作であることを証明する注釈をつけて刊行すると主張したのである。

現代史研究所はクリスティアン・ハルトマン（一九五九年〜：ヒルグルーバー門下生）を企画指導者にし、ヴィルシング新所長、ブレヒトケン新副所長らメラー門下生が事業を遂行した。作業は二〇〇九年に始まったが、二〇一二年にバイエルン州からの助成金を得た。発行部数は四千部の予定だったが、刊行直前の二〇一六年一月初旬の段階で予約は一万五千部に上り、予定を前倒しして一月八日から販売された。その直後には、定価五九ユーロの同書（愛知県立大学長久手《ながくて》図書館が購入した初版本は二巻で一万円）にアマゾン・オークションで三七五ユーロ（約四万円）の値が付くという事態も生まれた。

だがこの事業には懸念の声も上がった。バイエルン首相ゼーホーファーは、イスラエル訪問時にこの事業に関して批判を受け、二〇一三年一二月に五十万ユーロの助成金を撤回し、現代史研究所の企画を阻止はしないが、同書の刊行禁止を二〇一五年以降も維持すると言い出した。ミュンヒェン・オーバーバイエルンのユダヤ教祭祀《さいし》共同体議長（ドイツ・ユダヤ人中央評議会元議長）シャルロッテ・クノーブロッホ（一九三二年〜）は、このバイエルン政府の声明を歓迎した。父親が強制収容所を経験したドイツ＝ユダヤ系イギリス人の歴史家ジェレミー・アドラー（一九四七年〜）は、「絶対悪」は「無害化」され得ない、被害者への配慮を欠いているとして、同書刊行を厳しく批判した。アドラーは、同書の灰色の表紙、茶色の書名が、国防軍やNSDAPの制服のようだとまで言い始めた。

それでも刊行後の評価はおおむね好意的であった。イギリスのヒトラー伝記作家イアン・カーショウ（一九四三年〜）は、現代史研究所の記者会見（二〇一六年一月八日）に同席し、禁書による神秘化効果こそが危険だと訴え、この企画を支持した。ドイツの歴史家N・フライも『南ドイツ新聞』のインタヴューで、研究所の綿密な作業を評価しつつ、ヒトラーの主張を是が非でも否定しようとした評釈にはやりすぎ感もあるほどだと指摘した。二〇一六年年頭、ザクセン州文相ブルンヒルト・クルト（一九五四年〜：CDU）は、同州での同書の学校教材としての即時使用許可を表明した。同書は刊行後一年の二〇一七年一月までに八万五千部が販売され、仏語版の刊行も計画されるほどになった。同書は二〇一六年四月に雑誌『デル・シュピーゲル』でベストセラーとされ、二〇一九年には第九版が刊行されている。いずれにせよ、ヒトラーはこうしてドイツの本棚に戻ってきたのだった。

6　「過去の克服」のブーメラン効果

道徳という諸刃の剣

西独で「過去の克服」が急進化したのは、それが他者批判だったからである。その論者たちは、権力闘争において自分の敵を「道徳の棍棒」で打倒した。だが道徳とは一般的原理であり、ブーメランのように自分にもはね返ってくる。体制派となった「六八年世代」は、やがて自分たち自身のことを問題視されるようになる。

ゴールドハーゲン論争

一九九〇年代半ばの「ゴールドハーゲン論争」は、「ドイツ社会史派」にとって試煉《しれん》だった。歴史学界で「過去の克服」を掲げた彼らは、先行世代を「歴史家ツンフト」と揶揄しながら、自らも大学正教授となって弟子を従える新しい「歴史家ツンフト」をなしていた。だが彼らは、自分たちが模範と仰ぐ英米歴史家から批判を被ることになる。

一九九六年、ハーヴァード大学政治学助教授ダニエル・ゴールドハーゲン（一九五九年〜）が博士論文『ヒトラーの自発的処刑人』を刊行した。アウシュヴィッツを生き延びたユダヤ人の息子ダニエルは、反ユダヤ主義をいわばドイツ人「固有」のものとし、ヒトラーのみならず普通の人々が反ユダヤ主義にとりつかれ、ユダヤ人虐殺に進んで参加したと主張して、虐殺は党や国家機関のやりとり、独ソ戦の経緯から起きたとする「ドイツ社会史派」の「機能説」を批判した。総じてドイツ人を殺人者民族とするこの煽動的著書に対して、H・モムゼンら「ドイツ社会史派」の人々が猛批判した。ゴールドハーゲンはドイツ講演旅行で彼らと対決し、集まった「過去の克服」支持派の聴衆がモムゼンたちでなくゴールドハーゲンに喝采し、ヴィッパーマンら一部のドイツ人歴史家も同調するという光景が展開された。

シーダー・コンツェ論争

一九九〇年代末の「シーダー・コンツェ論争」は、「ドイツ社会史派」にとって更なる試煉となった。ヴィリ・オーバークローメ（一九五九年〜）、インゴ・ハール（一九六五年〜）ら若手歴史家たちの研究により、西独学界指導者のNS政権への自発的・積極的荷担の実態が解明されたのである。この点は東独歴史学界ではすでによく指摘されていたが、再統一後にあらためて問題化したのだった。

このシーダー・コンツェ論争は、西独以来の「ドイツ社会史派」の「歴史ツンフト」攻撃の継承のようでありながら、同時に「ドイツ社会史派」の攻勢から守勢への転落という面をも有していた。この論争で標的になったテオドル・シーダー（一九〇八〜一九八四年）は、W・J・モムゼンやヴェーラーを庇護した恩師であり、またシーダー世代の歴史研究が、「ドイツ社会史派」を手法的に準備したのではないかと問われたのである。一九七〇年代以来、社会史は左派の歴史学だと見られていただけに、その起源が一九二〇・三〇年代の「民族=民衆史」にあったという逆説が論議を呼んだのだった。さらにヴィンクラーやその父の恩師であるケーニヒスベルク大学歴史学教授のハンス・ロートフェルス（一八九一〜一九七六年）も、ユダヤ系で父が上級ラビであったためアメリカ亡命を余儀なくされたとはいえ、政治的立場がNS政権と著しく近接していたのではないかとの疑惑が持ち上がった。

一九九八年（フランクフルト・アム・マイン）、二〇〇〇年（アーヘン）で行われた歴史家大会は、この論争のため大荒れとなった。ドイツ帝国の開戦責任を追及したF・フィッシャーについても、NSDAP党員、突撃隊員、「新ドイツ史帝国研究所」所長ヴァルター・フランク（一九〇五〜一九四五年）の奨学生で、一九四二年にハンブルク大学に就職していたことが判明し、またノルテ批判者のブロシャートも、NSDAP党員歴を秘匿していたことが分かっている。「過去の克服」の旗振り役だったはずの「六八年世代」が、自分たちやその親族・恩師の経歴については封印し、明るみに出ると火消しにかかったことで、「過去の克服」の権力闘争としての側面が可視化された。二〇〇〇年の歴史家大会（アーヘン）でヴェーラーは、歴史は「構造」で見るべきだと称して、恩師シーダーのような個人への責任追及を撥《は》ねつけようとした。同じ頃W・J・モムゼンも戦後大学から追放された歴史家の父ヴィルヘルムを、ヴィンクラーも恩師ロートフェルスを、躍起になって擁護していた。

論争は歴史学界の外にも波及した。二〇〇六年、ドイツ国民国家を批判してきたノーベル文学賞作家グラスが、自分の親衛隊歴を隠蔽していたと告白した。グラスの故郷ダンツィヒのあるポーランドやCDUからは、グラスのノーベル賞返上を求める意見まで飛び出したが、進歩勢力はグラス批判を保守派の攻勢とみなし、議論の沈静化を図った。二〇一二年、グラスがイスラエルのアラブ政策を批判し、イスラエルから反ユダヤ主義的だとして入国禁止にされると、ドイツ国内では困惑が広がった。

ちなみにハーバーマスも、父がNSDAP関係者であり、彼自身が少年期にNS政権とどう向き合ったかが問われているが、本人は何も語っておらず、その支持者が批判的検証を求めたという話も聞かない。

移民・難民問題

非西洋系住民の増加も「六八年世代」に新たな試煉となった。西独の人手不足から時限的に導入されたトルコ人労働者は、一九七三年に募集が停止されても完全には帰国せず、むしろ家族の呼び寄せ、新世代の出生によってドイツ国内で増大し、ドイツ社会の多様化につながった。ドイツ国民国家理念を批判する「六八年世代」は、多文化社会を肯定し、トルコ系などの移民を歓迎した。だが冷戦終焉後のグローバル化で人的流動化が加速し、トルコのEU加盟が目前の課題となると、「六八年世代」はジレンマに立たされる。彼らにとって、血統や文化の共有ではなく、西欧的＝「普遍」的価値のみを基盤とする多文化社会を作ることは、究極の目標であるはずだった。だが再統一後に新たに議論となったのは、西欧的＝「普遍」的価値に照らして批判されるのはドイツ人だけなのか、流入する移民・難民は同じ基準で審査されなくてよいのかという点である。近代ドイツの西欧的＝「普遍」的価値からの逸脱を糾弾してきた「六八年世代」の間に、移民・難民を急速かつ大量に受け入れることで、せっかく西欧的＝「普遍」的価値に帰依したドイツ社会が、徐々に変質してくるのではないかという危惧も芽生えた。

移民・難民が西欧的＝「普遍」的価値に適合的かという問いが生じるには、いくつかのきっかけがあった。二〇〇一年九月一一日のアメリカ同時多発テロに、イスラム急進主義に帰依したハンブルク工科大学のエジプト人留学生が主犯格で加わっていたことは、ドイツ社会にとって衝撃だった。また同じ頃、親の決めた縁談や性的規律に従わない娘を、家人が家の名誉のために殺害するという「名誉殺人」事件が相次ぎ、移民・難民が男女差別や宗教的偏狭をドイツに持ち込むのではないかという危惧が生じた。ケルンでの大聖堂の向こうを張る巨大モスクの建設や、「サラフィスト」による市井でのコーラン配布も話題を呼んだ。二〇一五年大晦日《おおみそか》にケルン駅前で北アフリカ系・アラブ系集団による大規模婦女暴行事件が起き、視聴者が受ける衝撃を予想して、公共放送が数日間報道しなかったという事件もあった。

図86　ケルンの大モスク

　ここで「六八年世代」は岐路に立たされた。彼らは、㈠新参マイノリティにも先住マジョリティと同様に、西欧的＝「普遍」的価値への絶対服従を求め、事実上移民のドイツ社会への同化を期待するか、㈡「弱者」批判を避けるために、キリスト教よりイスラム教のほうが「リベラル」だなどと主張し、ドイツ社会で生きる移民・難民の成功例を強調するか、どちらかの選択を迫られたのである。態度が曖昧な人々が多いなかで、トルコのEU加盟に反対したヴェーラーやヴィンクラー、ケルンのモスク建設に反対したラルフ・ジョルダーノ（一九二三～二〇一四年）のように、あえて（一）を選ぶ論者もいた。

変わらぬドイツ嫌い

「過去の克服」を経て改心したドイツが、欧州社会に喜んで迎えられた、という筋書きに合わない現実も目立ってきた。加害者側の謝罪は被害者側の赦免によって報いられ、加害者・被害者は対等な関係に戻るというのが、「六八年世代」の想定であった。被害・加害の過去を忘却する必要はないが、少なくとも脱問題化しないと共存はできない。ところが被害者が、自己の問題を棚に上げ、一方的に自分が受けた被害のみを強調し、「道徳の棍棒」を永続的に利用しようとするなら、加害者の謝罪意欲が減退するという事態が生じ得ることになる。

第二次世界大戦の戦勝国は、自国本位の歴史認識を変えようとしない。毎年行われる英米仏の「Dデイ」（ノルマンディ上陸作戦記念式典）、ロシアの「対独戦勝記念式典」などは、ドイツの「ゼダン記念日」、日本の「陸軍記念日」（奉天《ほうてん》会戦記念日）、「海軍記念日」（日本海海戦記念日）などと同様に、自国の軍事的栄光を誇る行事であって、平和共存のための行事ではない。

ドイツがどれだけ欧州に奉仕しても、どれだけドイツ「固有」を自粛しても、ドイツ嫌いは容易になくならない。西独コール政権がドイツ再統一を目指したとき、マーガレット・サッチャー英首相やフランソワ・ミッテラン仏大統領はこの動きに警戒し、コールを揶揄するような会話を交していた。教皇ベネディクトゥス一六世が選出されたとき、イギリス大衆紙が防空補助員だった彼の少年期の写真を掲げて、「パパラッツィ」だと笑った。財政破綻したギリシアへの支援継続に財務体質改善を求めたドイツに反撥し、ギリシアの人々はメルケルの写真にヒトラーの服や髭《ひげ》をつけ、ドイツに戦時賠償を求めた。ポーランドは二〇一七年秋になって対独戦時賠償をあらためて算定し、一九五三年にポーランドが賠償を抛棄したことで解決済みとするドイツと対立した。しかもドイツから奪取する予定の賠償を受領するポーランド国民から、ドイツ系ポーランド国民を除外するとの方針が報じられた（ポーランド政府はのちに、「ポーランド国家に反抗したドイツ系ポーランド国民」のみ除外すると言い直した）。『ダークェスト・アワー』（二〇一七年イギリス）のような、対独対決派を民主主義の闘士のように美化するステレオタイプの映画も作られた。こうしたことは、周辺国の変わらぬ対独感情を垣間見せるものであった。

7　東独の植民地化とオスタルギー

悪化した東独イメージ

再統一への過程で西独人の東独イメージは一変した。一九七〇年代初頭から一九八〇年代末まで、西独では東独への一定の配慮が見られた。新東方政策以降も、西独政府は東独を主権国家として承認せず、両独問題は外務庁ではなく連邦宰相府の管轄のままだったが、それでも一九八七年にホーネッカー国家評議会議長がボンに来訪した際には、西独側は連邦軍の栄誉礼を行い、国賓に準じた待遇で迎えた。一九八九年一一月九日に「ベルリンの壁」が崩壊しても、西独の政党やメディアはすぐには統一について語らなかった。再統一に前のめりになった連邦宰相コールでさえ、一九八九年一一月二八日の「十項目提案」でまず求めたのは両独国家の協力であり、ドイツ再統一は先の目標にすぎなかった。ところがドイツ再統一が実現すると、東独への配慮は失せていった。東独の経済状況が予想以上に悪く、国土の荒廃が目立ったことも、東独人への否定的評価を生んだ。ソヴィエト連邦を一方の「普遍」的権威として尊重するという緊張緩和期の流儀も消え、「アジア的野蛮」の国ロシアとして見下すという旧習が強まり、東独にも田舎臭い陰鬱な生活があるだけだという印象が芽生えた。西独基本法はそのまま全ドイツ基本法とされ、それに「ドイツ憲法」としての民主的正統性を付与し直す再統一後の国民投票は行われなかった。

再統一ドイツの現代史研究では、東独体制の「徹底究明」（Aufarbeitung）が流行となった。これは「過去の克服」の手法を東独史にも適用するもので、「全体主義」論の復権である。東独体制批判は、東独人の二級市民扱いを引き起こした。独裁を生き延びた東独人への同情以上に、独裁に甘んじてきた彼らへの軽蔑が生まれたのである。西独基本法に掲げられた西欧的＝「普遍」的価値は人間の絶対条件であり、それに悖《もと》る者はダメ人間であるという態度で、西側の人間が東側の人間を見下したのである。これは、エステルライヒを追い出して成立したドイツ帝国でプロテスタントがカトリックを見下し、進駐したアメリカ軍が日本人を子供扱いしたのと同じ構図である。

善悪の価値基準が明確な人間は、その基準に合わない人々に対しては、不寛容にならざるを得ない。彼らはゲーム終了後も「ノーサイド」とはせず、友敵関係を永続化しようとするのである。西独社会に順応できたメルケルやガウクのような東独人もいただけに、そこまで器用になれない東独人は非難されることになった。

東独地域を闊歩《かっぽ》したのは、植民地支配者然とした西独人だった。ベルリン大学など東独の諸大学には西独出身の学者が赴任し、特に文系領域ではマルクス主義者の東独出身在職者を教職不適格者として追い出していった。西独からの赴任者の代名詞とされたのは、ベルリン大学の近現代史教授ヴィンクラーである。オットー・ヘッチュの系譜を引く同大学東欧史講座でも、シベリア生まれで東独科学アカデミー出身のルドミラ・トーマス（一九三四年〜）が退任したあと、西独からイェルク・バベロフスキ（一九六一年〜）が赴任した。バベロフスキはロシア帝国研究から出発したが、ノルテの助手を務めシュトゥルマーのもとで教授資格を取ったテュービンゲン大学教授アンゼルム・デーリング＝マントイフェル（一九四九年〜）と協力しつつ、スターリン独裁とNS独裁との比較研究に転じ、ベルリン大学に「独裁研究所」を設けて、東独の批判的研究に参加している。

また、社会主義的色彩を帯びた東独の地名は西独化されていった。西独化とは必ずしも西欧的＝「普遍」的価値に基づく命名を意味しない。アデナウアー、ブラントといった西独の英雄のみならず、君主や貴族の名前を付けた旧地名が復活することもあった。近代ドイツの官庁街であったヴィルヘルム通が、東独時代には東独首相に因んでオットー・グローテヴォール通と改称され、統一してヴィルヘルム街に戻ったというのが好例である。

東独体制の政治的否定は可視化された。国家評議会議長ホーネッカーは、教会で庇護されたあと、ロシアに、次いでチリに亡命し、同地で死去した。後継の議長エゴン・クレンツ（一九三七年〜）は逮捕され、越境者射殺や選挙不正の責任を問われて懲役《ちょうえき》六年半の実刑判決を受け、一九九九年から四年間ベルリン＝プレッツェンゼー刑務所に収監された。

オスタルギーという「固有」の析出

東独人の間には、「オスタルギー」（Ostalgie）と呼ばれる現象が生まれた。これは、消え去った東独の日常生活を再現して懐かしむことで、「東」（Osten）と「懐古趣味」（Nostalgie）とを合体させた造語である。ピオニールの制服で集まり、自動車のトラバント、ヴァルトブルク、発泡葡萄《ぶどう》酒のロートケプヒェンなど、東独製品を揃えてパーティーをするといった具合で、やがて「ＤＤＲ博物館」がベルリン中心街に開館した。『ゾンネンアレー』（一九九九年）のような映画も話題になった。

オスタルギーの正体は、西独的＝「普遍」的価値を掲げる西独人の攻勢に対抗する、東独

「固有」の析出である。東独に同情的な歴史家には、考察対象を日常生活に絞って、庶民のささやかな喜び、個人レベルでの生き様を描こうとする者が多い。いまの情勢で政治を扱うと、また東独「不正国家」の糾弾というお決まりの論旨になってしまうからである。

経済格差に加え「憲法愛国主義」で二級市民扱いされたと感じる東独人は、社会主義政権下ですでにキリスト教という精神的基盤をも失っていることが多かったので、主に二つの道に進んだ。

図87　社会主義者慰霊碑（中央に「死者は我々に警告する」の碑）［2013年３月31日著者撮影］

第一の道は左派党に通じた。統一ドイツで孤立する東独人は、東独の旧独裁政党を自分たちの心情の代弁者とみるようになった。故郷で隠棲中のクレンツによれば、街中を歩いていて、東独時代に関して感謝の言葉をかけられることがあるという。クレンツは左派党から除名されているが、東独人のクレンツに対する謝辞は、彼らの左派党への支持と同根である。毎年一月第二週末、ベルリン＝フリードリヒスフェルデの社会主義者慰霊碑（そこには東独国家幹部の霊廟もある）には、スパルタクス団蜂起の際に殺害されたリープクネヒト、ルクセンブルクの死を悼《いた》んで、赤いバラを一輪ずつ持った群衆が集まる。

東独国家では官製だったこの慰霊行事を、再統一後は西独に違和感を懐く東独の人々が自発的に続けているのである。

第二の道は急進ナショナリズム政党に通じた。共和党にしろ、ドイツ民族同盟にしろ、AfDにしろ、急進ナショナリズム政党はみな西独で創立されているが、東独でより多くの支持を得ている。

西独人に冷笑される東独人が、左派党やAfDに居場所を求めると、それがまた西独人の軽蔑を買うという循環構造が、変わらぬ再統一ドイツの風景となっている。再統一から三十年経って、東独の経済復興がそれなりに進み、失業率が大幅に改善し、世代が交代したいまも、その傾向は残っている。

おわりに——出藍の誉れと新たなる不安定

グローバル化された現代世界は階層化された秩序である。そこではあらゆる国も団体も個人も、西欧的＝「普遍」的価値に準拠することを求められる。全人類はそこに排除されることなく包含されるが、同時に逃げ場のない同質化の波にも晒される。

歴史的経緯から、その西欧的＝「普遍」的価値に、全ての国、全ての団体、全ての個人が、同時に同じように帰依することは難しい。このため世界には、その受容をめぐって先進国と後進国との序列、進歩的な人々と保守的な人々との序列ができる。この上下関係は二項対立ではなく段階的であり、大抵の国や人々は中間者である。西欧的＝「普遍」的価値の信奉者は、歴史的経緯への配慮を認めまいとする。彼らは、あらゆる人間は本質的に同じであり、従うべき価値も同じであると考えるので、保守的な人々を物分かりの悪い愚か者とみなす。見下された人々は、憤懣を募らせて団結し、西欧的＝「普遍」的価値に対抗する自分たち「固有」性の析出・強化（ときには創造）を目指すことになる。受け継がれてきた言語、宗教、風習などを見詰め直し、見劣りのする部分は補強して、西欧的＝「普遍」的文化に対抗する「固有」の文化を打ち立てようとするのである。その意味で、「普遍」と「固有」とは互いに相手を生み出す関係にある。

西欧的＝「普遍」的価値は、歴史的にそれを育んだとされる西欧（英米仏）の権力の一源泉となってきた。西欧諸国の歴史は多様で、西欧的＝「普遍」的価値なるものが西欧人の共通諒解であったことは歴史上一度もないのだが、それでもそれは西欧諸国の錦の御旗《みはた》として機能してきた。西欧的＝「普遍」的価値は、いまや主にアメリカ合衆国の「リベラル」知識人によってヴァージョン・アップされており、各国の進歩派知識人はそれをいち早く自国にインストールしようとする。非西欧の文系学者が学説の海外発信を好まず、海外研究の翻訳に勤《いそ》しんでいるのは、我々ごときが西欧に異論を述べるなど身の程知らずだとする、自己抑制に甘んじているからである。政治と文化とは不可分であって、西欧の、特にアメリカの現代文化こそ、全人類が愛好するべきものだとされている。非西欧の文化は政治関連分野から排除され、ご当地の伝統文化や「サブカル」など非政治的領域で、多少の商業的価値が認められるにすぎない。

「保守的」として劣位に置かれた国や団体の内部でも、時代の潮流に順応しようとする進歩派（左派）と、これに抵抗する保守派（右派）とがいつも抗争を繰り広げてきた。例えば近代以降の日本では、ある時は西欧主義者が、ある時は日本主義者が擡頭し、両者の対立は今日まで終わっていない。イスラム圏の諸国でも、ある時には西欧主義者が、ある時にはイスラム主義者が擡頭し、政治方針は動揺してきた。これらは西欧的＝「普遍」的価値に完全には合わせ切れず、かといって徹底して抵抗することもできない劣位者の宿命なのだった。

ドイツはこの西欧的＝「普遍」的価値に翻弄されてきた国の一つである。

図88　パッサウ大聖堂に残るNS政権期の水準標識［2003年7月26日著者撮影］

中世・近世ドイツである神聖ローマ帝国は、キリスト教的欧州の「普遍」的指導国だった。当時の欧州人には、キリスト教こそ人類の「普遍」的価値であるように思われていた。この国は、直接「ドイツ人の国」を称していたわけではないが、ローマ教皇やスペイン、フランスやオスマン＝トルコと対決するなかで、徐々にドイツ国民意識を育んでいった。ドイツ「固有」の要素として意識されるのは、言語、血統、「ドイツの自由」などだったが、明瞭な基準は存在しなかった。

この神聖ローマ帝国は、革命国家フランスの侵攻で破壊された。フランス革命勢力、そしてそれを継承したナポレオン「普遍君主制」は、旧ドイツ諸国に新しい西欧的＝「普遍」的価値であるフランス革命の理念（自由・

平等・人権など）の受容を命じ、ドイツ人は同調派と抵抗派とに分かれた。抵抗派は、ドイツ「固有」のものとは何かを突き詰めて考えるようになり、ドイツ語を基調とする文化をそれだと考えるようになる。フランス国民国家に対抗できるドイツ国民国家を求める運動は、一八七一年にドイツ帝国を生み出した。

ドイツ帝国は、第一次世界大戦で英仏と激突した。同時代の英仏と比較して、ドイツ帝国は西欧的＝「普遍」的価値においてむしろ先行している面もあったが、英仏はドイツが擡頭することを好まず、第一次世界大戦でドイツを西欧的＝「普遍」的価値の劣等国と決めつけた。だが類似の論理で、ドイツはロシア帝国を劣等国と決めつけた。

ヴァイマール共和国からNS政権にかけて、ドイツは国民国家の再建・強化に取り組んだ。厳しい列強角逐を意識するようになったドイツ人のなかから、血統こそドイツ人「固有」の基盤であるとする人種主義を掲げるNSDAPが擡頭して、政権を獲得した。ただ欧州制覇に近付いた時期には、NS政権はドイツ「固有」の文化だと思われていた「ドイツ文字」を廃止し、欧州一円のドイツ的＝「普遍」的支配に備えようともしていた。

ドイツ連邦共和国の創建世代は、西欧的＝「普遍」的価値の尊重を前提条件としつつも、よきドイツの再建を目指した。自由を掲げる「普遍」的権威たるアメリカ合衆国の影響下に入った西独に対して、東独、つまりドイツ民主共和国は平等を掲げる「普遍」的権威たるソヴィエト連邦の影響下に入った。だがこうした抑圧的状況に懸命に順応したために、ドイツ連邦共和国はかえって西欧的＝「普遍」的価値の優等生とみなされるようになり、ドイツ民主共和国を併呑《へいどん》し、欧州の指導国となった。いまのドイツは、「過去の克服」に加え、環境保護という新しいドイツ的＝「普遍」的価値の創造者・発信者となり、米中あるいは日本が及び腰ななか、世界でもリーダーシップを発揮しつつある。

こうしたドイツの擡頭が、英仏の苛立ちを誘い、また欧州周辺国から反撥を買う原因にもなっている。なおドイツが欧州指導国となり、世界で存在感を増している最大の原因は、国内総生産（GDP）世界第四位の経済力ではない。GDPでいえば日本は世界第三位である。また日本は、「連合国」（UN）では第三位の、国際刑事裁判所では第一位の分担金醵出国で、ドイツより上である。それでも国際社会における日本の立場は、もうドイツには及ばない。

世界にはドイツ人への差別感情が残り、ドイツ連邦共和国の欧州指導・世界進出を揶揄する声は絶えないが、新しいドイツはそのライバルにとって手強い相手である。自分たちの血統に固執し、文化や言語を押し付けてくるドイツ人を、不寛容だと非難するのは容易だが、英語で国民国家の克服や原発廃止を説き、移民・難民受け入れを唱道し、財政規律を求めてくる、いわば「道徳の棍棒」を振り下ろすドイツ人に抵抗するのは困難である。

「市民革命の母国」などと称揚され、特権意識に甘えてきた英仏にとって、ドイツから道義的説教を受けるようになることは想定外だった。だがドイツがそうした姿になったのは、英米仏が二〇世紀にドイツに圧力を加えたからである。出来が悪いと足蹴《あしげ》にしていた弟子に、いつの間にか出藍《しゅつらん》の誉《ほま》れを遂げられて、恩師が色を失っているような状況だろう。こうなると、なお英仏にできるドイツへの抵抗といえば、EUから逃避したり、国民国家に固執して欧州統合の深化に苦言を呈したり、古い戦勝式典で過去の栄光に浸ったり、といった程度のことである。

歴史は一回性のもので、同じことは二度と起こらない。ドイツ連邦共和国を「ドイツ帝国」と呼んだり、メルケルをヒトラーに準《なぞら》えたり、「ネオナチ」などという言葉を用いたりしても空しい。ドイツを非難しイギリスに同情するフランス人には、かつてドイツ・ナショナリズムが暴力化したのも、いまのドイツが口うるさい道徳教師になったのも、実は自分たちが招いた現象なのだということが分からないのである。

だが西欧的＝「普遍」的価値の優等生として擡頭すると、自信をつけたドイツ連邦共和国では、失われたドイツ「固有」のものも復権してくる。一九四五年以後、特に一九六〇年代以後、ドイツ「固有」のものを称揚することはタブーになってきた。英仏が近代の国家・軍事祭典をいまでも披露する一方で、ドイツで同種の営みをすることはできなかった。けれども経済的にゆとりができ、国際社会での地位が向上し、国民国家を再び形成するようになると、ドイツの人々の意識も変わってくる。西欧的＝「普遍」的価値の徹底がますます叫ばれるドイツで、同時に王宮や教会が次々に復元され、かつての君主家系の人々にも注目が集まっている。歴史を戦後秩序に合わせて解釈する「過去の克服」論を超えて、ドイツ史像が変容してきた。ドイツ連邦軍が世界各地に進駐し、戦死者まで出るようになると、市民の前での軍事祭典も行われるようになり、それがテレビやインターネットでも見られる状況にある。

ただ西欧的＝「普遍」的価値が、ドイツ連邦共和国の国内的緊張を高めている面もある。「普遍」的価値は常に序列を生む。歴史的経緯からそれに馴染めないとされる人々、例えば東独人は、四十年間の東独生活を同情されるどころか、西独流の自由で平等な生活に馴染めないダメ人間として蔑まれる。東独の人々の多くが、旧東独独裁政党の系譜を引く左派党にいままも投票し、あるいは西独で生まれた急進ナショナリズム勢力、最近ではAfDになびいていくのは、彼らの置かれた立場を反映してのことである。またドイツが西欧的＝「普遍」的価値の優等生になれば、それだけ移民・難民にとっても魅力的な目的地にならざるを得ない。ますます押し寄せる新参マイノリティとの出会いは、先住マジョリティの間でドイツ「固有」、欧州「固有」のものを析出し、それを防衛するという衝動を生むこともある。移民・難民が、西欧的＝「普遍」的価値に親和的かを問う声も上がっている。

こうした意味で、西欧的＝「普遍」的価値の優等生とされるドイツも、アメリカのオバマ政権からトランプ政権へのような転換を、いつ引き起こすか分からない状態にあるといえる。

後記──国民・国家史研究のグローバル史的転回

「日本人に生まれてよかった」──コロナ危機に陥る前、日本ではよくこんな声が聞かれた。テレビでも書籍でも、日本を自讃する言葉が溢れていた。令和元年には皇位継承の儀式が続いたが、これを疑問視する声は少なかった。三十年前、天皇といえばすぐ「戦争責任」の話になり、昭和天皇の葬列にも新天皇（いまの上皇）の祝賀行列にも妨害があった。天皇など退場して当然だと公言する人々が現役世代だった当時、日本「固有」なるものは恥じらいや嘲笑《ちょうしょう》の対象だった。ところが令和元年の行事は、崩御を伴わなかったこともあって、祝賀ムード一色のうちに終了した。高御座《たかみくら》は、前回は自衛隊によって京都御所から皇居宮殿に密かに空輸されたが、今回は運送業者によってトラックで堂々と運搬された。即位の礼や大嘗祭《だいじょうさい》など、一連の儀式は詳しく紹介され、日本古来の麗しき伝統だと称揚された。外務省は、伝統文化やサブカルチャーを披露する日本祭を世界各地で開催し、日本のソフト・パワーを強化しようとした。

来日する外国人、いわゆる「インバウンド」は、cool Japanへの感激を表明してほしいという日本側の強い期待に晒されていた。

このように日本で「固有」が復権した三十年間は、生活のあらゆる領域で「普遍」的流儀への順応が高唱された、いわゆるグローバル化の時代でもあった。片仮名の名前や概念に、「海外」への憧憬や劣等感を刺戟される日本人は多い。最近では、ジェンダーレス、ヴィーガン、カーボンニュートラル、SDGsといった新しい同質化運動が上陸し、コンプライアンス、アカウンタビリティ、エヴィデンスなるものが求められている。日本「固有」を追求する安倍・菅《すが》内閣は、同時に「価値観外交」にも熱心である。研究教育界も、PISAや大学ランキングのような外部評価を受け、何をなすべきかを国外から指示されるようになった。いまさら日本「固有」など意味がない、「学問的」に見ればそんなものは「近代の産物」であり「虚構」なのだ、「創られた伝統」を暴露し、歴史の名を語るお仕着せを打破せよ、などと大学で鼓吹する「普遍」志向の教壇預言者も、いまや弟子、孫弟子の世代になっている。

二つの潮流の並走はいま世界中で見られる。十年前まで欧州統合が称揚され、EUには「大統領」「外相」の職が設けられ、「憲法条約」まで考慮されていたのに、欧州債務危機、移民・難民危機を経て、遂にはドイツでのAfDの擡頭、イギリスのEU離脱にまで及んだ。アメリカ合衆国では、黒人のバラク・オバマと女性のヒラリー・ロダム＝クリントンとが大統領職を争い、「リベラル」全盛期が現出したかと思われたが、八年後には一転して「保守」の異端児トランプが大統領に就任した。二〇二〇年大統領選挙では、バーナード・サンダース、ピーター・ブティジェッジ、エリザベス・ウォーレン、カマラ・ハリスといったトランプとは対極的な人物が話題となり、その結果バイデン政権が誕生すると、「道徳の棍棒」を振るう価値観外交が目立ってきた。

世界共通の分断が克服される見込みは立っていない。相剋を止めるためには、対立する両陣営が相互に許容する方策が考えられるだろう。近世ドイツの宗派共存がそのモデルである。だが「普遍」論者は、自分たちの価値による同質化を道徳的使命と考え、「正しい」ことは押し付けても構わないと思っている。そういう非妥協的な態度が、彼らの意図に反して、「固有」論者の結集を促すことになるのである。メルケル退陣後も政権を維持し、AfDの擡頭を防ぐためには、CDU／CSUには保守回帰戦略が想定されるが、いったん脱保守化したあとでの保守化は、保守政党にとっても容易ではない。アメリカとイスラム勢力や中華人民共和国との対立も、アメリカ国内の党派対立も、「普遍」と「固有」との相剋に当事者の利害が絡んで急進化したものである。

本書は、こうした「普遍」対「固有」のグローバルな対立の一事例として、二千年のドイツ史を説明する試みである。過去半世紀の日本のドイツ研究には、敗戦後の政治体制を受け入れるために、ドイツ史を「ナチズム」という絶対悪の前史・後史として捉え、「遅れてきた国民」ドイツの問題点のみを論い、ドイツ国民国家の克服運動を日本の模範と仰ぐという定石があった。それは「ナチズム」の起源を、ドイツ国内の「社会的矛盾」のみに見出そうとする内政優位の先入観であった。またそれは、慣れ親しんだ一九四五年の白黒図式が崩れるのを恐れて、ドイツと他地域との多角的比較に踏み出せないという怯懦《きょうだ》の表現でもあった。これに対して本書が試みるのは、広く人類の歴史を俯瞰《ふかん》して、ドイツ史全体を忌憚《きたん》なく相対化する比較政治史・政治思想史の叙述である。それは期せずして、理性対反理性の抗争を描いたヴォルテールやヘーゲルの歴史哲学に似てきたが、理性の最終的勝利を謳い上げるわけではない点では異なっている。

グローバル史を国民史・国家史を駆除する特効薬のように歓迎するのは短慮であって、むしろグローバルな連関性を意識することで国民史・国家史が深化する場合すらある。国民や国家というものが人類史に果たした役割が大きい以上、それらに注目する歴史叙述がなくなるとも思えない。国民史・国家史を描くことが、国民や国家という枠組みを不変視・絶対視することになるというわけでもない。

本書の執筆に当たり留意したのは、自分が身を置くいま現在を歴史の終着駅だと思い込み、その権力状況を正当化するという歴史家の宿痾《しゅくあ》を疑うことだった。国民・国家の存在を当然視することが問題なのはもちろんだが、過去のあらゆる体制と同様、ドイツ連邦共和国もEUも過渡的な権力構造にすぎず、そこで「歴史の終わり」を迎えたかのような終末論には無理がある。さらに言えば、いまのエステルライヒ、リヒテンシュタイン、ルクセンブルクなどの政府が、ドイツ国民意識の払拭《ふっしょく》に努めつつあり、またドイツ連邦共和国が再統一に際して旧プロイセン東部州の奪還を断念したからといって、それらの地域が初めからドイツ史と無縁だったかのような歴史を書くことはできない。この半世紀以上、一方的なドイツ批判がドイツ研究の視野狭窄《きょうさく》を引き起こしてきたが、近年のようにメルケルの一挙手一投足、現代ドイツのあらゆる面が称讃される時代になると、これからのドイツ研究に求められるのは、むしろドイツ批判なのかもしれない。

本書は、私の政治思想学会での報告「「1968年の精神」と「1990年の精神」――ドイツ連邦共和国に於ける「普遍」と「特殊」」（二〇一八年五月二六日甲南大学）を基にしている。単行本化に当たっては、愛知県立大学外国語学部での私の講義「研究概論」（ドイツ政治史）の内容を加味した。本書はドイツ・ナショナリズムのマクロ分析であり、拙著『マックス・ヴェーバー』（東京大学出版会、二〇〇七年／岩波書店、二〇二〇年）のようなミクロ分析と対になっている。

本書の執筆に際し、お世話になった方々に感謝申し上げたい。ベルリンの恩師ハインリヒ・アウグスト・ヴィンクラー名誉教授（ベルリン大学）には、主著『長かった西欧への道』を通じて限りない刺戟や活力を頂いた。またミュンヒェンの恩師ホルスト・メラー名誉教授（ミュンヒェン大学）には、現代史研究所の客員研究員への採用によって、新しい研究の可能性を開いていただいた。愛知県立大学学長であった佐々木雄太名誉教授（名古屋大学）には、イギリス・ナショナリズム、とりわけ国民行事や愛国歌などについて教えていただいた。鴨武彦教授（東京大学）には、英語圏のナショナリズム理論を学ぶ機会を頂き、大沼保昭名誉教授（同前）には、文明間対話に関する構想をご教示いただいた。水島治郎教授（千葉大学）には、中公新書編集部にご仲介いただき、本書刊行の実現に多大なご後援を賜った。辻康夫教授（北海道大学）には、二〇一八年の政治思想学会での報告にお誘いいただいた。報告でご一緒した平野聡教授（東京大学）には、私の報告の新書化をお勧めいただいた。ベルリン大学時代の戦友で、優れたプロイセン史家である進藤理香子教授（法政大学）、元同僚で初期欧州統合研究者である中屋宏隆教授（南山大学）には、長年にわたり専門的刺戟を頂いてきた。原潮巳准教授、伊藤滋夫准教授（ともに愛知県立大学）には、フランスの反ユダヤ主義および身分制議会に関するご教示を賜った。愛知県立大学外国語学部ドイツ学科／ヨーロッパ学科ドイツ語圏専攻で私の基礎演習Ⅱ（二年生）、研究演習（三年生以上）に参加してくれた多くの学生たちからも、その研究報告を通じて多くの示唆や活力を受けた。中公新書編集部の小野一雄氏には、構想段階から丁寧なご助言を頂いた。なお本書の執筆に当たっては、令和二年度愛知県立大学学長特別研究費「近世バイエルンの多文化共生――宗教改革・宗教戦争・宗派共存」の支援を受けた。

本書は、ちょうど一一年前の本日に急逝された指導教官の高橋進教授（一九四九～二〇一〇年：東京大学）に献呈される。高橋教授は最後の面談で、「歴史家はアコーディオンのように仕事をするべき」だとし、個別の実証研究と大局的な概説叙述とを交互に執筆するようにと説いておられたが、私は今回ようやく後者に手を着けたことになる。高橋教授は私の研究を、ハロルド・ジェイムズ（あるいはヴェルナー・ヴァイデンフェルト）に倣って「ドイツ・アイデンティティー論」と呼んだが、私は巣立ちの意味も込めて、本書を『ドイツ・ナショナリズム』と命名することにした。

二〇二一年（令和三年）三月二日　日野

今野　元識

研究科論集』第21号（2020年），189～224頁
今野元「オットー・ダンとドイツ国民史の刷新」，『愛知県立大学外国語学部紀要（地域研究・国際学編）』第52号（2020年），93～118頁
今野元「第二の歴史家論争――ホルスト・メラーのエルンスト・ノルテ顕彰を巡る論争（2000年）の展開」，『ゲシヒテ』第13号（2020年），15～32頁
Sarrazin, Ursula, Hexenjagd, München 2012.
Sarrazin, Thilo, Deutschland schafft sich ab, München 2010.
Sarrazin, Thilo, Europa braucht den Euro nicht, München 2012.
シェットラー，ペーター編（木谷勤ほか訳）『ナチズムと歴史家たち』名古屋大学出版会，2001年
Schwarz, Hans-Peter, Die gezähmten Deutschen, Stuttgart 1985.
Schwarz, Hans-Peter, Die Zentralmacht Europas, Berlin 1994.
Schwilk, Heimo/Schacht, Ulrich（Hrsg.）, Die selbstbewusste Nation, ungekürzte Ausgabe auf der Grundlage der 3., erw. Aufl., 1996.
Schirrmacher, Frank（Hrsg.）, Die Walser-Bubis-Debatte, Frankfurt（M）1999.
ゼンクハース，ディーター（宮田光雄ほか訳）『諸文明の内なる衝突』岩波書店，2006年
Zitelmann, Rainer, Wenn du nicht mehr brennst, starte neu, München 2017.
Nolte, Ernst, Rückblick auf mein Leben und Denken, München 2014.
Pauly, Michel, Geschichte Luxemburgs, 2. überarb. Aufl., München 2013.
ハーバーマス，ユルゲン（三島憲一ほか訳）『遅ればせの革命』岩波書店，1992年
ハーバーマス，ユルゲンほか（徳永恂ほか訳）『過ぎ去ろうとしない過去』人文書院，1995年
鴋澤歩『ふたつのドイツ国鉄』NTT出版，2021年
ハンチントン，サミュエル（鈴木主税訳）『文明の衝突』集英社，1998年
„Historikerstreit“, 9. Aufl., München 1995.
Hitler, Adolf, Mein Kampf. Eine kritische Edition, München 2016.
Fischer, Joschka, Der Abstieg des Westens. Europa in der neuen Weltordnung des 21. Jahrhunderts, Köln 2018.
フクヤマ，フランシス（渡部昇一訳）『歴史の終わり』上下巻，三笠書房，1992年
ベック，ウルリヒ（川端健嗣／S・メルテンス訳）『世界内政のニュース』法政大学出版局，2014年
ボーラー，カール・ハインツ（高木葉子訳）『大都市（メトロポール）のない国』法政大学出版局，2004年
三島憲一『現代ドイツ』岩波書店，2006年

【おわりに・後記】
Weidenfeld, Werner/ Klages, Helmut, Nachdenken über Deutschland, Köln 1985.
James, Harold, A German Identity, Weindenfeld and Nicolson 1989.
高橋進『歴史としてのドイツ統一』岩波書店，1999年

1990年
三島憲一『戦後ドイツ』岩波書店，1991年
水島治郎『ポピュリズムとは何か』中央公論新社，2016年
水野博子『戦後オーストリアにおける犠牲者ナショナリズム』ミネルヴァ書房，2020年
ミッチャーリヒ，アレクサンダーほか（林峻一郎ほか訳）『喪われた悲哀』河出書房新社，1984 年
Müller-Doohm, Stefan, Jürgen Habermas, Berlin 2014.
Müller-Mertens, Eckhard, Regnum Teutonicum, Wien/Köln/Graz 1970.
村松恵二『カトリック政治思想とファシズム』創文社，2006年
モムゼン，ヴォルフガング・J（安世舟ほか訳）『マックス・ヴェーバーとドイツ政治』上下巻，未來社，1993・94年
ヤスパース，カール（橋本文夫訳）『戦争の責任を問う』平凡社，1998年
山本健三『帝国・〈陰謀〉・ナショナリズム』法政大学出版局，2016年
Ritter, Gerhard, Europa und die deutsche Frage, München 1948.
蠟山政道／堀豊彦／岡義武／中村哲／辻清明／丸山眞男「日本における政治學の過去と將來」，『日本政治學會年報　政治學』岩波書店，1950年，35～82頁

【第四章】

Winkler, Heinrich August, Geschichte des Westens, 4 Bde., München 2009/2011/2014/2015.
大石紀一郎「ゴールドハーゲン論争と現代ドイツの政治文化――挑発，演出，そして〈歴史〉と〈記憶〉の闘いについて」，『ドイツ研究』第24号（1997年），77～118頁
河合信晴『物語 東ドイツの歴史』中央公論新社，2020年
川合全弘『再統一ドイツのナショナリズム』ミネルヴァ書房，2003年
Kittel, Manfred, Vertreibung der Vertriebenen?, München 2007.
木戸衛一編著『ベルリン』三一書房，1998年
グラス，ギュンター（高木研一訳）『ドイツ統一問題について』中央公論社，1990年
Klee, Ernst, Das Personenlexikon zum Dritten Reich, 2. Auflage, Frankfurt（M）2005.?
ゲルヴァルト，ローベルト（大久保里香ほか訳）『史上最大の革命』みすず書房，2020年
ゴールドハーゲン，ダニエル・J（北村浩ほか訳）『普通のドイツ人とホロコースト』ミネルヴァ書房，2007年
Konno, Hajime, Gespräch mit Egon Krenz, in:『愛知県立大学大学院国際文化研究科論集』第19号（2018年），211～247頁
Konno, Hajime, Gespräch mit Hans Maier, in:『愛知県立大学大学院国際文化研究科論集』第20号（2019年），163～192頁
Konno, Hajime, Gespräch mit Edith Hanke, in:『愛知県立大学大学院国際文化

鈴木健夫『ロシアドイツ人』亜紀書房，2021年
ツェルナー，エーリヒ（リンツビヒラ裕美訳）『オーストリア史』彩流社，2000年
Dönhoff, Marion Gräfin, Namen die keiner mehr nennt. Ostpreußen—Menschen und Geschichte, Düsseldorf/Köln 1962.
獨協学園百年史編纂委員会編『獨協學園史1881-2000』全２巻，獨協学園，2000年
トーマス，ハインツ（三佐川亮宏／山田欣吾訳）『中世の「ドイツ」』創文社，2005年
長尾龍一編『カール・シュミット著作集』全２巻，慈学社出版，2007年
中屋宏隆「西ドイツの国際ルール庁（ＩＲＢ）加盟問題——ペータースベルク協定調印交渉過程（1949年）の分析を中心に」，『社会経済史学』第82号（2016年），227～248頁
ノイマン，フランツほか（野口雅弘訳）『フランクフルト学派のナチ・ドイツ秘密レポート』みすず書房，2019年
ノルテ，エルンスト（ドイツ現代史研究会訳）『ファシズムの時代』上下巻，福村出版，1972年
原潮巳／加藤芳枝「プルーストとサン＝テグジュペリの比較研究——ドイツ的／ユダヤ的なものとの関係をめぐって」，『愛知県立大学外国語学部紀要（言語・文学編）』第40号（2008年），121～143頁
Handler, Jeannette, Otto von Habsburg: Abschied, Graz/Stuttgart 2012.
Beattie, David, Liechtenstein, 2., neu bearb. u. erw. Aufl., Triesen 2015.
フィッシャー，フリッツ（村瀬興雄監訳）『世界強国への道』岩波書店，1972・83年
Voigt, Gerd, Otto Hoetzsch, Berlin 1978.
Brandt, Willy, Berliner Ausgabe, Bd. 2 : Zwei Vaterländer, Bonn 2000.
プレスナー，ヘルムート（土屋洋二訳）『遅れてきた国民』名古屋大学出版会，1991年
Brodkorb, Mathias (Hrsg.), Singläres Auschwitz?, Banzkow 2011.
ヘラー，ヘルマン（大野達司ほか訳）『ナショナリズムとヨーロッパ』風行社，2004年
Hohls, Rüdiger et al. (Hrsg.), Versäumte Fragen, Stuttgart 2000.
Beumann, Helmut/Schröder, Werner (Hrsg.), Nationes, Bd. 1, Sigmaringen 1978.
前川陽祐「オットー・ヘッチュの東方政策論 1900-1918——ヴィルヘルム期ドイツにおける東方観の一例」『西洋史論叢』第28号（2006年），51～63頁
マイネッケ，フリードリヒ（林健太郎責任編集）『マイネッケ』中央公論社，1969年
丸山眞男「科学としての政治学」，同『丸山眞男集』第３巻，岩波書店，1995年，133～152頁
Mazohl, Brigitte/Steininger, Rolf, Geschichte Südtirols, München 2020.
マン，トーマス（青木順三訳）『講演集　ドイツとドイツ人』岩波書店，

化編)』第48号（2016年），17〜44頁
Geiger, Peter, Krisenzeit, 2 Bde., Zürich 2000.
Geiger, Peter, Kriegszeit, 2 Bde., Zürich 2010.
川喜田敦子『東欧からのドイツ人の「追放」』白水社，2019年
北村厚『ヴァイマル共和国のヨーロッパ統合構想』ミネルヴァ書房，2014年
木戸紗織『多言語国家ルクセンブルク』大阪公立大学共同出版会，2016年
衣笠太朗『旧ドイツ領全史』パブリブ，2020年
ギャディス，ジョン・L（五味俊樹ほか訳）『ロング・ピース』芦書房，2002年
Gerlich, Siegfried, Ernst Nolte, Schnellroda 2009.
コスチャショーフ，ユーリー（橋本伸也／立石洋子訳）『創造された「故郷」』岩波書店，2019年
権左武志「丸山真男の政治思想とカール・シュミット——丸山の西欧近代理解を中心として」，『思想』第903号（1999年），4〜25頁，第904号（1999年），139〜163頁
権左武志編『ドイツ連邦主義の崩壊と再建』岩波書店，2015年
今野元「ハインリヒ・アウグスト・ヴィンクラーと「ナショナリズムの機能」論」，『愛知県立大学外国語学部紀要（地域研究・国際学編）』第39号（2007年），73〜97頁
今野元「ハンス＝ウルリヒ・ヴェーラーと「批判的」ナショナリズム研究」，『愛知県立大学外国語学部紀要（地域研究・国際学編）』第40号（2008年），1〜24頁，第41号（2009年），23〜43頁
今野元「ヴォルフガング・J・モムゼンと「修正主義的」ナショナリズム研究」，『愛知県立大学外国語学部紀要（地域研究・国際学編）』第42号（2010年），119〜141頁，第43号（2011年），51〜60頁
今野元「トーマス・ニッパーダイと「歴史主義的」ナショナリズム研究」，『愛知県立大学外国語学部紀要（地域研究・国際学編）』第44号（2012年），97〜119頁，第45号（2013年），69〜102頁
今野元「ザラツィン論争——体制化した「六八年世代」への「異議申立」」，『愛知県立大学大学院国際文化研究科論集』第14号（2013年），175〜204頁
今野元「エルンスト・ルドルフ・フーバーと「国制史」研究」，『愛知県立大学外国語学部紀要（地域研究・国際学編）』第48号（2016年），61〜84頁，第49号（2017年），85〜109頁，第50号（2018年），47〜72頁
今野元「ハインリヒ・リッター・フォン・スルビクと「全ドイツ史観」」，『愛知県立大学外国語学部紀要（地域研究・国際学編）』第51号（2019年），89〜115頁
今野元「リヒテンシュタイン侯ハンス＝アダム二世と『三千年紀の国家』」，『愛知県立大学外国語学部紀要（地域研究・国際学編）』第53号（2021年），97〜121頁
Schmitt, Carl/Huber, Ernst Rudolf, Briefwechsel 1926-1981, Berlin 2014.

zum Jahre 1806 in Dokumenten, 2 Bde., 2., ergänzte Aufl., Baden-Baden 1994.
Hutten-Czapski, Bogdan Graf v., Sechzig Jahre Politik und Gesellschaft, 2. Bde., Berlin 1936.
ポリアコフ，レオン（菅野賢治訳）『反ユダヤ主義の歴史』第3巻，筑摩書房，2005年
Brosche, Günter, Kommentar von: Joseph Haydn, Gott! erhalte Franz den Kaiser und Streichquartett op. 76, Nr. 3 : Variationssatz, Graz 1982.
ヘーゲル，ゲオルク・ヴィルヘルム・フリードリヒ（金子武蔵／上妻精訳）『政治論文集』上下巻，岩波書店，1967年
ボナパルト，ナポレオン（オクターヴ・オブリ編／大塚幸男訳）『ナポレオン言行録』第9刷，岩波書店，1998年
森川潤『井上毅のドイツ化構想』雄松堂出版，2003年
Laube, Volker, Das Erzbischöfliche Studienseminar St. Michael in Traunstein und sein Archiv, Regensburg 2006.
リヨースレル（レースラー，ヘルマン）『獨逸學ノ利害及國家ニ對スルノ得失』獨逸學協會，1883年

【第三章】

新井白石（宮崎道生校注）『新訂　西洋紀聞』平凡社，1968年
Allgäuer, Robert, Thronfolge, Vaduz 1990.
Andreas, Willy (Hrsg.), Politischer Briefwechsel des Herzogs und Großherzogs Carl August von Weimar, Bd. 1 : Von den Anfängen der Regierung bis zum Ende des Fürstenbundes 1778-1790, Stuttgart 1954.
Andreas, Willy, Die Zeit Napoleons und die Erhebung der Völker, Heidelberg 1955.
石田勇治『過去の克服』白水社，2002年
井関正久『ドイツを変えた68年運動』白水社，2005年
板橋拓己『黒いヨーロッパ』吉田書店，2016年
今井宏昌『暴力の経験史』法律文化社，2016年
ヴァインケ，アンネッテ（板橋拓己訳）『ニュルンベルク裁判』中央公論新社，2015年
Wippermann, Wolfgang, Der Ordensstaat als Ideologie, Berlin-West 1979.
Wippermann, Wolfgang J., Umstrittene Vergangenheit, Berlin 1998.
ヴィッパーマン，ヴォルフガング（増谷英樹訳者代表）『ドイツ戦争責任論争』未來社，1999年
ヴィッパーマン，ヴォルフガング（林功三／柴田敬二訳）『議論された過去』未來社，2005年
Wehler, Hans-Ulrich, Entsorgung der deutschen Vergangenheit?, München 1988.
Evans, Richard J., Im Schatten Hitlers?, Frankfurt (Main) 1991.
榎本洋「ヴィクトリア朝世紀末の性と政——『緋色の習作』における秘密結社，クラブ・ランドについて」，『愛知県立大学外国語学部紀要（言語・文

主要参考文献

工藤章／田嶋信雄編『日独関係史』全３巻，東京大学出版会，2008年
熊谷英人『フィヒテ』岩波書店，2019年
栗原久定『ドイツ植民地研究』パブリブ，2018年
ゲーテ，ヨハン・ヴォルフガング・フォン（山崎章甫訳）『詩と真実』全４部，岩波書店，1997年
小池求『20世紀初頭の清朝とドイツ』勁草書房，2015年
河野健二編『資料フランス革命』岩波書店，1990年
権左武志『ヘーゲルにおける理性・国家・歴史』岩波書店，2010年
今野元『マックス・ヴェーバーとポーランド問題』東京大学出版会，2003年
今野元『マックス・ヴェーバー』東京大学出版会，2007年
今野元『多民族国家プロイセンの夢』名古屋大学出版会，2009年
今野元「国民国家史におけるドイツ帝国崩壊の意義」，池田嘉郎編『第一次世界大戦と帝国の遺産』山川出版社，2014年，76～105頁
今野元『マックス・ヴェーバー』岩波書店，2020年
Conrad, Sebastian, Deutsche Kolonialgeschichte, 2., durchgesehene Aufl., München 2012.
芝健介『ホロコースト』中央公論新社，2008年
清水雅大『文化の枢軸』九州大学出版会，2018年
杉村章三郎他『ナチスの法律』日本評論社，1934年
杉本淑彦『ナポレオン』岩波書店，2018年
鈴木楠緒子『ドイツ帝国の成立と東アジア』ミネルヴァ書房，2012年
曽田長人『人文主義と国民形成』知泉書館，2005年
David, Eduard, Um die Fahne der Deutschen Republik, gänzlich neu bearbeitete Aufl., Hannover 1926.
ドイル，コナン（鮎川信夫訳）『シャーロック・ホームズ大全』講談社，1986年
Nagasawa, Yuko, Die Kontroversen um die Nationalsymbole in Deutschland und Österreich in der Zwischenkriegszeit, IGK working paper series vol. 11（IGKWP-11-2012）.
ニッパーダイ，トーマス（坂井榮八郎訳）『ドイツ史を考える』山川出版社，2008年
箱石大編『戊辰戦争の史料学』勉誠出版，2013年
林忠行『中欧の分裂と統合』中央公論社，1993年
速水淑子『トーマス・マンの政治思想』創文社，2015年
ヒトラー，アドルフ（吉田八岑監訳）『ヒトラーのテーブル・トーク』上下巻，三交社，1994年
姫岡とし子『ローザ・ルクセンブルク』山川出版社，2020年
フィヒテ，ヨハン・ゴットリープ（石原達二訳）『ドイツ国民に告ぐ』玉川大学出版部，1999年
Buschmann, Arno, Kaiser und Reich. Verfassungsgeschichte des Heiligen Römischen Reiches Deutscher Nation vom Beginn des 12. Jahrhuderts bis

48～92頁
Handbuch der Kirchengeschichte, Bd. IV: Reformation, Katholische Reform und Gegenreformation, Freiburg 1967.
Burgdorf, Wolfgang, Protokonstitutionalismus, Göttingen 2015.
Burkhardt, Johannes, Das größte Friedenswerk der Neuzeit. Der Westfälische Frieden in neuer Perspektive, in: Geschichte in Wissenschaft und Unterricht, Bd. 49（1998）, S. 592-612.
Bosbach, Franz, Monarchia Universalis, Göttingen 1986.
三佐川亮宏『ドイツ史の始まり』創文社，2013年
皆川卓「神聖ローマ帝国は連邦国家か」，『創文』第518号（2009年），6～9頁
Moser, Friedrich Carl von, Von dem Deutschen Nationalgeist, o. O. 1766（Reprint: Selb: Nomot, 1976）.
モンテスキュー（野田良之ほか訳）『法の精神』上中下巻，岩波書店，1989年
屋敷二郎『規律と啓蒙』ミネルヴァ書房，1999年
ルター，マルティン（深井智朗訳）『宗教改革三大文書　付「九五箇条の提題」』講談社，2017年

【第二章】
浅田進史『ドイツ統治下の青島』東京大学出版会，2011年
有賀貞ほか編『アメリカ史　2』第3刷，山川出版社，2000年
飯田洋介『グローバル・ヒストリーとしての独仏戦争』NHK出版，2021年
上杉愼吉『獨逸瓦解の原因に就て』獨協大学図書館蔵
ウェーバー，マリアンネ（大久保和郎訳）『マックス・ウェーバー』みすず書房，1963・65年
ヴェーラー，ハンス－ウルリヒ（大野英二ほか訳）『ドイツ帝国』未來社，1983年
ヴォヴェル，ミシェル（谷川稔ほか訳）『フランス革命と教会』人文書院，1992年
潮木守一『ドイツの大学』講談社，1992年
エッカーマン，ヨーハン・ペーター（山下肇訳）『ゲーテとの対話』上中下巻，岩波書店，1968・68・69年
遠藤泰弘『オットー・フォン・ギールケの政治思想』国際書院，2007年
大野誠『ワットとスティーヴンソン』山川出版社，2017年
小原淳『フォルクと帝国創設』彩流社，2011年
堅田剛『独逸学協会と明治法制』木鐸社，1999年
堅田剛『ヤーコプ・グリムとその時代』御茶の水書房，2009年
堅田剛『独逸法学の受容過程』御茶の水書房，2010年
カバニス，ジョゼ（安斎和雄訳）『ナポレオンの戴冠』白水社，1987年
ガル，ロタール（大内宏一訳）『ビスマルク』創文社，1988年
君塚直隆『女王陛下の影法師』筑摩書房，2007年

主要参考文献

Brockhaus Enzyklopädie, 21., völlig neu bearbeitete Aufl., 30 Bde., Leipzig 2006.
マイネッケ，フリードリヒ（矢田俊隆訳）『世界市民主義と国民国家』全2巻，岩波書店，1968・72年
南直人ほか『はじめて学ぶドイツの歴史と文化』ミネルヴァ書房，2020年
村上淳一『ゲルマン法史における自由と誠実』東京大学出版会，1980年

【はじめに】
Winkler, Heinrich August, Zerbricht der Westen?, München 2017.
竹村仁美「国際刑事裁判所に対する国家の協力義務の内容と法的基礎」，『愛知県立大学外国語学部紀要（地域研究・国際学編）』第47号（2015年），235〜271頁，『愛知県立大学大学院国際文化研究科論集』第16号（2015年），111〜136頁
トッド，エマニュエル（堀茂樹訳）『「ドイツ帝国」が世界を破滅させる』文藝春秋，2015年
トッド，エマニュエル（堀茂樹訳）『問題は英国ではない、EUなのだ』文藝春秋，2016年

【第一章】
明石欽司『ウェストファリア条約』慶應義塾大学出版会，2009年
Aretin, Karl Otmar Freiherr von, Höhepunkt und Krise des deutschen Fürstenbundes, in: Historische Zeitschrift 196（1963）, S. 36-73.
Aretin, Karl Otmar Freiherr von, Heiliges Römisches Reich 1776-1806, 2 Bde., Wiesbaden 1967.
Weiß, Dieter, Katholische Reform und Gegenreformation, Darmstadt 2005.
大津留厚ほか編『ハプスブルク史研究入門』昭和堂，2013年
尾高晋己『オスマン外交のヨーロッパ化』渓水社，2010年
今野元『フランス革命と神聖ローマ帝国の試煉』岩波書店，2019年
坂井榮八郎『ユストゥス・メーザーの世界』刀水書房，2004年
篠原琢／中澤達哉編『ハプスブルク帝国政治文化史』昭和堂，2012年
Schmidt, Georg, Geschichte des Alten Reiches, München 1999.
Schulze, Hagen, Gibt es überhaupt eine deutsche Geschichte?, Berlin 1989.
See, Klaus von, Barbar, Germane, Arier, Heidelberg 1994.
田口正樹「皇帝ハインリヒ7世とナポリ王ロベルトの訴訟」，『北大法学論集』第56巻第2号（2005年），517〜565頁
田口正樹「ペーター・フォン・アンドラウの帝国論」，『北大法学論集』第62巻第3号（2011年），1〜47頁
田口正樹「ルーポルト・フォン・ベーベンブルクの帝国論」，『北大法学論集』第63巻第1号（2012年），1〜45頁
徳善義和『マルティン・ルター』岩波書店，2012年
西川洋一「一二世紀ドイツ帝国国制に関する一試論」，『國家學會雜誌』第94巻第5・6号（1981年），1〜63頁，第95巻第1・2号（1982年），1〜58頁，同第9・10号（1982年），61〜100頁，同第11・12号（1982年），

主要参考文献
（著者名五十音順）

【全体にわたるもの】
板橋拓己ほか編『歴史のなかのドイツ外交』吉田書店，2019年
Willoweit, Dietmar, Deutsche Verfassungsgeschichte, 3. Aufl., München 1997.
ヴィンクラー，ハインリヒ・アウグスト（後藤俊明ほか訳）『自由と統一への長い道』全２巻，昭和堂，2008年
大原俊一郎『ドイツ正統史学の国際政治思想』ミネルヴァ書房，2013年
Kasper, Walter（Hrsg.）, Lexikon für Theologie und Kirche, 11 Bde., Sonderausgabe, Freiburg（Br.）2006.
勝田吉太郎『勝田吉太郎著作集』第１・２巻（近代ロシヤ政治思想史），ミネルヴァ書房，1993年
木村靖二ほか編『ドイツ史研究入門』山川出版社，2014年
葛谷彩『20世紀ドイツの国際政治思想』南窓社，2005年
Conze, Werner（Hrsg.）, Deutsche Geschichte im Osten Europas, 10 Bde., Berlin 2002.
今野元「「日本国憲法」と戦後五〇年――憲法の「定着」における障碍の分析を中心に」，『第１回懸賞論文コンクール受賞論文集1994』東京大学法学部緑会，1994年，15～29頁
今野元『教皇ベネディクトゥス一六世』東京大学出版会，2015年
Schulze, Hagen, Staat und Nation in der europäischen Geschichte, 2., durchgesehene Aufl., München 1995.
Schulze, Hagen, Kleine deutsche Geschichte, München 1998.
高田敏／初宿正典編訳『ドイツ憲法集』第８版，信山社，2020年
ダン，オットー（末川清ほか訳）『ドイツ国民とナショナリズム』名古屋大学出版会，1999 年
Deutsche Geschichte in Quellen und Darstellung, 11 Bde., Stuttgart 1999.
Deutsche Biographische Enzyklopädie, Gemeinsame Taschenbuchausgabe, 10 Bde., München 2001.
中村綾乃『東京のハーケンクロイツ』白水社，2010年
成瀬治ほか編『世界歴史大系　ドイツ史』全３巻，山川出版社，1996・97年
ニッパーダイ，トーマス（大内宏一訳）『ドイツ史』白水社，2021年
Historische Kommission bei der Bayerischen Akademie der Wissenschaften（Hrsg.）, Neue Deutsche Biographie, Berlin 1953-.
Huber, Ernst Rudolf, Deutsche Verfassungsgeschichte seit 1789, 8 Bde., Stuttgart 1957-1991.
Brunner, Otto/Conze, Werner/Koselleck, Reinhart（Hrsg.）, Geschichtliche Grundbegriffe. Historisches Lexikon zur politisch-sozialen Sprache in Deutschland, 9 Bde., Stuttgart 1997.

今野 元（こんの・はじめ）

1973年（昭和48年），東京都に生まれる．ベルリン大学第一哲学部歴史学科修了．東京大学大学院法学政治学研究科博士課程修了．Dr. phil.（Humboldt-Universität zu Berlin）．博士（法学）（東京大学）．愛知県立大学専任講師，准教授を経て，現在，愛知県立大学外国語学部教授．専門は欧州国際政治史，ドイツ政治思想史，日本近現代史．

著書『マックス・ヴェーバー――ある西欧派ドイツ・ナショナリストの生涯』（東京大学出版会，2007年）
『多民族国家プロイセンの夢』（名古屋大学出版会，2009年）
『教皇ベネディクトゥス一六世』（東京大学出版会，2015年）
『吉野作造と上杉愼吉』（名古屋大学出版会，2018年）
『フランス革命と神聖ローマ帝国の試煉』（岩波書店，2019年）
『マックス・ヴェーバー――主体的人間の悲喜劇』（岩波新書，2020年）
ほか

ドイツ・ナショナリズム
中公新書 *2666*

2021年10月25日発行

著　者　今野　元
発行者　松田陽三

本文印刷　暁印刷
カバー印刷　大熊整美堂
製　本　小泉製本

発行所　中央公論新社
〒100-8152
東京都千代田区大手町1-7-1
電話　販売 03-5299-1730
　　　編集 03-5299-1830
URL http://www.chuko.co.jp/

Published by CHUOKORON-SHINSHA, INC.
Printed in Japan　ISBN978-4-12-102666-8 C1222

中公新書刊行のことば

いまからちょうど五世紀まえ、グーテンベルクが近代印刷術を発明したとき、書物の大量生産は潜在的可能性を獲得し、いまからちょうど一世紀まえ、世界のおもな文明国で義務教育制度が採用されたとき、書物の大量需要の潜在性が形成された。この二つの潜在性がはげしく現実化したのが現代である。

いまや、書物によって視野を拡大し、変りゆく世界に豊かに対応しようとする強い要求を私たちは抑えることができない。この要求にこたえる義務を、今日の書物は背負っている。だが、その義務は、たんに専門的知識の通俗化をはかることによって果たされるものでもなく、通俗的好奇心にうったえて、いたずらに発行部数の巨大さを誇ることによって果たされるものでもない。現代を真摯に生きようとする読者に、真に知るに価いする知識だけを選びだして提供すること、これが中公新書の最大の目標である。

私たちは、知識として錯覚しているものによってしばしば動かされ、裏切られる。私たちは、作為によってあたえられた知識のうえに生きることがあまりに多く、ゆるぎない事実を通して思索することがあまりにすくない。中公新書が、その一貫した特色として自らに課すものは、この事実のみの持つ無条件の説得力を発揮させることである。現代にあらたな意味を投げかけるべく待機している過去の歴史的事実もまた、中公新書によって数多く発掘されるであろう。

中公新書は、現代を自らの眼で見つめようとする、逞しい知的な読者の活力となることを欲している。

一九六二年一一月

中公新書

世界史

1045 物語 イタリアの歴史 藤沢道郎
1771 物語 イタリアの歴史 II 藤沢道郎
2508 貨幣が語る ローマ帝国史 比佐 篤
2413 ガリバルディ 藤澤房俊
2595 ビザンツ帝国 中谷功治
2663 物語 イスタンブールの歴史 宮下 遼
2152 物語 近現代ギリシャの歴史 村田奈々子
2440 バルカン―「ヨーロッパの火薬庫」の歴史 M・マゾワー 井上廣美訳
1635 物語 スペインの歴史 岩根圀和
1750 物語 スペインの歴史 人物篇 岩根圀和
1564 物語 カタルーニャの歴史（増補版） 田澤 耕
2582 百年戦争 佐藤 猛
2658 物語 パリの歴史 福井憲彦
1963 物語 フランス革命 安達正勝
2286 マリー・アントワネット 安達正勝

2466 ナポレオン時代 A・ホーン 大久保庸子訳
2529 ナポレオン四代 野村啓介
2318 2319 物語 イギリスの歴史（上下） 君塚直隆
2167 イギリス帝国の歴史 秋田 茂
1916 ヴィクトリア女王 君塚直隆
1215 物語 アイルランドの歴史 波多野裕造
1420 物語 ドイツの歴史 阿部謹也
2304 ビスマルク 飯田洋介
2490 ヴィルヘルム2世 竹中 亨
2583 鉄道のドイツ史 鴋澤 歩
2546 物語 オーストリアの歴史 山之内克子
2434 物語 オランダの歴史 桜田美津夫
2279 物語 ベルギーの歴史 松尾秀哉
1838 物語 チェコの歴史 薩摩秀登
2445 物語 ポーランドの歴史 渡辺克義
1131 物語 北欧の歴史 武田龍夫
2456 物語 フィンランドの歴史 石野裕子

1758 物語 バルト三国の歴史 志摩園子
1655 物語 ウクライナの歴史 黒川祐次
1042 物語 アメリカの歴史 猿谷 要
2209 アメリカ黒人の歴史 上杉 忍
2623 古代マヤ文明 鈴木真太郎
1437 物語 ラテン・アメリカの歴史 増田義郎
1935 物語 メキシコの歴史 大垣貴志郎
1547 物語 オーストラリアの歴史 竹田いさみ
2545 物語 ナイジェリアの歴史 島田周平
1644 ハワイの歴史と文化 矢口祐人
2561 キリスト教と死 指 昭博
2442 海賊の世界史 桃井治郎
518 刑吏の社会史 阿部謹也

中公新書

現代史

f3

- 2590 人類と病 詫摩佳代
- 2451 トラクターの世界史 藤原辰史
- 2368 第一次世界大戦史 飯倉 章
- 27 ワイマル共和国 林 健太郎
- 478 アドルフ・ヒトラー 村瀬興雄
- 2553 ヒトラーの時代 池内 紀
- 2272 ヒトラー演説 高田博行
- 1943 ホロコースト 芝 健介
- 2349 ヒトラーに抵抗した人々 對馬達雄
- 2610 ヒトラーの脱走兵 對馬達雄
- 2448 闘う文豪とナチス・ドイツ 池内 紀
- 2329 ナチスの戦争 1918-1949 R・ベッセル 大山 晶訳
- 2313 ニュルンベルク裁判 A・ヴァインケ 板橋拓己訳
- 2266 アデナウアー 板橋拓己
- 2615 物語 東ドイツの歴史 河合信晴
- 2274 スターリン 横手慎二
- 530 チャーチル（増補版） 河合秀和
- 2643 イギリス1960年代 小関 隆
- 2578 エリザベス女王 君塚直隆
- 1415 フランス現代史 渡邊啓貴
- 2356 イタリア現代史 伊藤 武
- 2221 バチカン近現代史 松本佐保
- 2538 アジア近現代史 岩崎育夫
- 2586 東アジアの論理 岡本隆司
- 2437 中国ナショナリズム 小野寺史郎
- 2600 孫基禎《ソン・ギジョン》―帝国日本の朝鮮人メダリスト 金 誠
- 2034 感染症の中国史 飯島 渉
- 1959 韓国現代史 木村 幹
- 2262 先進国・韓国の憂鬱 大西 裕
- 2602 韓国社会の現在 春木育美
- 1876 インドネシア 水本達也
- 2596 インドネシア大虐殺 倉沢愛子
- 1596 ベトナム戦争 松岡 完
- 2330 チェ・ゲバラ 伊高浩昭
- 1664 1665 アメリカの20世紀（上下） 有賀夏紀
- 2626 フランクリン・ローズヴェルト 佐藤千登勢
- 1920 ケネディ―「神話」と実像 土田 宏
- 2527 大統領とハリウッド 村田晃嗣
- 2479 スポーツ国家アメリカ 鈴木 透
- 2540 食の実験場アメリカ 鈴木 透
- 2504 アメリカとヨーロッパ 渡邊啓貴
- 2415 トルコ現代史 今井宏平
- 2163 人種とスポーツ 川島浩平
- 2664 歴史修正主義 武井彩佳
- 2666 ドイツ・ナショナリズム 今野 元

中公新書

政治・法律

h2

108 国際政治(改版) 高坂正堯
1686 国際政治とは何か 中西寛
2190 国際秩序 細谷雄一
1899 国連の政治力学 北岡伸一
2574 戦争とは何か 多湖淳
2652 戦争はいかに終結したか 千々和泰明
2621 リベラルとは何か 田中拓道
2410 ポピュリズムとは何か 水島治郎
2207 平和主義とは何か 松元雅和
2576 内戦と和平 東大作
2195 入門 人間の安全保障(増補版) 長有紀枝
2394 難民問題 墓田桂
2629 ロヒンギャ危機 中西嘉宏
2133 文化と外交 渡辺靖
113 日本の外交 入江昭
1000 新・日本の外交 入江昭
2402 現代日本外交史 宮城大蔵
2611 アメリカの政党政治 岡山裕
1272 アメリカ海兵隊 野中郁次郎
2650 米中対立 佐橋亮
2405 欧州複合危機 遠藤乾
2568 中国の行動原理 益尾知佐子
700 戦略的思考とは何か(改版) 岡崎久彦
2215 戦略論の名著 野中郁次郎編著
721 地政学入門(改版) 曽村保信
2566 海の地政学 竹田いさみ
2450 現代日本の地政学 日本再建イニシアティブ
2532 シンクタンクとは何か 船橋洋一